엑셀 2016 작품만들기

초판 발행일 | 2021년 3월 30일
지은이 | 엄정녀, 이재욱, 이서연
펴낸이 | 최용섭
총편집인 | 이준우
기획진행 | 김진희

주소 | 서울시 용산구 한남대로 11길 12, 6층
문의전화 | 02-6337-5419   **팩스** | 02-6337-5429
홈페이지 | http://www.hrbooks.co.kr

발행처 | (주)미래엔에듀파트너
출판등록번호 | 제2016-000047호

ISBN | 979-11-6571-130-6 13000

이 책은 저작권법에 따라 보호받는 저작물이므로 무단전재와 무단복제를 금지하며, 이 책 내용의 전부 또는 일부를 이용하려면 반드시 저작권자와 (주)미래엔에듀파트너의 서면동의를 받아야 합니다.

※ 잘못된 책은 바꾸어 드립니다.
※ 책 가격은 뒷면에 있습니다.

Contents

엑셀 2016 작품만들기

01 편지지 만들기 — 006
- 셀 테두리 설정하기
- 행 높이와 열 너비 조절하기
- 그림 삽입하기

02 단어 카드 만들기 — 012
- 셀 병합하기
- 행 높이와 열 너비 조절하기
- 채우기 색 설정 및 그림 삽입하기

03 시간표 만들기 — 018
- 행 높이와 열 너비 조절하기
- 채우기 색 설정 및 셀 병합하기
- 자동 채우기로 요일 입력하기
- 테두리 색 설정 및 그림 자르기

04 온라인 서식으로 달력 만들기 — 024
- 온라인 서식 검색하여 열기
- 서식을 변경하여 달력 꾸미기

05 체력 평가표 만들기 — 030
- 셀 서식 설정하기
- 사용자 지정 표시 형식 설정하기

06 도서 목록 정렬하기 — 036
- 그림 삽입 후 그림 효과 설정하기
- WordArt 텍스트 효과 설정하기
- 목록 정렬하기

07 도서 대출 현황 필터하기 042
- 표 서식 적용하기
- 필터 기능으로 원하는 자료 검색하기
- 필터 기능으로 원하는 기간의 자료 검색하기

08 평균 구하기 048
- 총점과 평균 구하기
- 최고점수와 최저점수 구하기
- 그림 삽입 후 그림 배경을 투명한 색 설정하기

09 출석부 만들기 054
- 데이터를 입력하고 서식 설정하기
- COUNTA 함수를 사용하여 출석일 계산하기
- COUNTBLANK 함수를 사용하여 결석일 계산하기

10 독서기록장 만들기 060
- 데이터를 입력하고 서식 설정하기
- CHOOSE 함수와 WEEKDAY 함수를 이용하여 요일 나타내기
- 그림 삽입하고 꾸미기
- 특수 문자 입력하기

11 선호도 파악하기 068
- 데이터를 입력하고 서식 설정하기
- 기호 삽입하기
- COUNTIF 함수를 이용하여 선택한 인원수 세기

12 차트 만들기 074
- WordArt를 삽입하고 모양 변환하기
- 입력한 데이터의 표시 형식 설정하기
- 차트 삽입하고 꾸미기

Contents

엑셀 2016 작품만들기

13 스도쿠 게임 만들기 — 080
- WordArt 삽입하기
- IF함수와 SUM함수로 입력 값 판별하기
- 조건부 서식 설정하기

14 용돈 기입장 만들기 — 086
- 데이터를 입력하고 서식 설정하기
- CONCATENATE 함수로 텍스트 조인하기

15 일정표 만들기 — 092
- 도형을 삽입하고 도형 스타일 설정하기
- 셀 서식 설정하기
- TODAY 함수로 남은 일수 계산하기

16 선거 결과 확인하기 — 098
- RANK 함수로 순위 구하기
- 조건부 서식으로 당선 표시하기
- 원형 차트 만들기

17 체크 리스트 만들기 — 104
- 기호 삽입 및 서식 설정하기
- 수식을 이용한 조건부 서식 설정하기
- 도형 및 그림 삽입하기

18 도서 대출증 만들기 — 110
- 서식 설정하기
- 데이터 유효성 검사
- VLOOKUP 함수 사용하기

19 여행 계획표 만들기 — 116
- 도형 안에 그림 채우기
- 새 시트 추가하기
- 하이퍼링크 설정하기

20 낱말 퀴즈 만들기 — 124
- 텍스트 상자 삽입하기
- 메모 삽입하기
- 메모 서식 설정하기

21 주소록으로 나이와 성별 맞히기 — 130
- IF함수로 성별 확인하기
- TODAY, YEAR, LEFT 함수로 나이 계산하기
- MID 함수와 & 연산자로 생일 입력하기
- 표 서식 설정 후 범위로 변환하기

22 대피 요령 안내서 만들기 — 136
- 도형과 WordArt 삽입하기
- SmartArt 그래픽 삽입하기
- 하이퍼링크 연결하기

23 별점 표시로 평가하기 — 142
- 데이터를 입력하고 서식 설정하기
- AVERAGE 함수로 평균 계산하기
- REPT 함수와 INT 함수로 "★"점 표시하기
- & 연산자로 함수 연결하여 "☆"점 표시하기

24 버튼으로 명령하기 — 148
- 매크로 기록하기
- 매크로 지정하기

CHAPTER 01 편지지 만들기

오늘의 미션
- ✓ 셀 테두리 설정하기
- ✓ 행 높이와 열 너비 조절하기
- ✓ 그림 삽입하기

편지는 안부나 소식을 전하는 글을 말합니다. 최근에는 이메일이나 모바일 메신저가 널리 퍼지면서 편지는 잘 쓰지 않게 되었습니다. 이번 시간에는 엑셀 프로그램으로 예쁜 편지지를 만들어 친구에게 편지를 써 봅시다.

 작품 미리보기

예제파일 그림1~6.png   **완성파일** 편지지(완성).xlsx

01 셀 테두리 설정하기

편지지의 기본 틀을 만들기 위해 셀의 테두리를 설정합니다.

1 Microsoft Office Excel 2016을 실행하여 [Sheet1] 시트의 [B2:J16]을 드래그하여 영역을 지정한 후 [홈] 탭의 [글꼴] 그룹에서 [테두리]를 클릭한 다음 [굵은 바깥쪽 테두리]를 클릭합니다.

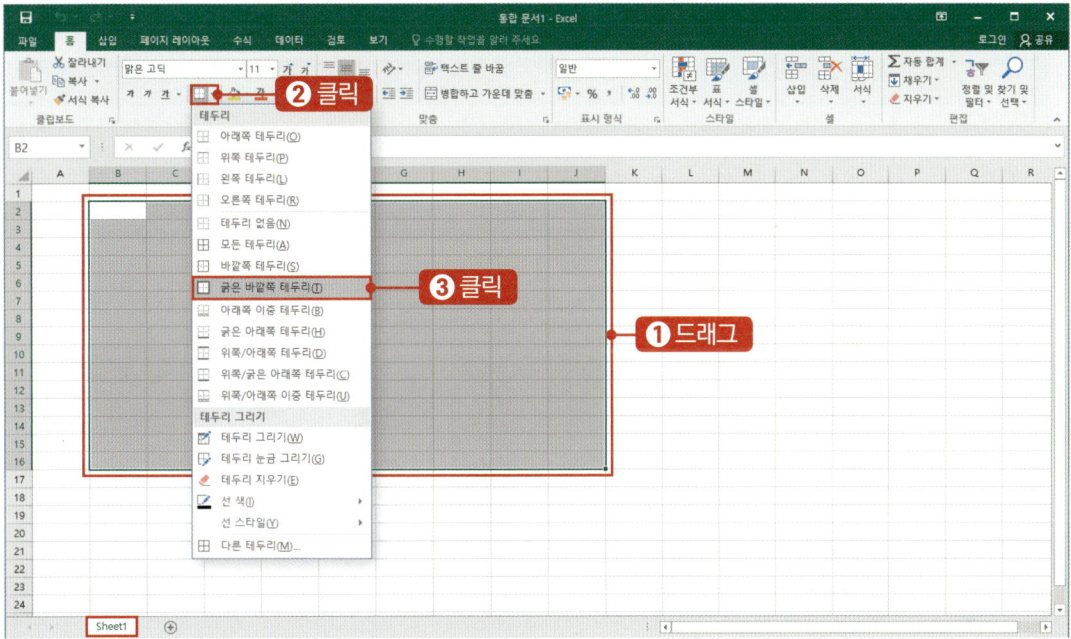

2 [C3:I15]를 드래그하여 영역을 지정한 후 [홈] 탭의 [글꼴] 그룹에서 [테두리]를 클릭한 다음 [다른 테두리]를 클릭하여 [셀 서식] 대화상자가 실행되면 그림과 같이 테두리를 설정하고 [확인]을 클릭합니다.

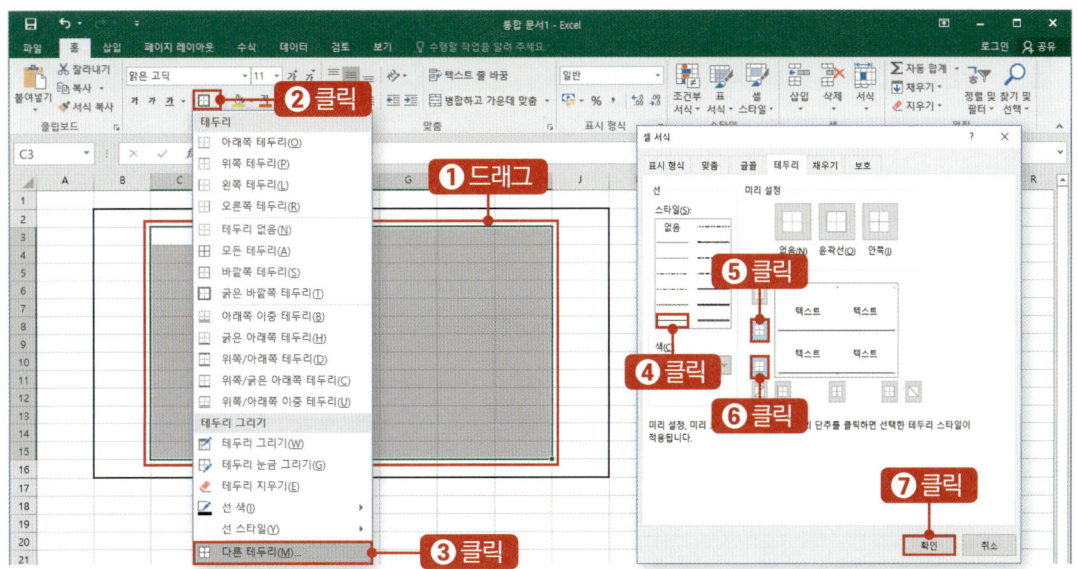

CHAPTER 01 - 편지지 만들기

행 높이와 열 너비 조절하기

편지지의 행 높이와 열 너비를 조절합니다.

① 열 머리글의 [A]~[B]를 드래그하여 영역을 지정한 후 Ctrl 키를 누른 상태로 열 머리글의 [J]를 클릭하여 영역을 지정합니다. 마우스 오른쪽 버튼을 클릭하고 [열 너비]를 클릭하여 [열 너비] 대화상자가 실행되면 열 너비를 '1'로 입력한 후 [확인]을 클릭합니다.

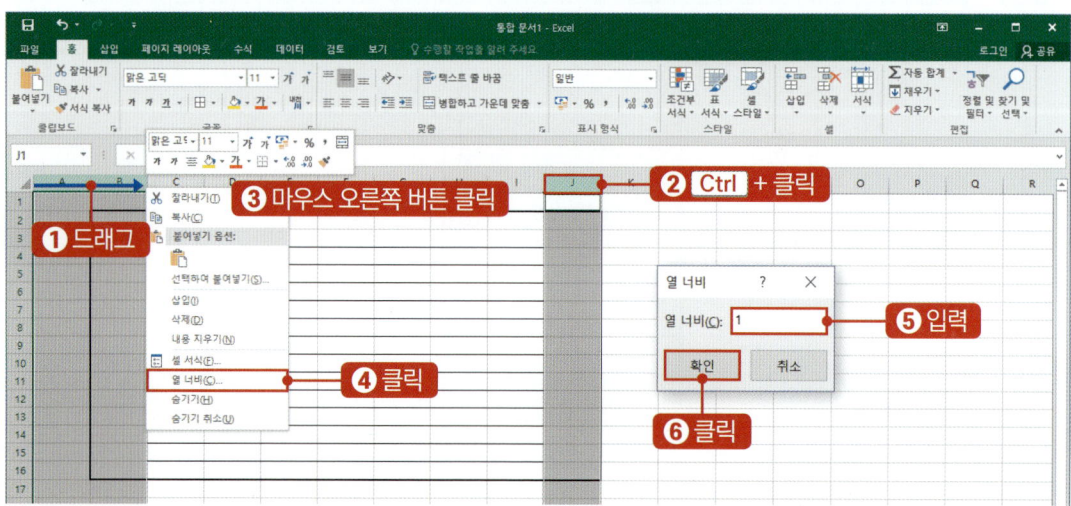

TIP [열 너비] 메뉴가 있는 바로가기 메뉴를 실행하려면 영역을 지정한 열의 열 머리글에서 마우스 오른쪽 버튼을 클릭해요.

② 열 머리글의 [C]~[I]를 드래그하여 영역을 지정한 후 마우스 오른쪽 버튼을 클릭하고 [열 너비]를 클릭하여 [열 너비] 대화상자가 실행되면 열 너비를 '10'으로 입력한 후 [확인]을 클릭합니다.

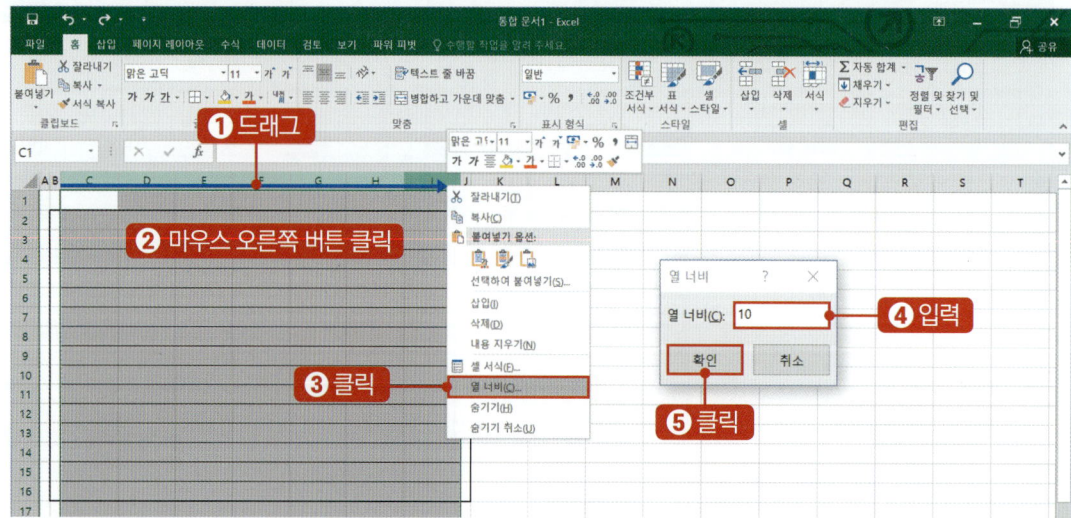

③ 행 머리글의 [3]~[16]을 드래그하여 영역을 지정한 후 마우스 오른쪽 버튼을 클릭하고 [행 높이]를 클릭하여 [행 높이] 대화상자가 실행되면 행 높이를 '40'으로 입력한 후 [확인]을 클릭합니다.

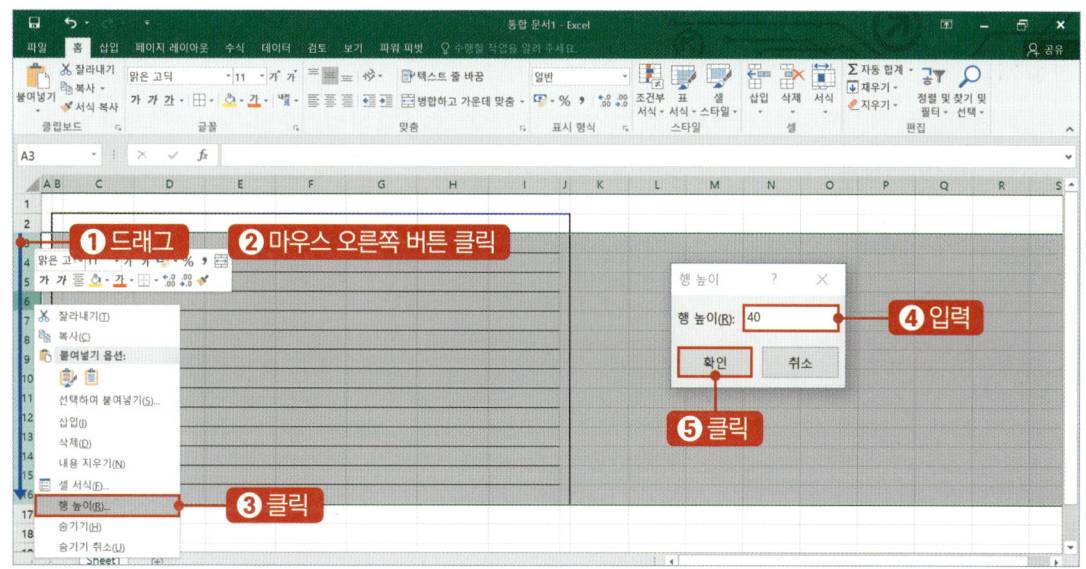

 **TIP** [행 높이] 메뉴가 있는 바로가기 메뉴를 실행하려면 영역을 지정한 행의 행 머리글에서 마우스 오른쪽 버튼을 클릭해요.

④ 행 머리글의 [2]를 클릭하여 영역을 지정한 후 마우스 오른쪽 버튼을 클릭하고 [행 높이]를 클릭하여 [행 높이] 대화상자가 실행되면 행 높이를 '160'으로 입력한 후 [확인]을 클릭합니다.

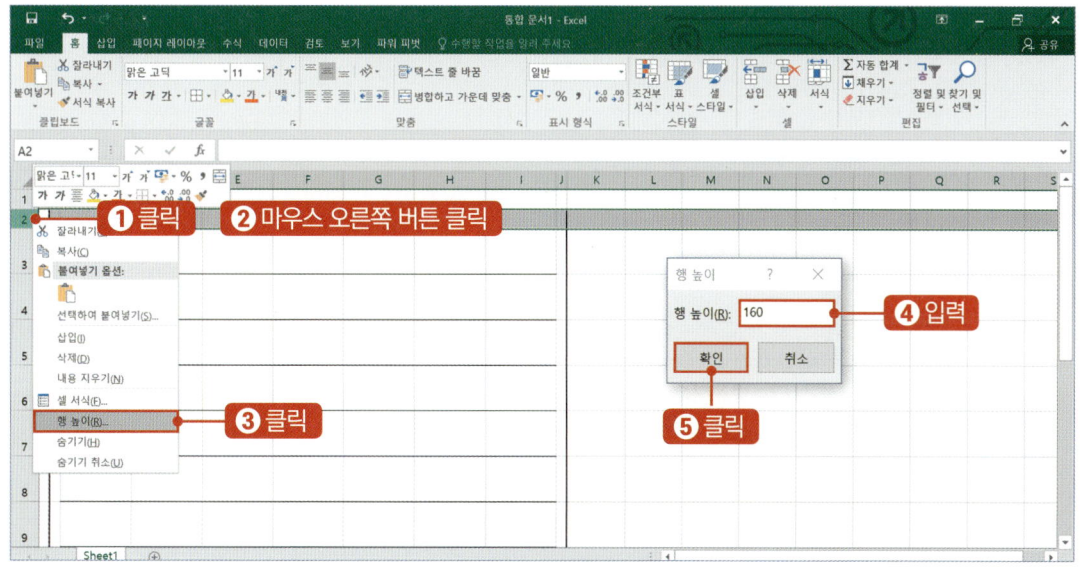

03 그림 삽입하기

만들어진 편지지 틀에 그림을 삽입하여 예쁘게 꾸밉니다.

1 [삽입] 탭의 [일러스트레이션] 그룹에서 [그림]을 클릭한 다음 [그림 삽입] 대화상자에서 '그림1.png'를 선택하고 [삽입]을 클릭하여 그림을 추가합니다. 그리고 추가된 그림의 크기 및 위치를 조절합니다.

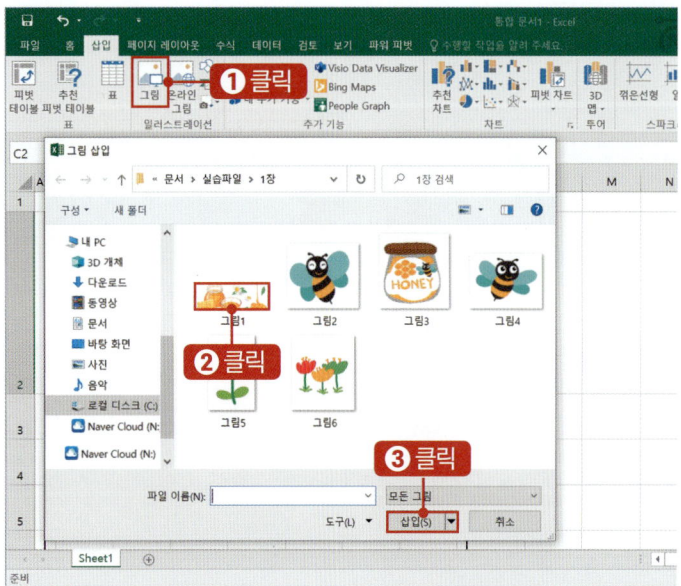

TIP 회전 조절점을 움직여 그림을 회전할 수 있어요!

2 **1**과 같은 방법으로 '그림2~6.png'도 추가하여 크기 및 위치를 조절합니다.

3 [C3]에 'Dear.'을 입력한 후 [홈] 탭의 [글꼴] 그룹에서 글꼴을 '휴먼편지체', 글꼴 크기를 '24pt', '굵게'를 설정합니다.

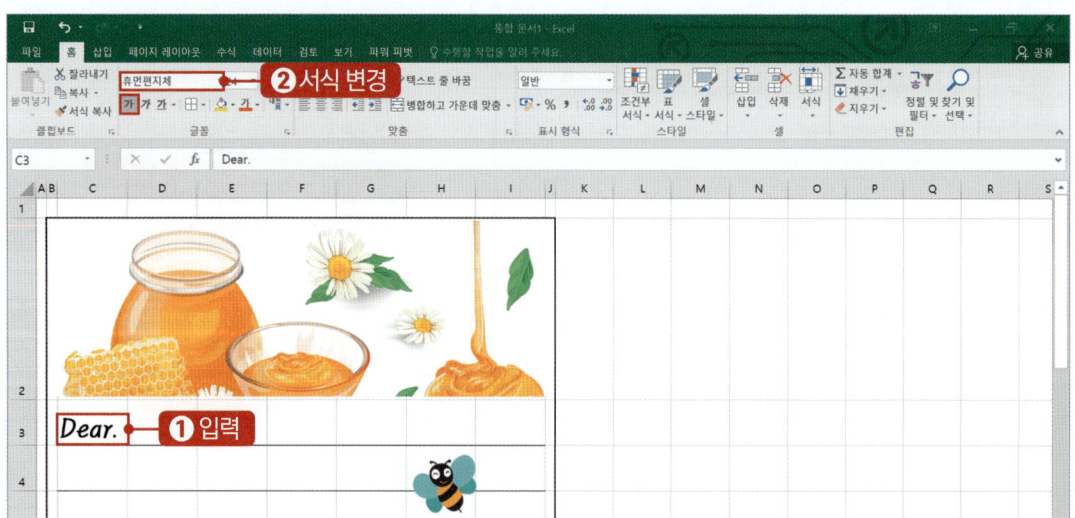

실력 쑥쑥! 창의력 쑥쑥!

1 그림을 추가하고 [셀 서식]의 테두리를 변경하여 다음과 같은 메모지를 완성해 보세요.

예제파일 공룡1~2.png 완성파일 메모지(완성).xlsx

① [B2:B6] 굵은 상자 테두리,
  [B2:B6] 가로 가운데, - - - - -
② [1] 행 높이 : 65,
  [2]~[6] 행 높이 : 25
③ [B], [D] 열 너비 : 30
④ 그림 '공룡1~2' 삽입
⑤ 테두리 색 등의 서식 임의 지정

2 그림을 추가하고 [셀 서식]의 테두리를 변경하여 다음과 같은 엽서를 완성해 보세요.

예제파일 엽서1~3.png 완성파일 엽서(완성).xlsx

① [B3:B12],[C3:E12]
  굵은 상자 테두리,
  [D7:D12] 가로 가운데, - - - - -
② [1]~[2] 행 높이 : 20,
  [3]~[12] 행 높이 : 30
③ [B], [D] 열 너비 : 35
  [C], [E] 열 너비 : 2
④ 그림 '엽서1~3' 삽입
⑤ 테두리 색 등의 서식 임의 지정

단어 카드 만들기

오늘의 미션
- 셀 병합하기
- 행 높이와 열 너비 조절하기
- 채우기 색 설정 및 그림 삽입하기

 분리하여 자립적으로 쓰는 말을 **단어**라고 합니다. 단어를 학습하여 사물 인지 능력과 어휘력을 키우기 위해 사용하는 학습 교구로 단어 카드를 많이 사용합니다. 이번 시간에는 동물 단어 카드를 만들어 영어 단어를 쉽게 외워 봅시다.

작품 미리보기

예제파일 동물1~8.png　　**완성파일** 동물단어카드(완성).xlsx

 동물 단어 카드

| 곰 | 돼지 | 토끼 |
| bear | pig | rabbit |

| 펭귄 | 고양이 | 판다 |
| pengin | cat | panda |

셀 병합하기

여러 개의 셀을 하나의 셀로 병합하고 제목을 입력합니다.

1 Microsoft Office Excel 2016을 실행하여 [Sheet1] 시트의 [B2:F2]를 드래그하여 영역을 지정한 후 [홈] 탭의 [맞춤] 그룹에서 [**병합하고 가운데 맞춤**]을 클릭합니다.

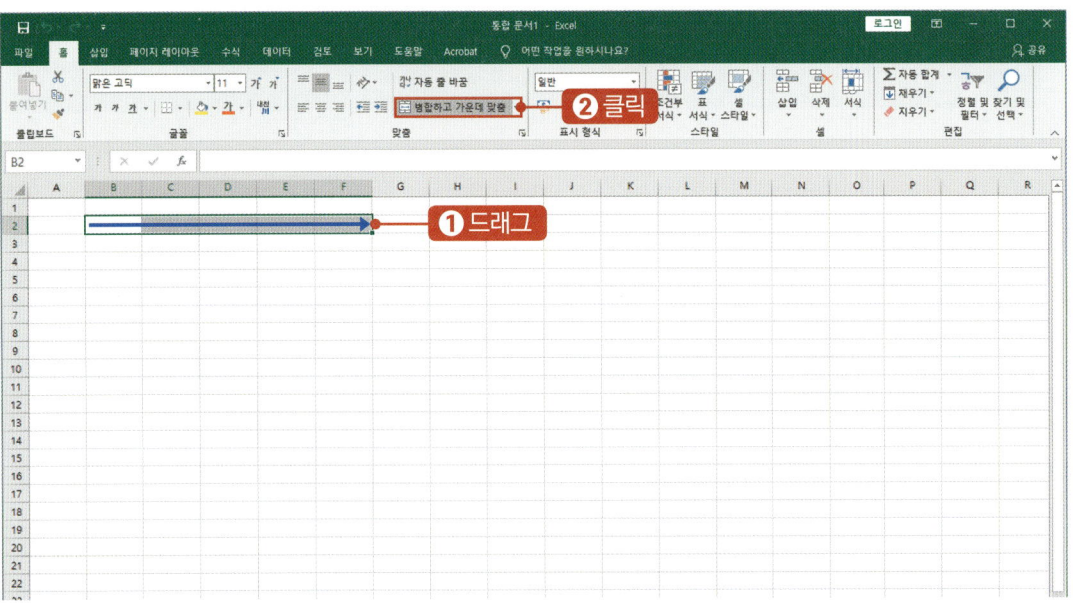

2 병합된 [B2]에 '동물 단어 카드'를 입력한 후 [홈] 탭의 [글꼴] 그룹에서 글꼴을 '돋움', 글꼴 크기를 '28pt', 글꼴 색을 '주황, 강조 2, 50% 더 어둡게', '굵게', '기울임꼴'로 설정합니다.

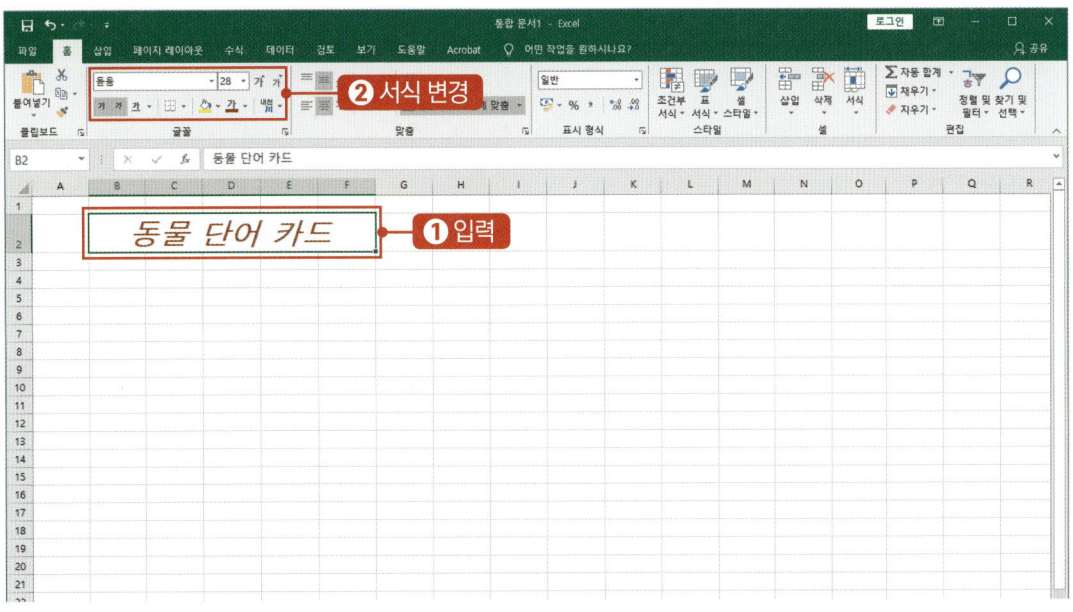

행 높이와 열 너비 조절하기

단어 카드에 그림과 텍스트를 삽입하기 위해 행 높이와 열 너비를 조절합니다.

① 열 머리글의 [B]를 클릭하여 영역을 지정한 후 Ctrl 키를 누른 상태에서 열 머리글의 [D], [F]를 클릭하여 영역을 지정합니다. 마우스 오른쪽 버튼을 클릭하고 [열 너비]를 클릭하여 [열 너비] 대화상자가 실행되면 열 너비를 '23'으로 입력한 후 [확인]을 클릭합니다.

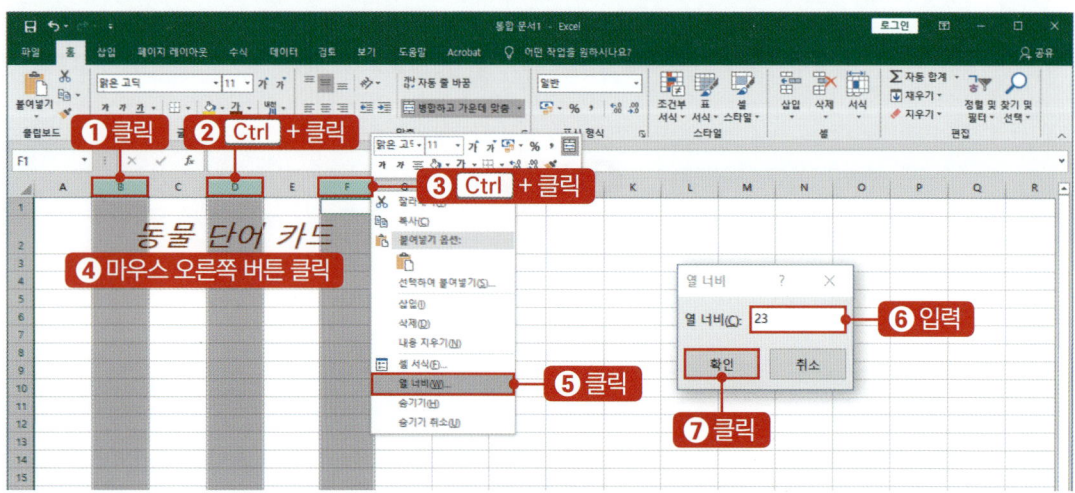

② ①과 같은 방법으로 [A], [C], [E]의 열 너비를 '3'으로 설정합니다.

③ 행 머리글의 [2]를 클릭하여 영역을 지정한 후 마우스 오른쪽 버튼을 클릭하고 [행 높이]를 클릭하여 [행 높이] 대화상자가 실행되면 행 높이를 '58'로 입력한 후 [확인]을 클릭합니다.

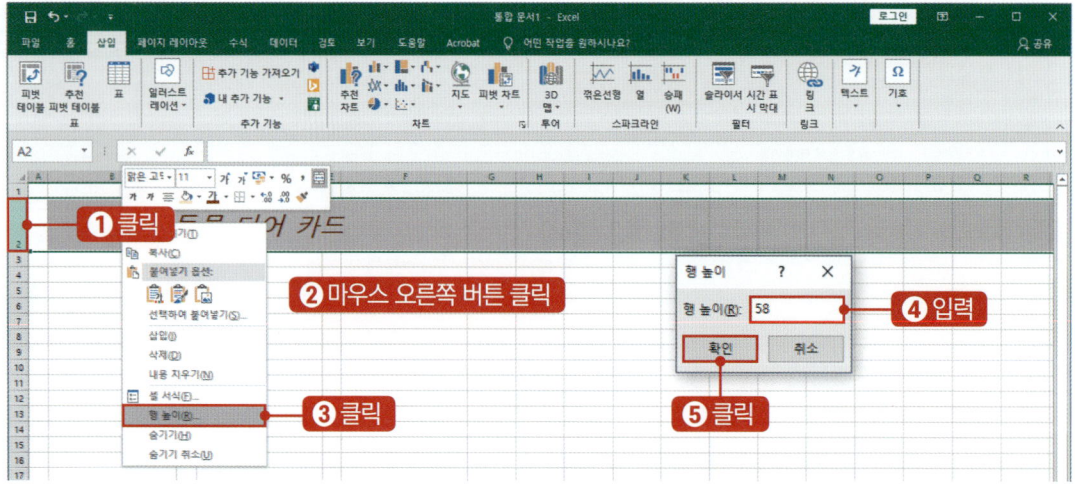

④ ③과 같은 방법으로 [4], [8]의 행 높이를 '135', [5:6], [9:10]의 행 높이를 '25'로 설정합니다.

03 채우기 색 설정 및 그림 삽입하기

셀에 채우기 색을 설정하고 그림을 삽입하여 단어 카드를 완성합니다.

1 [B2]를 클릭한 후 [홈] 탭의 [글꼴] 그룹에서 [채우기 색]을 클릭한 다음 '주황, 강조 2, 60% 더 밝게'를 클릭합니다.

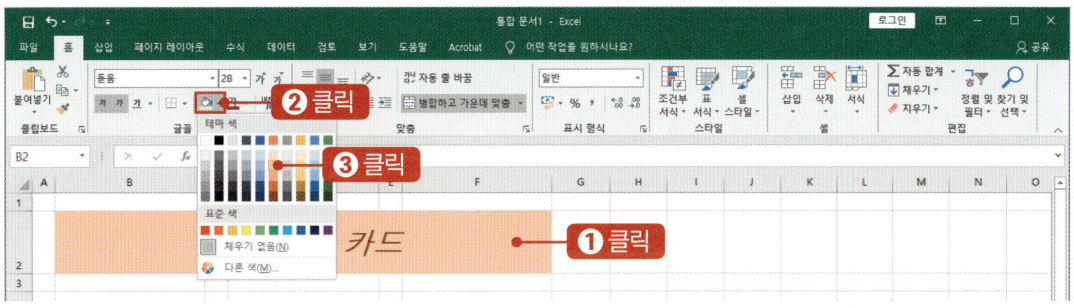

2 [B4]를 클릭하고 Ctrl 키를 누른 상태에서 [D4], [F4], [B8], [D8], [F8]을 클릭하여 추가로 영역을 지정합니다. 그리고 난 후 [홈] 탭의 [글꼴] 그룹에서 [채우기 색]을 클릭한 다음 '황금색, 강조 4, 80% 더 밝게'를 클릭합니다.

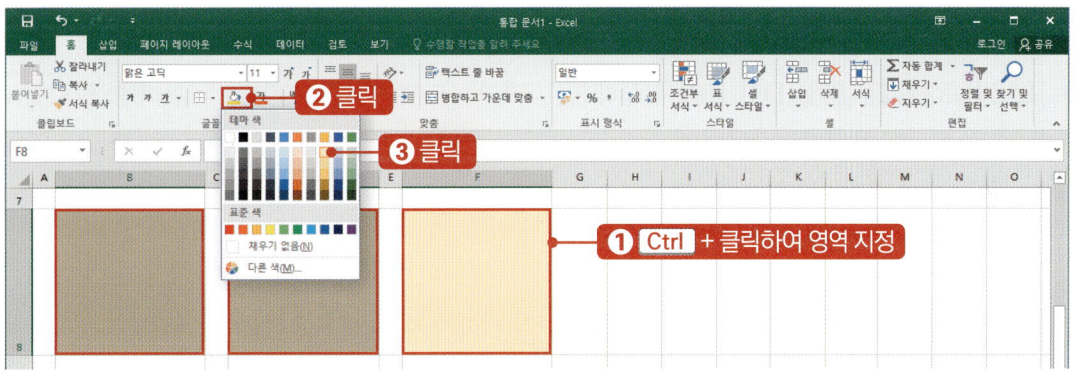

3 [삽입] 탭의 [일러스트레이션] 그룹에서 [그림]을 클릭한 다음 [그림 삽입] 대화상자에서 '동물1.png'를 선택하고 [삽입]을 클릭하여 그림을 추가합니다. 그리고 추가된 그림의 크기 및 위치를 조절합니다.

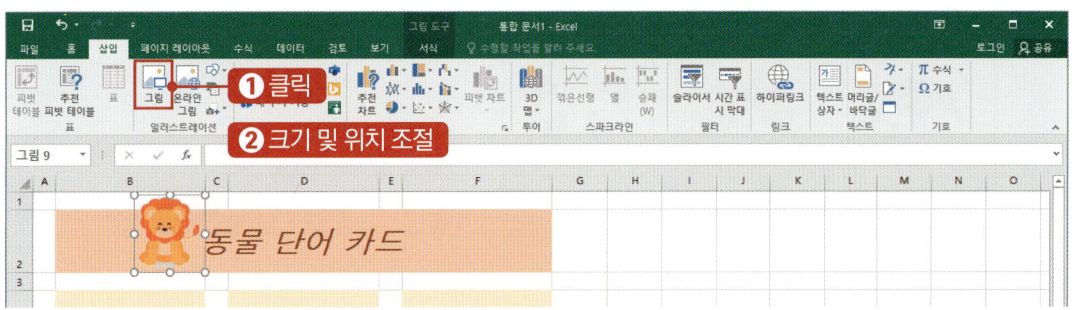

CHAPTER 02 - **단어카드 만들기** 15

④ ❸과 같은 방법으로 '동물2~8.png'도 추가하여 크기 및 위치를 조절합니다.

⑤ [B4:B6], [D4:D6], [F4:F6], [B8:B10], [D8:D10], [F8:F10]을 각각 드래그하여 영역을 지정한 후 [홈] 탭의 [글꼴] 그룹에서 [테두리]를 클릭한 다음 [모든 테두리]를 클릭합니다.

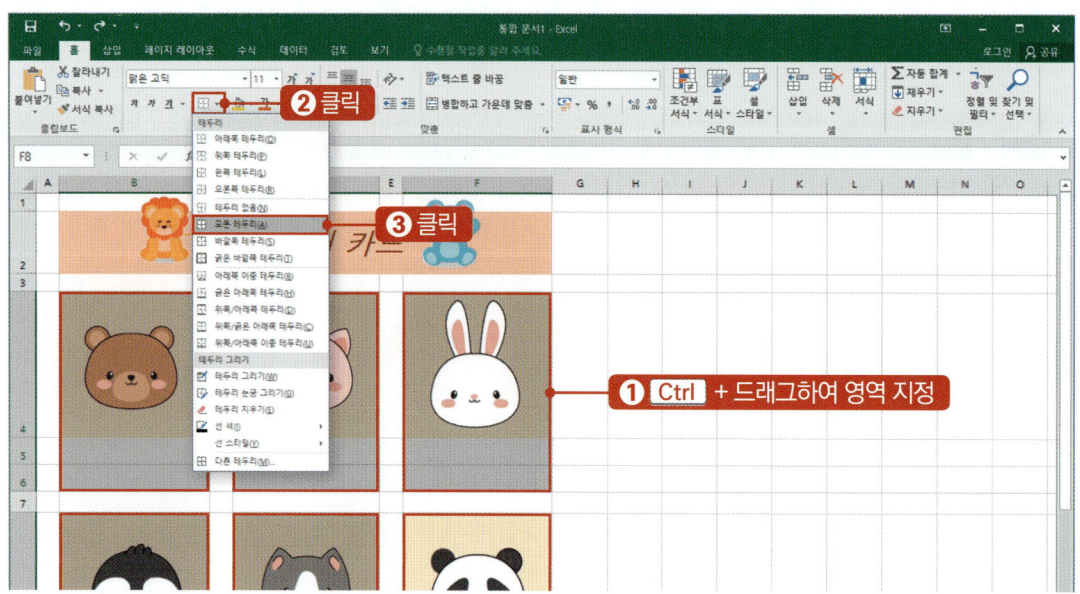

⑥ [B5], [D5], [F5], [B9], [D9], [F9]에 각각 '곰', '돼지', '토끼', '펭귄', '고양이', '판다'를 입력하고 [B6], [D6], [F6], [B10], [D10], [F10]에 각각 'bear', 'pig', 'rabbit', 'pengin', 'cat', 'panda'를 입력합니다.

⑦ [B5:B6], [D5:D6], [F5:F6], [B9:B10], [D9:D10], [F9:F10]을 드래그하여 영역을 지정한 후 [홈] 탭의 [글꼴] 그룹에서 글꼴 크기를 '16pt', [홈] 탭의 [맞춤] 그룹에서 [가운데 맞춤]을 설정합니다.

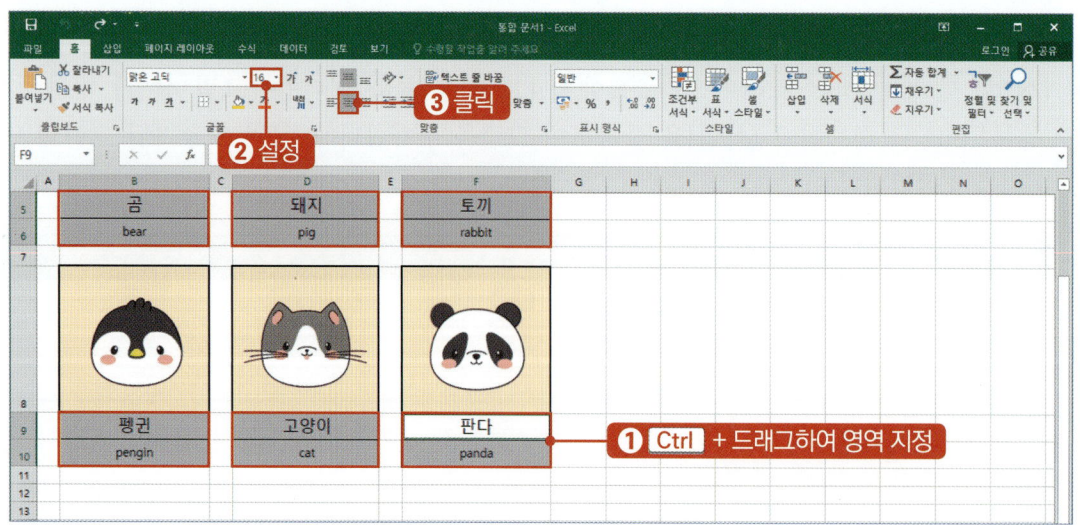

실력 쑥쑥! 창의력 쑥쑥!

1 그림을 추가하고 서식(글꼴, 채우기 색, 테두리 등)을 변경하여 다음과 같은 단어 카드를 완성해 보세요.

예제파일 과일1~3.png 완성파일 과일단어카드(완성).xlsx

1. [B2:F2] 병합하고 가운데 맞춤
2. [2] 행 높이 : 40, [4] 행 높이 : 120
3. [B], [D], [F] 열 너비 : 25
4. 그림 '과일1~3' 삽입
5. 글꼴, 글꼴 크기, 채우기 색, 맞춤, 테두리 등의 서식 임의 지정

2 그림을 추가하고 서식(글꼴, 채우기 색, 테두리 등)을 변경하여 다음과 같은 이름표를 완성해 보세요.

예제파일 이름표1~4.png 완성파일 이름표(완성).xlsx

1. [B2:D2] 병합하고 가운데 맞춤
2. [2] 행 높이 : 80, [4], [6] 행 높이 : 100
3. [B], [D] 열 너비 : 40, [A], [C] 열 너비 : 5
4. 그림 '이름표1~4' 삽입
5. 글꼴, 글꼴 크기, 채우기 색, 맞춤, 테두리 등의 서식 임의 지정

시간표 만들기

오늘의 미션
- 행 높이와 열 너비 조절하기
- 채우기 색 설정 및 셀 병합하기
- 자동 채우기로 요일 입력하기
- 테두리 색 설정 및 그림 자르기

 각 과목의 수업 시간을 요일별로 정리하여 작성한 표 형식의 문서를 시간표라고 합니다. 이번 시간에는 엑셀 프로그램의 자동 채우기 기능을 이용하여 시간표를 만들어 봅시다.

 작품 미리보기

예제파일 그림1~9.png **완성파일** 시간표(완성).xlsx

행 높이와 열 너비 조절하기

행 높이와 열 너비를 조절하여 시간표 틀을 만듭니다.

1 열 머리글의 [B]~[G]를 드래그하여 영역을 지정한 후 마우스 오른쪽 버튼을 클릭하고 **[열 너비]**를 클릭하여 **[열 너비]** 대화상자가 실행되면 열 너비를 '10'으로 입력한 후 **[확인]**을 클릭합니다.

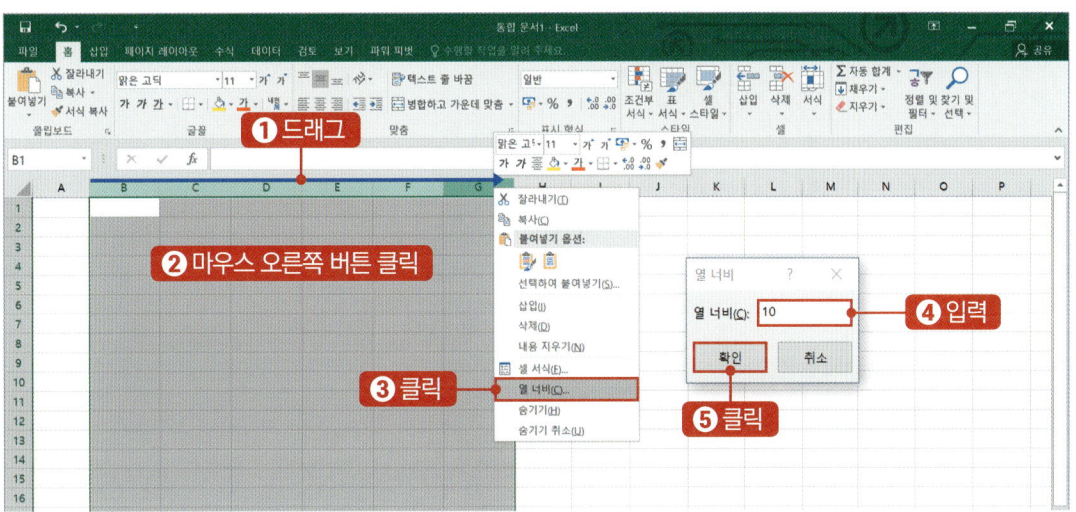

2 **1** 과 같은 방법으로 [A], [H]의 열 너비를 '8'로 설정합니다.

3 [1], [3]의 행 높이를 '65', [2], [4:10]의 행 높이를 '40', [11]의 행 높이를 '100'으로 설정합니다.

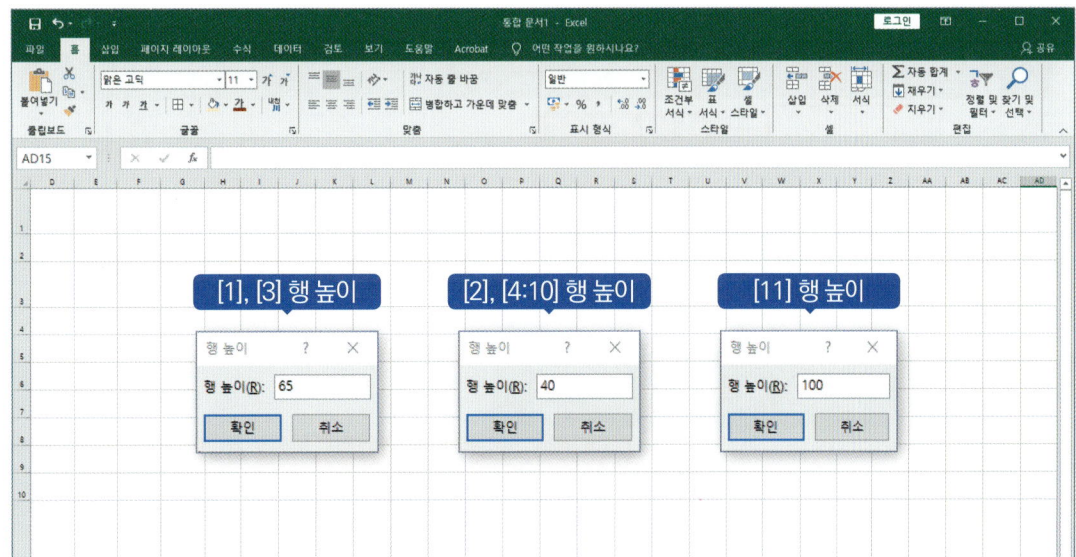

채우기 색 설정 및 셀 병합하기

셀에 채우기 색을 설정하고 제목을 입력하기 위해 셀을 병합합니다.

1 [A1:H1], [A2:A11], [H2:H11], [B3:G3], [B11:G11]를 드래그하여 영역을 지정한 후 [홈] 탭의 [글꼴] 그룹에서 [채우기 색]을 '녹색, 강조 6, 40% 더 밝게'로 설정합니다.

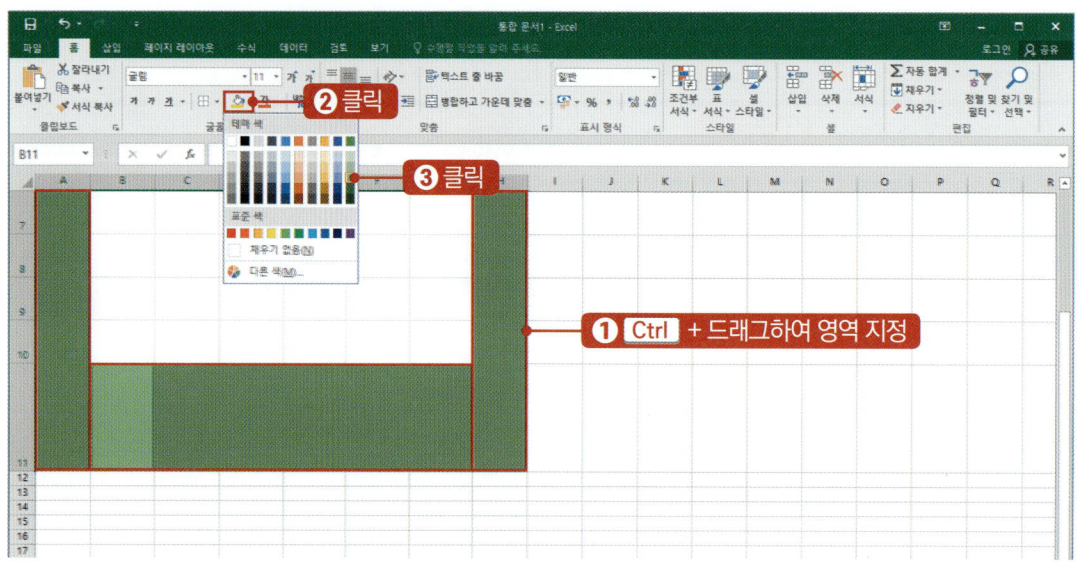

2 [B2:G2]를 병합(병합하고 가운데 맞춤)하고 '슬기로운 학교 생활'을 입력한 후 글꼴을 '돋움', 글꼴 크기를 '24pt', '굵게', '기울임꼴'로 설정합니다. 그 다음 [B3:G3]을 병합(병합하고 가운데 맞춤)하고 '3-2 시간표'를 입력한 후 글꼴을 '굴림', 글꼴 크기를 '36pt', 글꼴 색을 '흰색, 배경 1', '굵게'로 설정합니다.

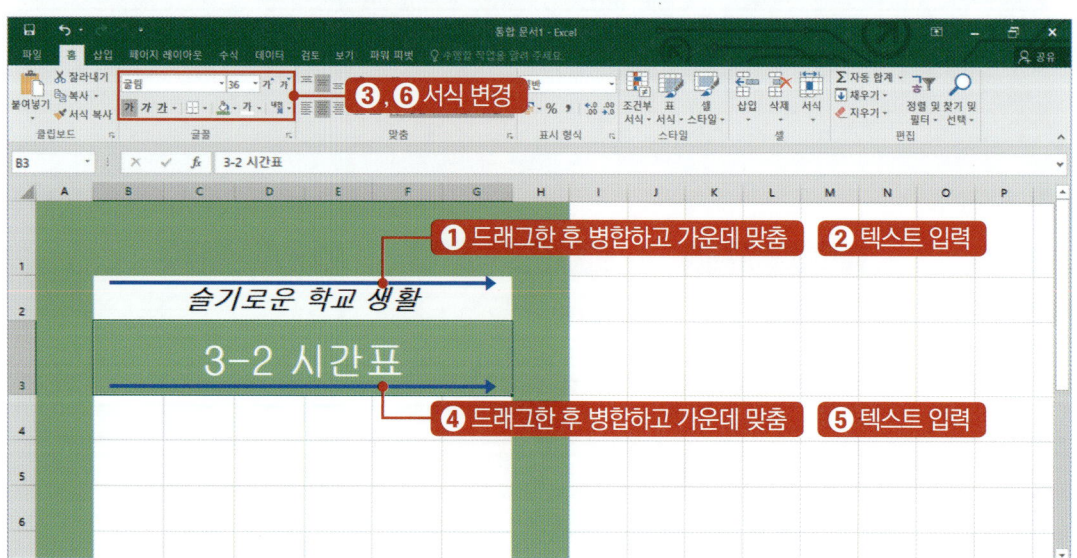

자동 채우기로 요일 입력하기

자동 채우기 기능을 이용하여 빠르게 요일을 입력합니다.

① 요일을 자동으로 채우기 위해 [C4]에 '월요일'을 입력한 후 글꼴을 '굴림', 글꼴 크기를 '11pt', '굵게', '가운데 맞춤'을 설정합니다. 그 다음 채우기 핸들을 [G4]까지 드래그합니다.

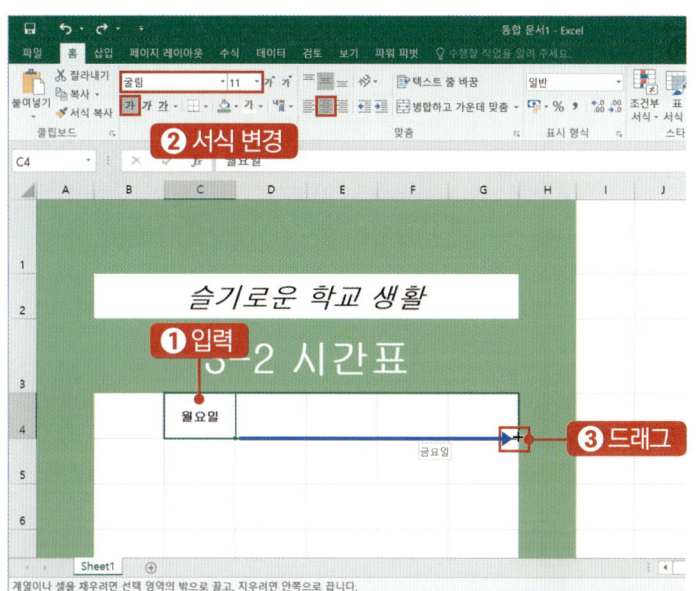

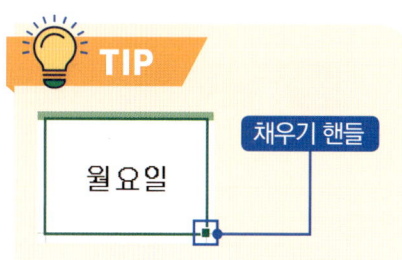

② ① 과 같은 방법으로 [B5]에 '1교시'를 입력한 후 글꼴을 '굴림', 글꼴 크기를 '11pt', '굵게', '가운데 맞춤'으로 설정합니다. 그 다음 채우기 핸들을 [B10]까지 드래그합니다.

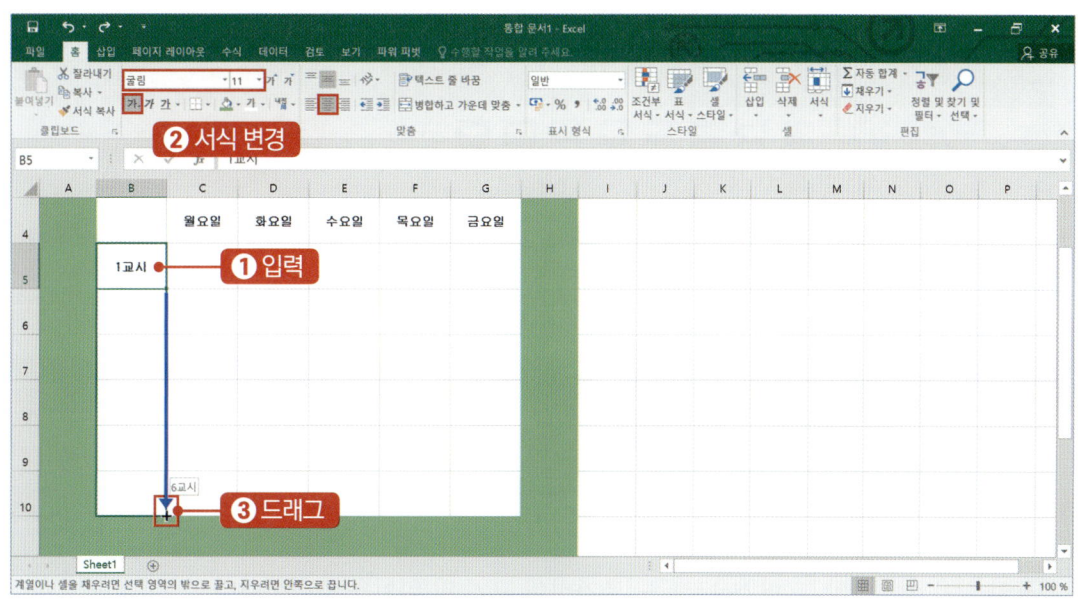

04 테두리 색 설정 및 그림 자르기

시간표의 테두리 색을 설정하고 그림을 추가하여 편집합니다.

① [B4:G10]을 드래그하여 영역을 지정한 후 [홈] 탭의 [글꼴] 그룹에서 [테두리]를 클릭한 다음 [다른 테두리]를 클릭하여 [셀 서식] 대화상자가 실행되면 색을 '회색-25%, 배경 2'로 설정하고 '윤곽선', '안쪽'을 클릭한 후 [확인]을 클릭합니다.

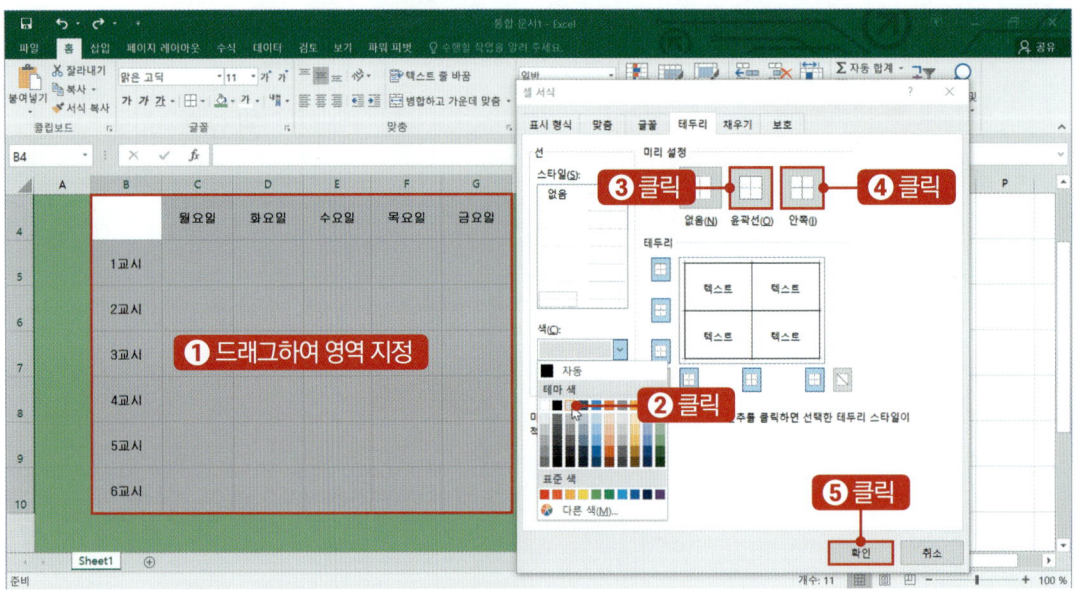

② [삽입] 탭의 [일러스트레이션] 그룹에서 [그림]을 클릭한 다음 '그림1.png'를 삽입하고 복사합니다. 그 다음 [그림 도구]-[서식] 탭의 [크기] 그룹에서 [자르기]를 클릭하고 마우스로 드래그하여 그림을 자른 후 크기 및 위치를 조절합니다.

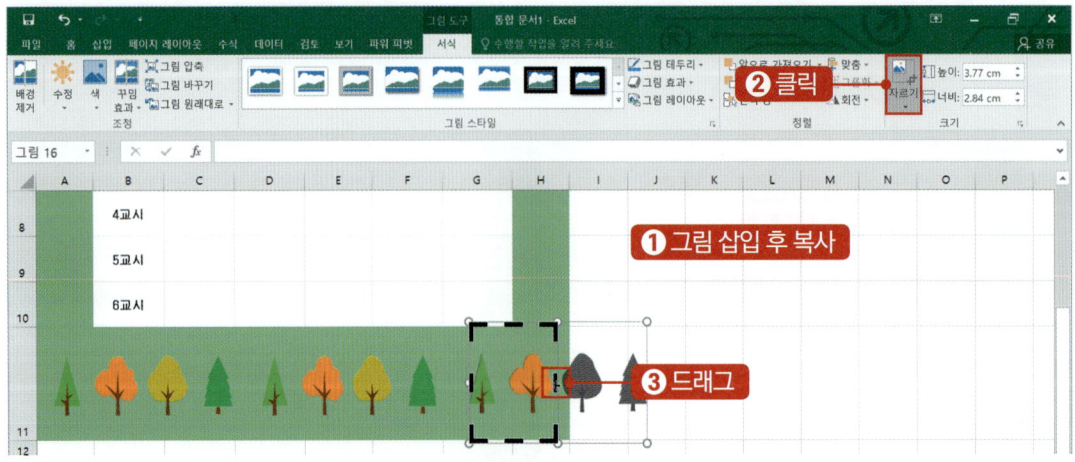

③ ②와 같은 방법으로 '그림2~9.png'도 추가하여 크기 및 위치를 조절합니다.

실력 쑥쑥! 창의력 쑥쑥!

1 데이터를 입력하고 자동 채우기를 이용하여 다음과 같은 식단표를 완성해 보세요.

예제파일 식단1~2.png **완성파일** 식단표(완성).xlsx

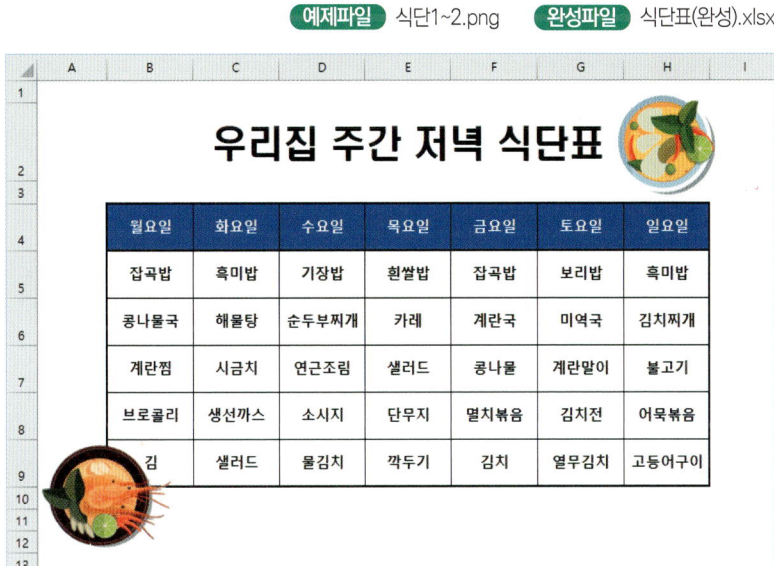

① [B2:H2] 병합하고 가운데 맞춤
② [2] 행 높이 : 60,
　[4]~[9] 행 높이 : 35
③ [B4]의 채우기 핸들을
　[H4]까지 드래그하여 자동 채우기
④ 그림 '식단1~2' 삽입
⑤ 글꼴, 글꼴 크기, 채우기 색, 맞춤,
　테두리 등의 서식 임의 지정

2 데이터를 입력하고 자동 채우기를 이용하여 다음과 같은 구구단표를 완성해 보세요.

예제파일 구구단1~10.png **완성파일** 구구단(완성).xlsx

① [B2:R2] 병합하고 가운데 맞춤
② [2] 행 높이 : 52,
　[4]~[12] 행 높이 : 22
③ [B], [D], … [P], [R] 열 너비 : 5,
　[C], [E], … [O], [Q] 열 너비 : 2
④ [B4]의 채우기 핸들을
　[B12]까지 드래그하여 자동 채우기
⑤ [D4]의 채우기 핸들을
　[D12]까지 [Ctrl] 키를 누른 채
　드래그하여 자동 채우기
⑥ 그림 '구구단1~10' 삽입
⑦ 글꼴, 글꼴 크기, 채우기 색, 맞춤,
　테두리 등의 서식 임의 지정

CHAPTER 04 온라인 서식으로 달력 만들기

오늘의 미션
- 온라인 서식 검색하여 열기
- 서식을 변경하여 달력 꾸미기

 1년의 날짜를 순서에 맞게 월, 일, 요일로 표시한 것을 **달력**이라고 합니다. 달력에는 반복되는 많은 숫자와 글자들이 있어 엑셀 프로그램에서 제공하는 온라인 서식을 이용하면 쉽게 달력을 만들 수 있습니다. 이번 시간에는 달력을 만들어 봅시다.

 작품 미리보기

예제파일 크리스마스1~3.png **완성파일** 달력(완성).xlsx

01 온라인 서식 검색하여 열기

엑셀 프로그램에서 제공하는 온라인 서식을 검색합니다.

1 Microsoft Office Excel 2016을 실행한 다음 온라인 서식 추천 검색어:에서 '캘린더'를 클릭합니다.

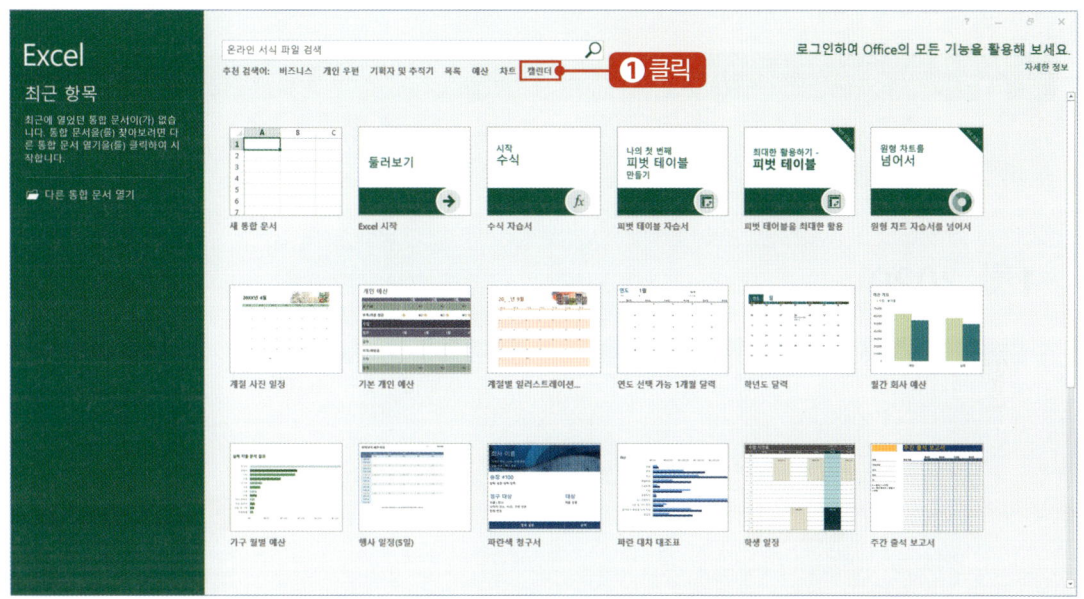

2 '계절 사진 일정' 서식을 클릭한 후 [만들기]를 클릭합니다.

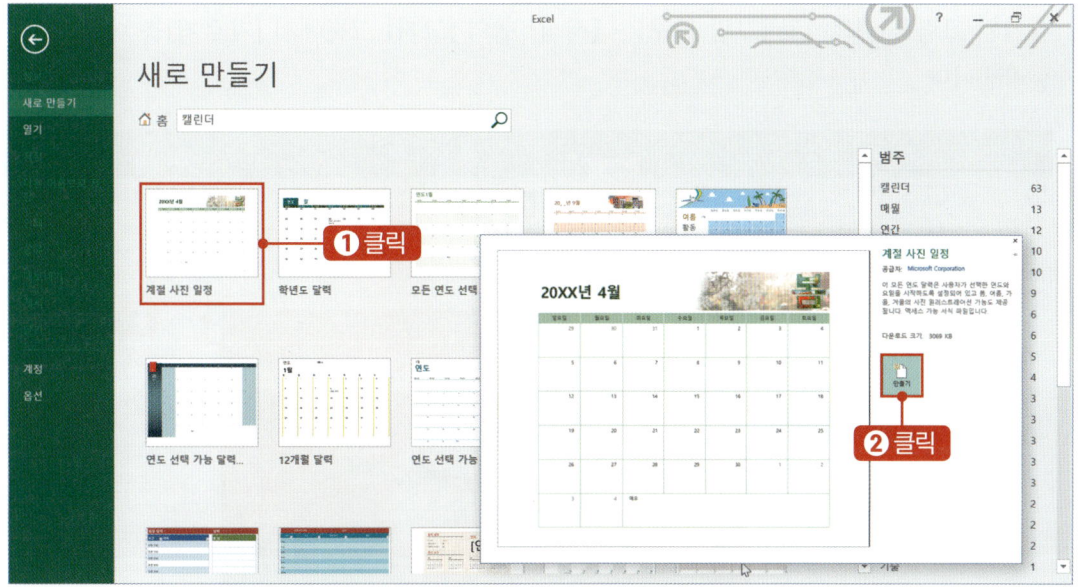

02 서식을 변경하여 달력 꾸미기

사용하고자 하는 연도의 달력으로 수정하고 예쁘게 편집한 후 다른 이름으로 저장합니다.

① [1월] 시트의 달력 설정의 '연도'를 사용하고자 하는 연도로 수정한 후 각각의 시트에 날짜가 자동으로 변경된 것을 확인합니다.

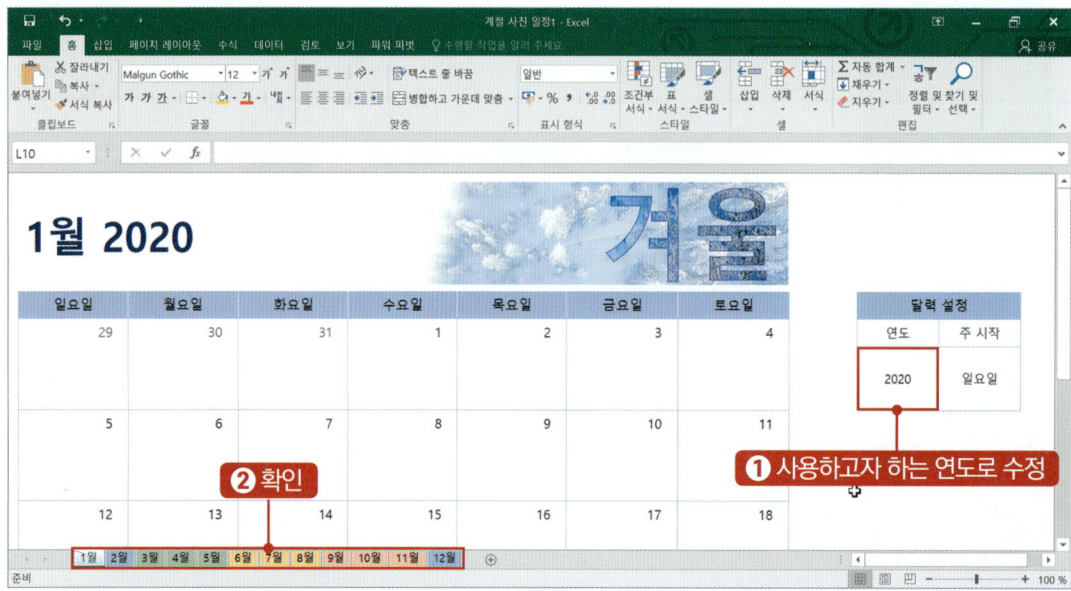

② [12월] 시트 탭을 클릭한 후 삽입되어 있는 그림을 선택하고 Delete 키를 눌러 삭제합니다. 그리고 나서 '크리스마스1.png'를 삽입합니다.

③ 삽입된 그림을 선택하고 [그림 도구] - [서식] 탭의 [크기] 그룹에서 [자르기]를 이용하여 그림을 잘라냅니다.

4. [그림 도구] - [서식] 탭의 [정렬] 그룹에서 [회전] 메뉴의 [좌우 대칭]을 클릭하여 그림을 좌우 대칭으로 회전한 후 위치 및 크기를 조절합니다.

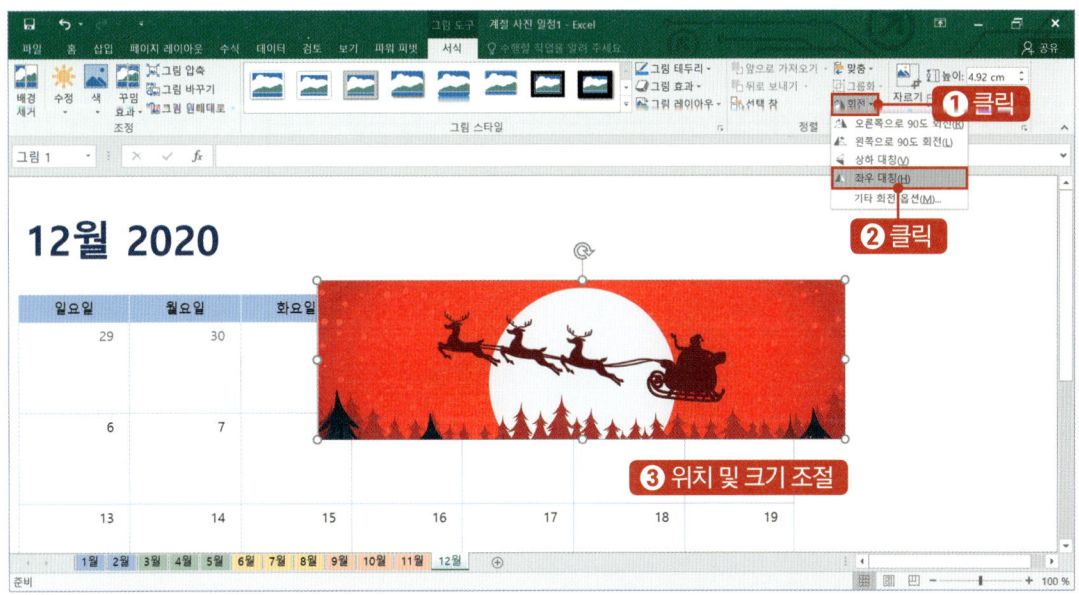

5. [G11]에 '크리스마스'를 입력합니다. 그 다음 [B6], [B8], [B10], [G10], [G11], [B12]의 글꼴 색을 '빨강'으로 [H4], [H6], [H8], [H10]의 글꼴 색을 '파랑'으로 설정하고 글꼴 크기 및 서식을 적절히 조절합니다.

6. '크리스마스2~3.png'를 삽입한 후 크기 및 위치를 변경합니다.

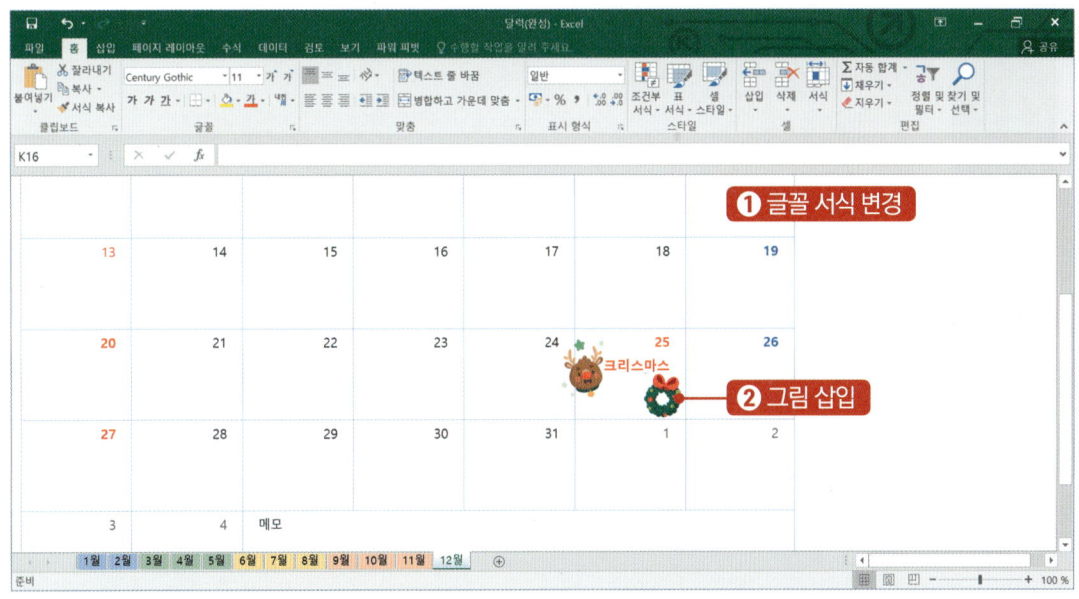

7 **1** ~ **6** 과 같은 방법으로 각각의 시트를 클릭하여 그림 삽입 및 서식을 변경하여 꾸밉니다.

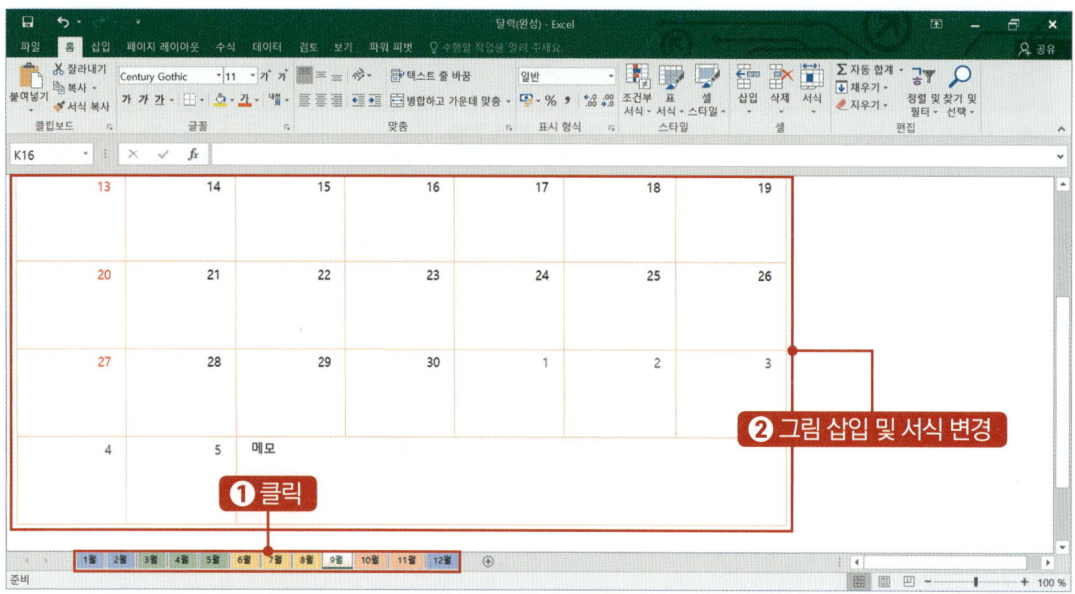

8 [파일] 탭의 [다른 이름으로 저장]을 클릭하여 작성한 달력을 다른 이름으로 저장합니다.

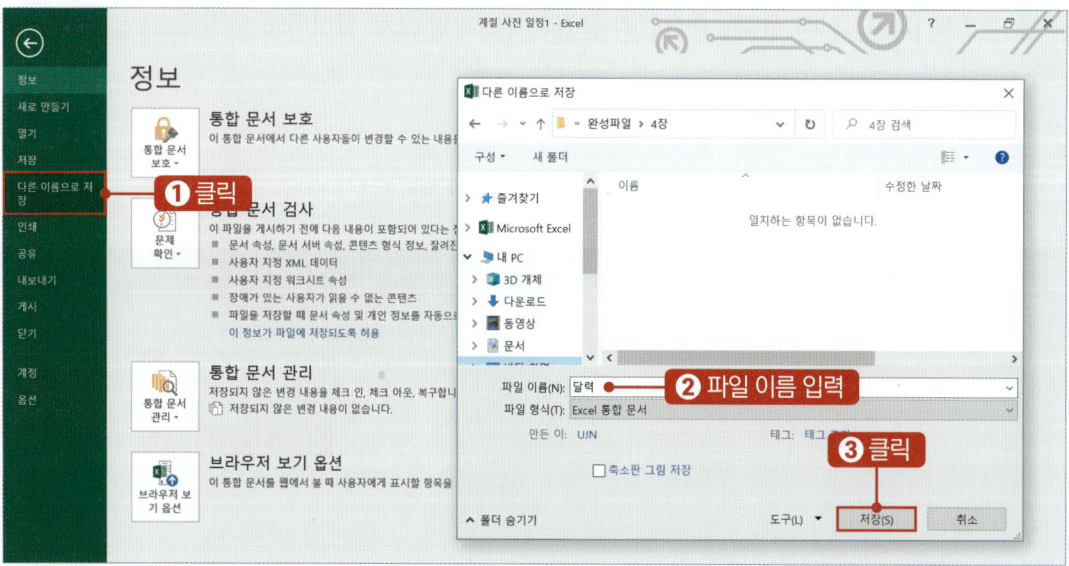

실력 쑥쑥! 창의력 쑥쑥!

1 온라인 서식 파일을 수정하여 다음과 같은 생일 선물 계획표를 완성해 보세요.

예제파일 – 완성파일 생일선물계획(완성).xlsx

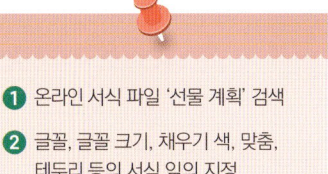

① 온라인 서식 파일 '선물 계획' 검색
② 글꼴, 글꼴 크기, 채우기 색, 맞춤, 테두리 등의 서식 임의 지정

2 온라인 서식 파일을 수정하여 다음과 같은 급식 계획표를 완성해 보세요.

예제파일 급식.png 완성파일 급식표(완성).xlsx

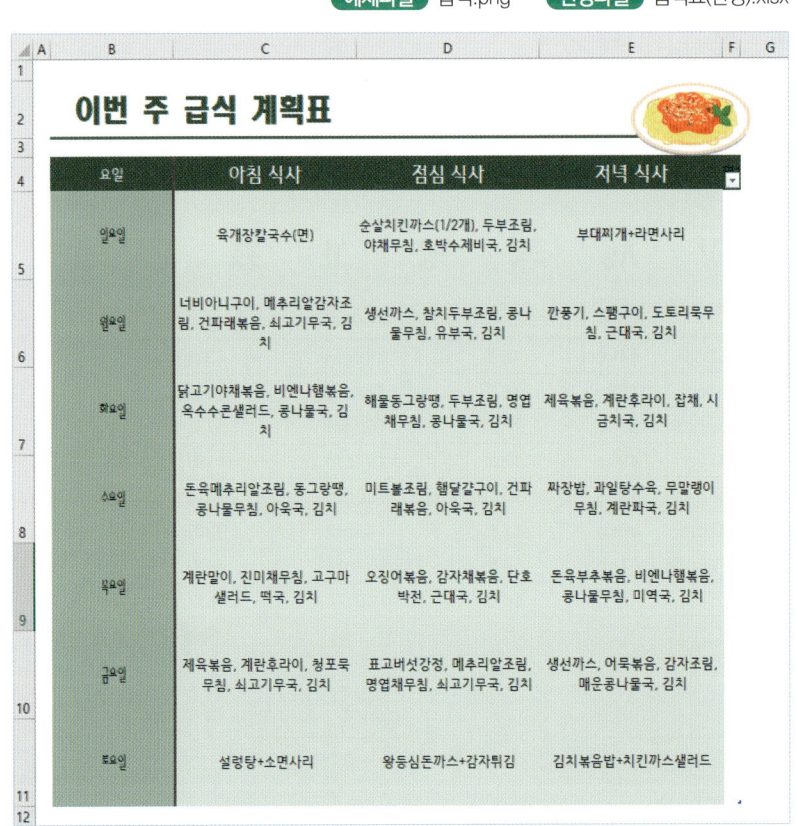

① 온라인 서식 파일 '기본식사계획표' 검색
② 그림 '급식' 삽입
③ 글꼴, 글꼴 크기, 채우기 색, 맞춤, 테두리 등의 서식 임의 지정

체력 평가표 만들기

CHAPTER 05

오늘의 미션
- ✓ 셀 서식 설정하기
- ✓ 사용자 지정 표시 형식 설정하기

성·연령·체질·운동 경험·생활 환경·식생활 등의 상황을 종합 검토해서 앞으로의 운동 처방이나 생활 처방을 지도하는 자료로 체력 평가표를 만들어 사용합니다. 이번 시간에는 엑셀의 사용자 지정 표시 형식을 변경하여 입력한 데이터 값의 표시 형식을 설정한 체력 평가표를 만들어 봅시다.

 작품 미리보기

예제파일 달리기.png, 키재기.png　　**완성파일** 건강체력평가(완성).xlsx

건 강 체 력 평 가 표

번호	이름	키	몸무게	100m 달리기	제자리 멀리뛰기	윗몸 일으키기
1	다영	150cm	44kg	15초	148cm	43회
2	민재	153cm	48kg	16초	153cm	54회
3	시우	159cm	53kg	13초	162cm	57회
4	아영	147cm	40kg	18초	147cm	41회
5	예준	154cm	49kg	15초	155cm	53회
6	지아	147cm	39kg	17초	149cm	39회
7	하은	149cm	41kg	16초	154cm	40회
8	현준	155cm	48kg	16초	160cm	56회

셀 서식 설정하기

행 높이, 열 너비 및 테두리, 맞춤 등의 셀 서식을 설정하여 체력 평가표 틀을 만듭니다.

1 Microsoft Office Excel 2016을 실행하여 [Sheet1] 시트의 [B4:H12]에 다음과 같은 데이터를 입력한 다음 글꼴 'HY중고딕', 글꼴 크기 '14pt', '모든 테두리'를 설정합니다. 그 다음 [B4:H4]에 채우기 색을 '황금색, 강조 4, 80% 더 밝게'로 설정하고 열 너비를 적절히 조절합니다.

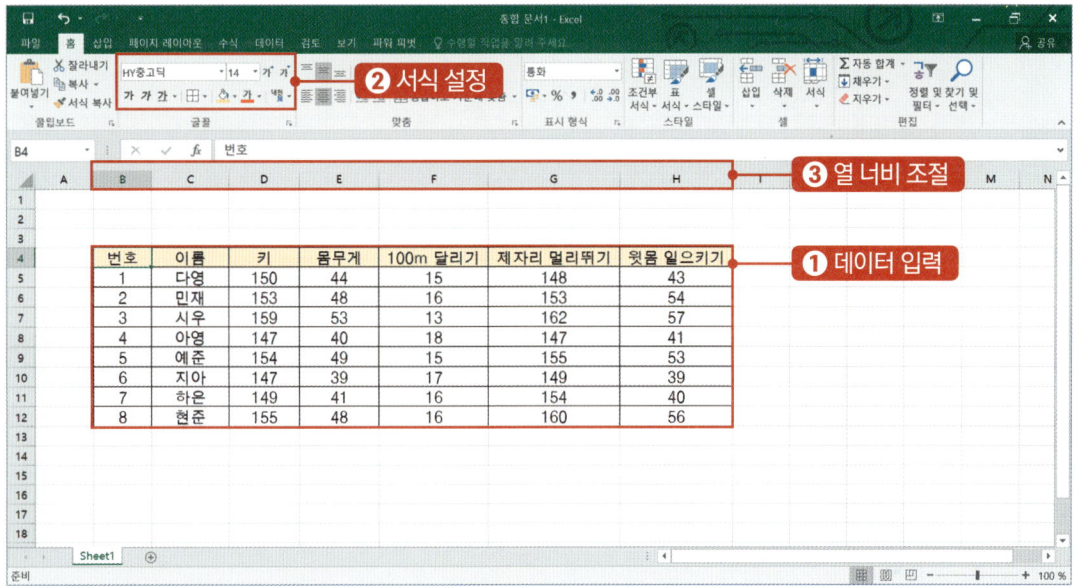

2 [2]의 행 높이를 '40', [4:12]의 행 높이 '25'으로 설정합니다. 그 다음 [B2:H2]을 드래그하여 영역을 지정한 후 병합(병합하고 가운데 맞춤)하고 '건강체력평가표'를 입력합니다.

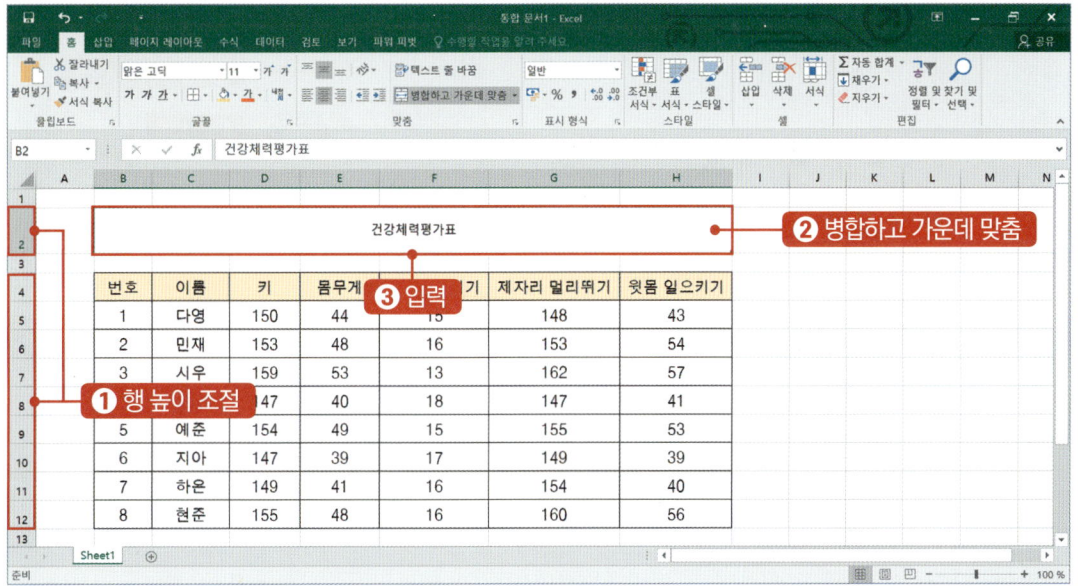

③ [B2]를 선택하고 글꼴 'HY목각파임B', 글꼴 크기 '28pt'를 설정한 후 마우스 오른쪽 버튼을 클릭하여 [셀 서식]을 클릭합니다.

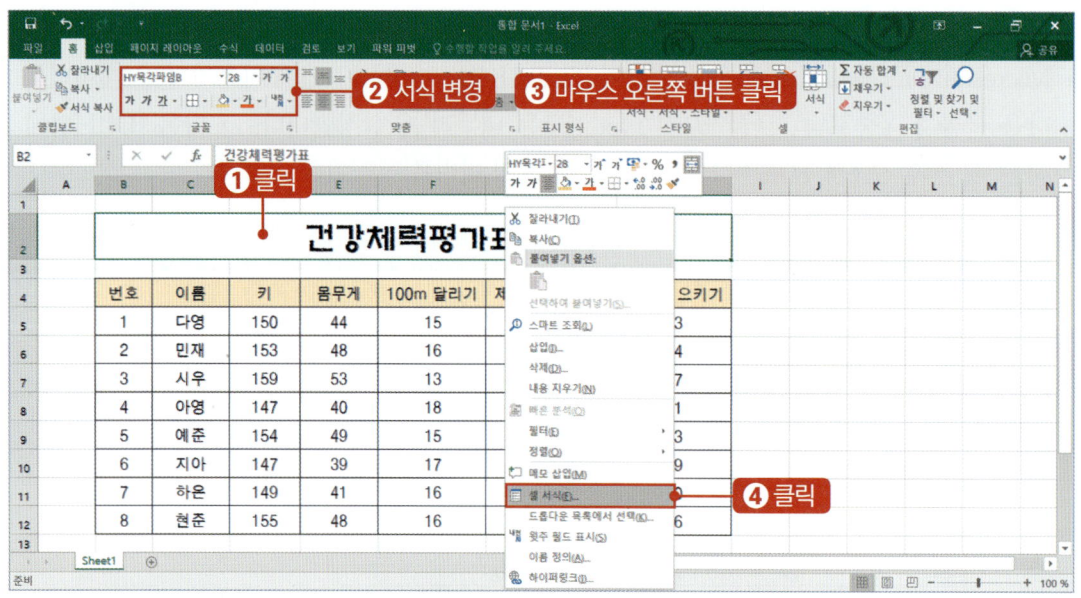

> **TIP** Ctrl + 1 키를 눌러 [셀 서식] 대화상자를 표시할 수 있어요.

④ [셀 서식] 대화상자에서 [맞춤] 탭을 클릭한 후 텍스트 맞춤의 가로를 '균등 분할(들여쓰기)'로 선택한 다음 들여쓰기를 '5'로 설정하고 [확인]을 클릭합니다.

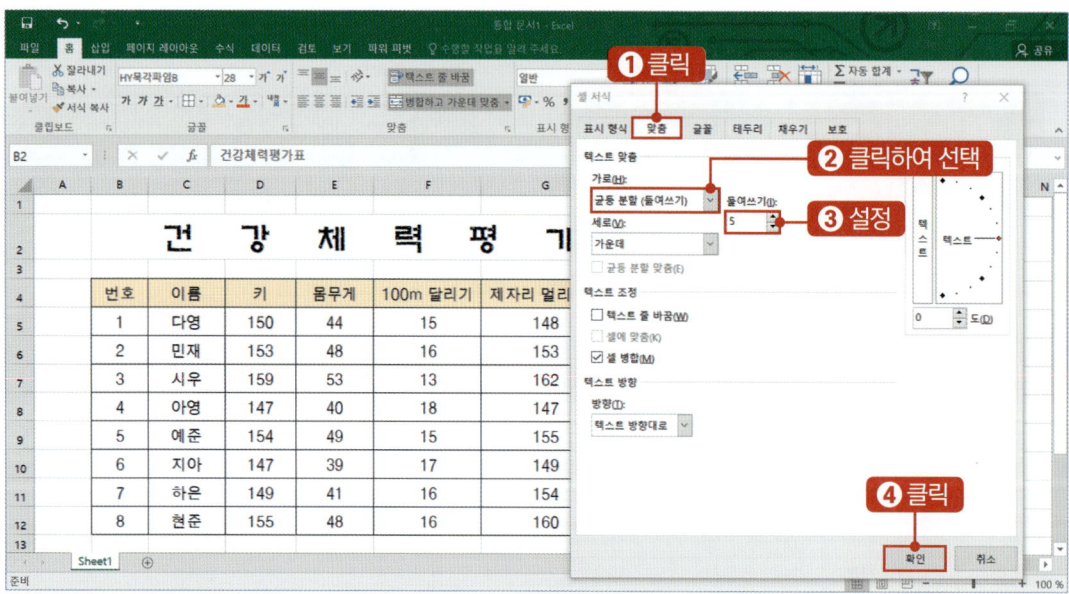

사용자 지정 표시 형식 설정하기

입력한 데이터에 사용자 지정 표시 형식을 설정하여 단위를 표현합니다.

1 [E5:E12]를 드래그하여 영역을 지정한 후 마우스 오른쪽 버튼을 클릭하고 [셀 서식]을 클릭합니다. [셀 서식] 대화상자가 실행되면 [표시 형식] 탭을 클릭한 후 범주는 '사용자 지정'을 클릭하고 형식은 'G/표준"kg"'을 입력한 후 [확인]을 클릭합니다.

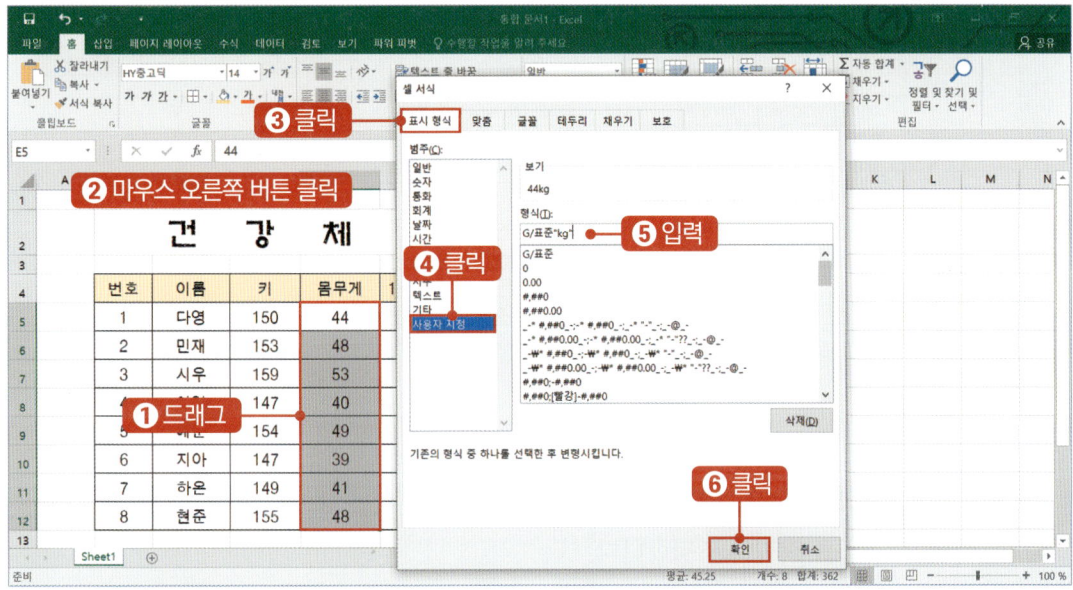

2 [D5:D12], [G5:G12]를 드래그하여 영역을 지정한 다음 [셀 서식] 대화상자를 실행하고 [표시 형식] 탭을 클릭한 후 범주는 '사용자 지정'을 클릭하고 형식은 'G/표준"cm"'으로 입력한 후 [확인]을 클릭합니다.

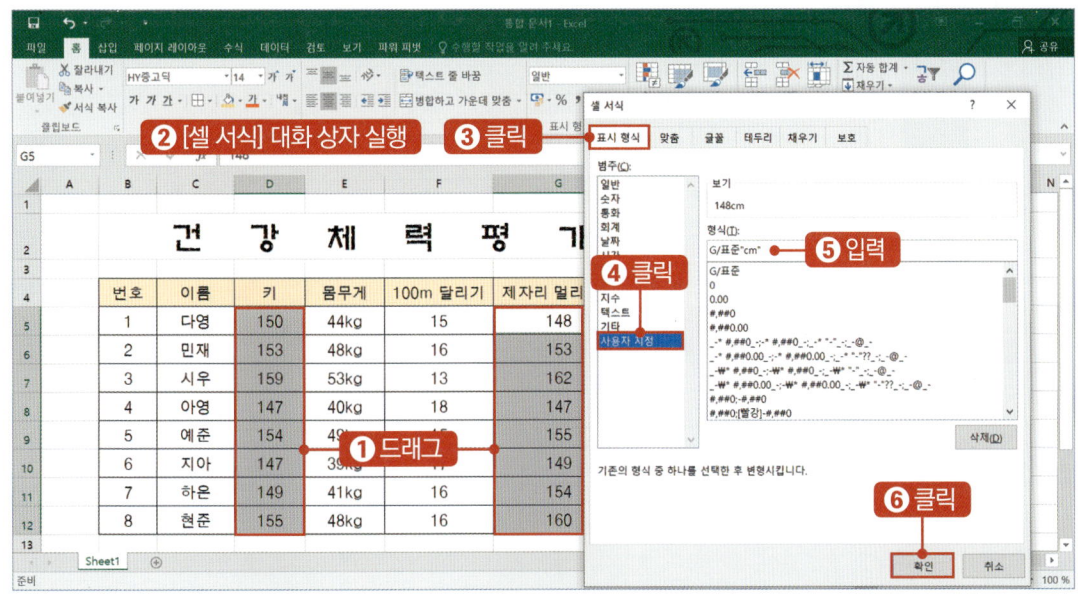

CHAPTER 05 - **체력 평가표 만들기** 33

③ ① ~ ② 와 같은 방법으로 '100m 달리기', '윗몸 일으키기' 항목의 사용자 지정 표시 형식을 'G/표준"초"', 'G/표준"회"'로 입력하여 변경합니다.

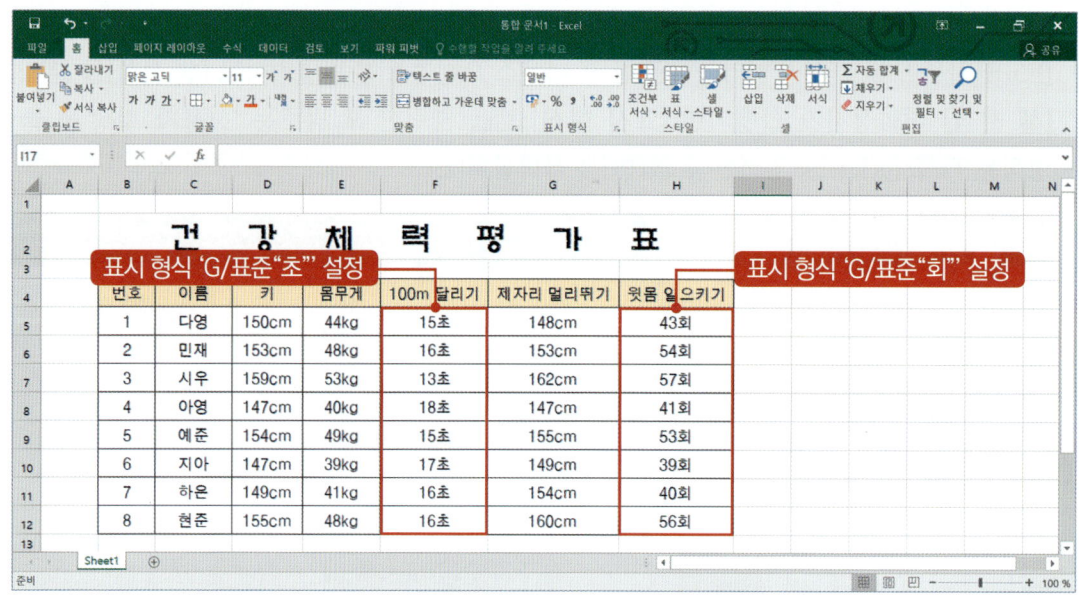

④ '달리기.png', '키재기.png' 그림을 삽입한 후 크기 및 위치를 변경합니다. 그림의 크기와 위치에 따라 [A]의 열 너비를 적절히 조절합니다.

실력 쑥쑥! 창의력 쑥쑥!

1 데이터를 입력하고 표시 형식을 사용자 지정으로 변경하여 다음과 같은 약국 처방전 목록표를 완성해 보세요.

예제파일: 약.png 완성파일: 약국처방전(완성).xlsx

① WordArt : '그라데이션 채우기 - 황금색, 강조4, 윤곽선 - 강조4' 삽입
② [D7] 표시 형식 : '0"분"'
③ [E7] 표시 형식 : '0"알"'
④ [F7] 표시 형식 : '0"ml"'
⑤ [G7] 표시 형식 : '0"회"'
⑥ 그림 '약' 삽입
⑦ 글꼴, 글꼴 크기, 채우기 색, 맞춤, 테두리, 행 높이, 열 너비 등의 서식 임의 지정

2 데이터를 입력하고 표시 형식을 사용자 지정으로 변경하여 다음과 같은 축구대회 결과표를 완성해 보세요.

예제파일: 축구공.png 완성파일: 축구대회(완성).xlsx

① WordArt : '무늬 채우기 - 파랑, 강조1, 50%, 진한 그림자 - 강조1' 삽입
② [C8] 표시 형식 : '0"회"'
③ [D8] 표시 형식 : '0"골"'
④ [G8] 표시 형식 : '0"명"'
⑤ 그림 '축구공' 삽입
⑥ 글꼴, 글꼴 크기, 채우기 색, 맞춤, 테두리, 행 높이, 열 너비 등의 서식 임의 지정

도서 목록 정렬하기

CHAPTER 06

오늘의 미션
- 그림 삽입 후 그림 효과 설정하기
- WordArt 텍스트 효과 설정하기
- 목록 정렬하기

 많은 도서를 가지고 있다면 분류별·저자별로 도서 목록을 작성하여 관리하면 편리합니다. 이번 시간에는 엑셀 프로그램의 정렬 기능을 이용하여 도서 목록을 순서대로 정렬해 봅시다.

작품 미리보기

 예제파일 도서목록.xlsx, 도서관1.jpg, 도서관2.png    완성파일 도서목록(완성).xlsx

01 그림 삽입 후 그림 효과 설정하기

그림을 삽입한 후 꾸밈 효과, 선명도 등을 변경하여 그림에 효과를 설정합니다.

① Microsoft Office Excel 2016을 실행한 다음 '도서목록.xlsx' 파일을 불러옵니다.

② [1]의 행 높이를 '100'으로, [2]의 행 높이를 '70'으로 변경한 다음 [삽입] 탭의 [일러스트레이션] 그룹에서 [그림]을 클릭하여 '도서관1.jpg' 그림을 삽입합니다.

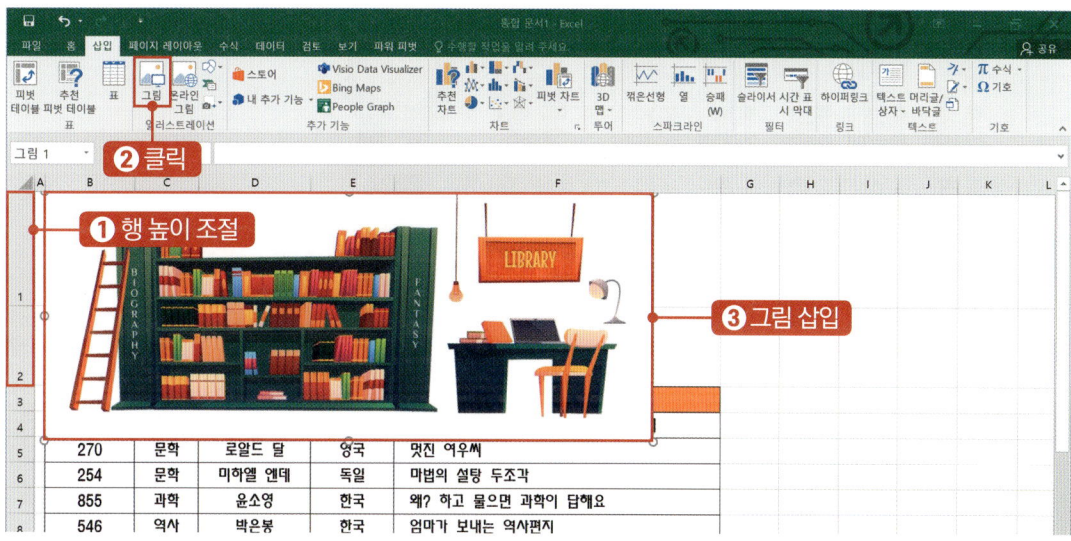

③ 삽입된 그림을 선택한 후 [그림 도구] - [서식] 탭의 [조정] 그룹의 [꾸밈 효과]를 클릭한 후 '시멘트' 효과를 클릭합니다. 그 다음 크기를 조절합니다.

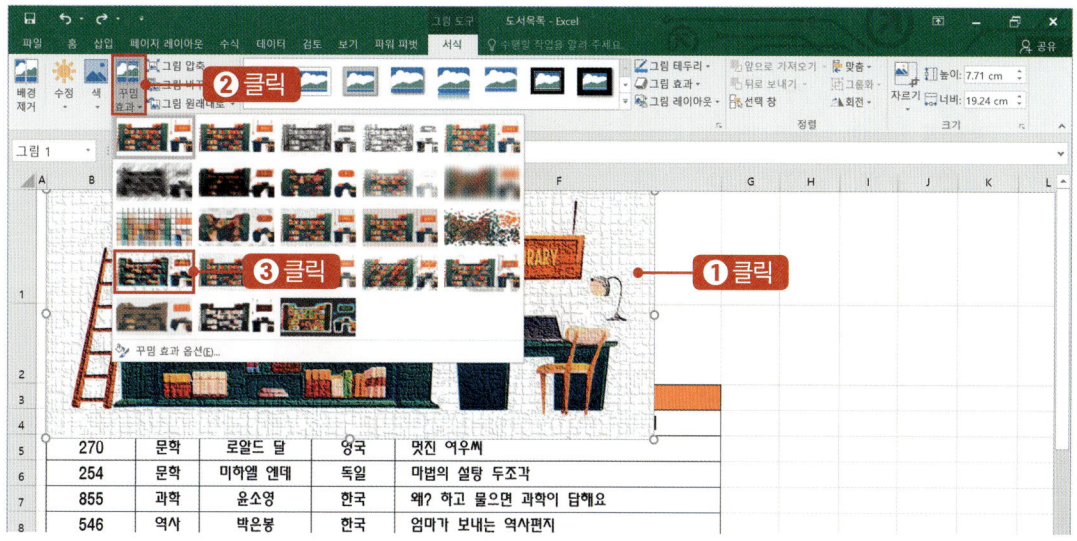

4 [삽입] 탭의 [일러스트레이션] 그룹에서 [그림]을 클릭하여 '도서관2.png' 그림을 삽입한 다음 [그림 도구] - [서식] 탭의 [조정] 그룹의 [수정]을 클릭한 후 선명도 조절의 '선명하게 : 50%'를 클릭합니다.

5 [그림 도구] - [서식] 탭의 [조정] 그룹의 [수정]을 클릭한 후 밝기/대비의 '밝기 : +20% 대비 : -40%'를 클릭한 다음 위치와 크기를 조절합니다.

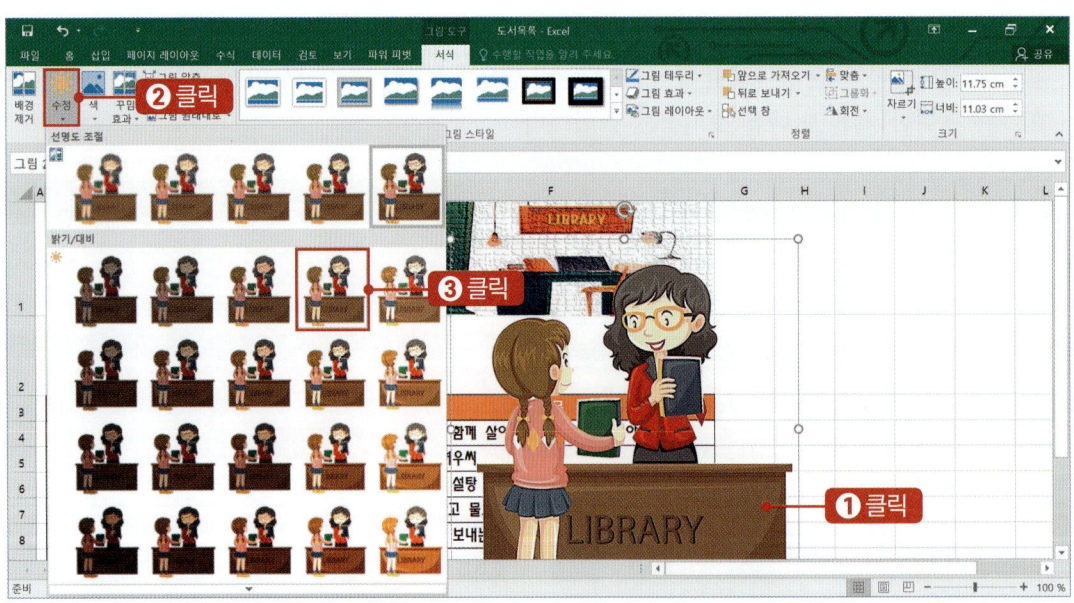

WordArt 텍스트 효과 설정하기

WordArt를 삽입한 후 네온 효과를 설정합니다.

1 [삽입] 탭의 [텍스트] 그룹에서 [WordArt]를 클릭한 다음 '채우기 – 주황, 강조2, 윤곽선 – 강조 2'를 선택한 후 '해람초등학교 도서 목록 현황'을 입력하고 글꼴을 'HY엽서M', 글꼴 크기를 '44pt'로 설정합니다.

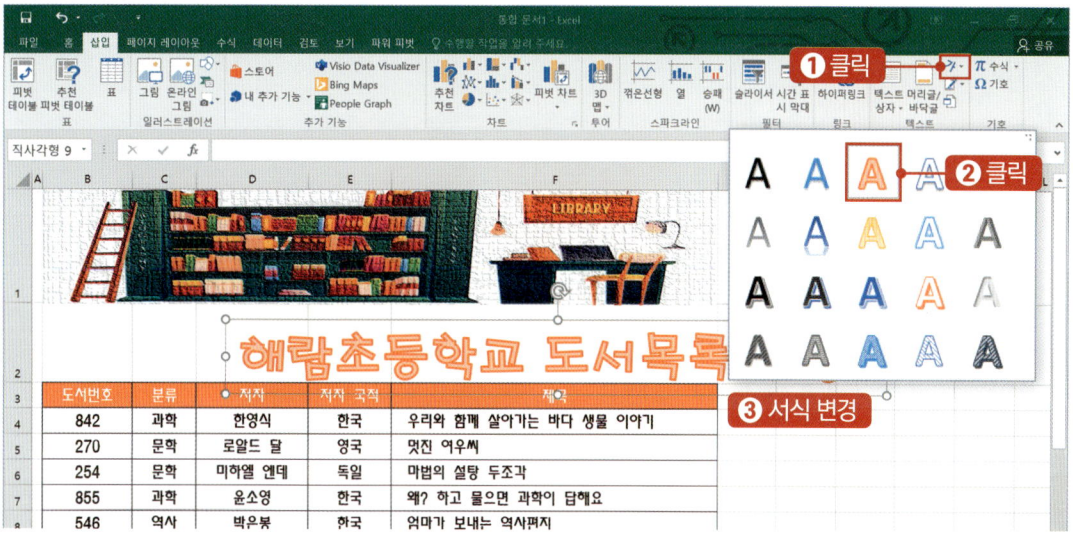

2 삽입된 WordArt 위치를 이동한 후 [그리기 도구] – [서식] 탭의 [WordArt 스타일] 그룹의 [텍스트 효과]를 클릭한 다음 [네온]을 클릭하고 '황금색, 5 pt 네온, 강조색 4'를 클릭합니다.

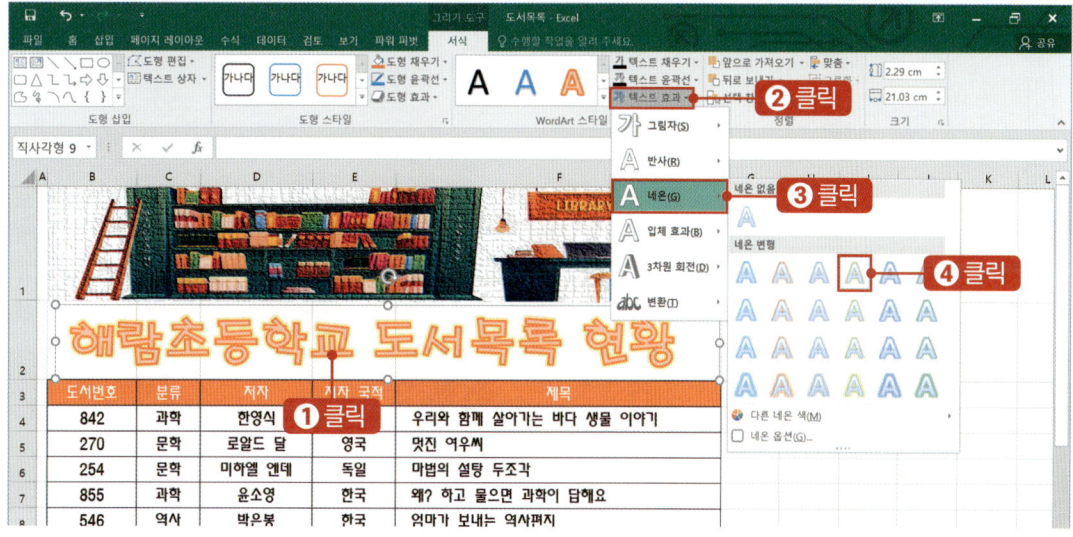

도서 목록 정렬하기

도서번호와 분류, 저자별로 정렬해 봅니다.

① [B3]을 클릭한 후 [데이터] 탭의 [정렬 및 필터] 그룹에서 [텍스트 오름차순 정렬]을 클릭하여 '도서번호' 항목을 오름차순으로 정렬합니다.

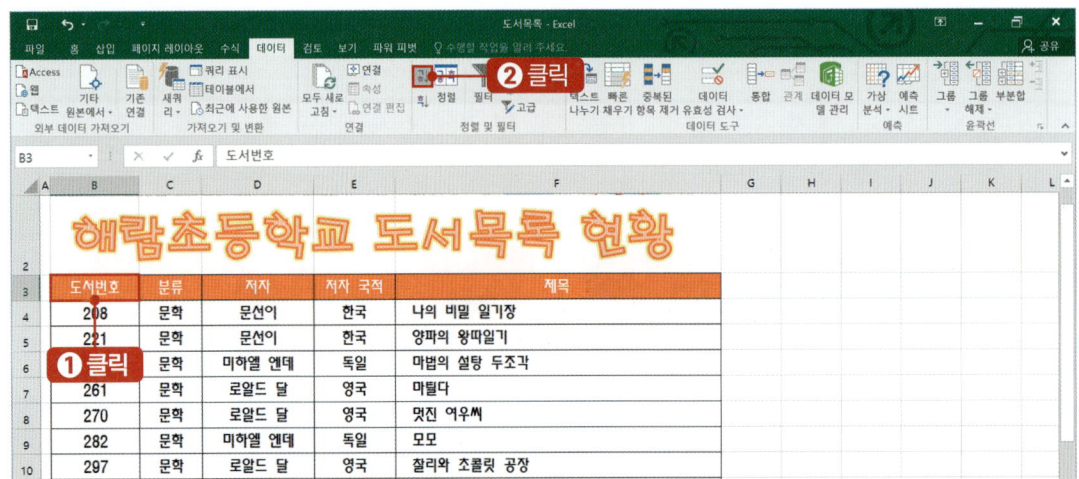

TIP 셀 포인터가 [B3:B15] 셀 범위 안에 위치해야 해요.

② [데이터] 탭의 [정렬 및 필터] 그룹에서 [정렬]을 클릭한 후 [기준 추가]를 클릭하여 기준을 추가한 후 정렬 기준은 '분류', 다음 기준은 '저자'로 변경하여 '오름차순'으로 정렬합니다.

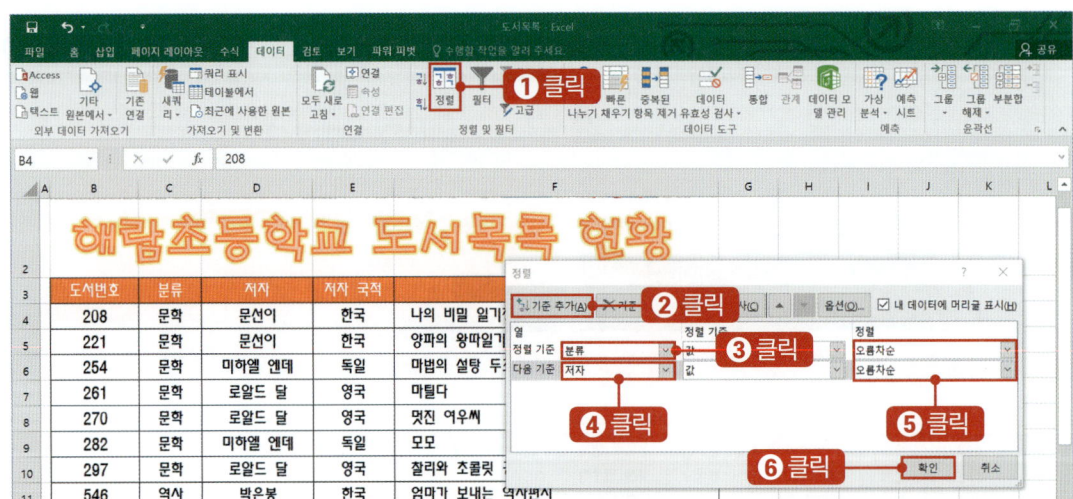

TIP '분류' 항목을 기준으로 오름차순 정렬한 후 '분류' 항목이 같다면 '저자' 항목을 기준으로 오름차순 정렬해요.

실력 쑥쑥! 창의력 쑥쑥!

1 정렬 기능을 사용하여 다음과 같은 태권도 시합 참가자 명단표를 완성해 보세요.

예제파일 태권도시합.xlsx　　**완성파일** 태권도시합(완성).xlsx

❶ WordArt : '무늬 채우기 – 청회색, 텍스트 2, 어두운 상향 대각선, 진한 그림자 – 텍스트 2' 삽입
❷ 정렬 기준 : '이름', 값, 오름차순

2 정렬 기능을 사용하여 다음과 같은 미술 작품 분류표를 완성해 보세요.

예제파일 미술.xlsx, 미술1~6.png　　**완성파일** 미술(완성).xlsx

❶ 정렬 기준 : '화법', 값, 오름차순
　다음 기준 : '제작 년도', 값, 오름차순
❷ 그림 '미술1~6' 삽입

도서 대출 현황 필터하기

오늘의 미션
- 표 서식 적용하기
- 필터 기능으로 원하는 자료 검색하기
- 필터 기능으로 원하는 기간의 자료 검색하기

많은 데이터를 분류별로 필터링하면 원하는 항목을 한 눈에 확인할 수 있습니다. 이번 시간에는 엑셀 프로그램의 필터 기능을 이용하여 도서 대출 현황을 항목별, 기간별로 필터해 데이터를 한 눈에 확인해 봅시다.

 **작품 미리보기**

예제파일 도서대출.xlsx, 부엉이.png, 책.png   **완성파일** 도서대출(완성).xlsx

해람초등학교 도서 대출 현황

도서번호	분류	저자	저자 국적	제목	대출자	대출일
208	문학	문선이	한국	나의 비밀 일기장	현나은	10월 16일
221	문학	문선이	한국	양파의 왕따일기	한우리	10월 30일
254	문학	미하엘 엔데	독일	마법의 설탕 두조각	강찬우	10월 31일
261	문학	로알드 달	영국	마틸다	민지아	10월 03일
270	문학	로알드 달	영국	멋진 여우씨	한우리	10월 30일
282	문학	미하엘 엔데	독일	모모	장현우	10월 04일
297	문학	로알드 달	영국	찰리와 초콜릿 공장	강찬우	10월 09일
546	역사	박은봉	한국	엄마가 보내는 역사편지	이현수	10월 12일
589	역사	설민석	한국	한국을 빛낸 100명의 위인들	박한서	10월 22일
842	과학	한영식	한국	우리와 함께 살아가는 바다 생물 이야기	민지아	10월 20일
855	과학	윤소영	한국	왜? 하고 물으면 과학이 답해요	박한서	10월 22일
874	과학	한영식	한국	잠자리의 가을 여행	이현수	10월 08일

표 서식 적용하기

작성한 표를 표 서식 스타일을 설정하여 예쁘게 꾸밉니다.

① Microsoft Office Excel 2016을 실행한 다음 '도서대출.xlsx' 파일을 불러온 후 [홈] 탭의 [스타일] 그룹에서 [표 서식]을 클릭하고 '표 스타일 보통 5'를 클릭합니다.

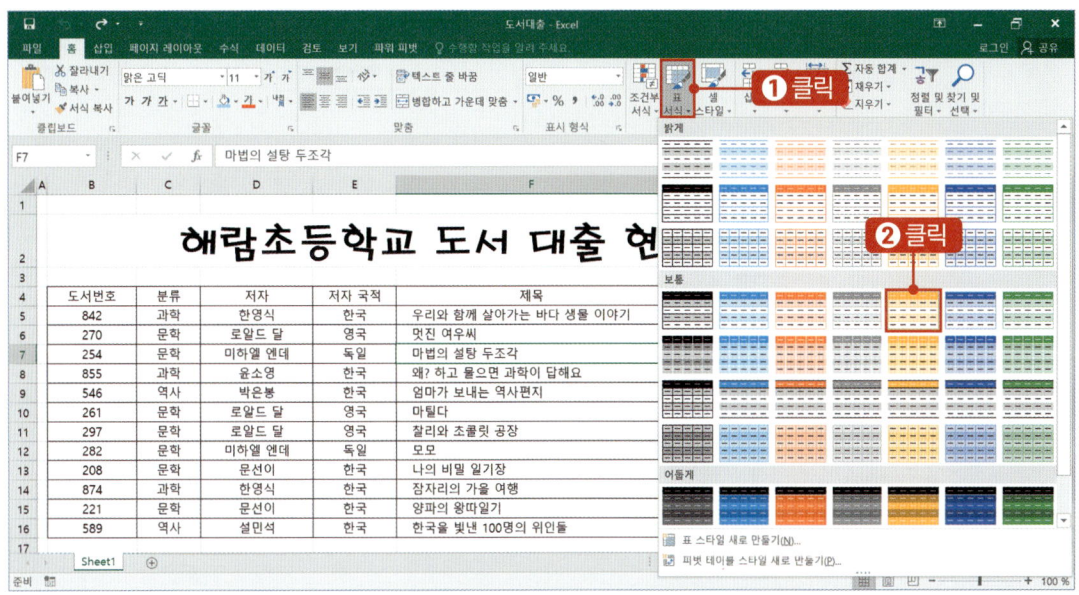

② [표 서식] 대화상자의 표에 사용할 데이터를 지정하십시오의 범위를 '=$B$4:$H$16' 지정한 후 [확인]을 클릭합니다.

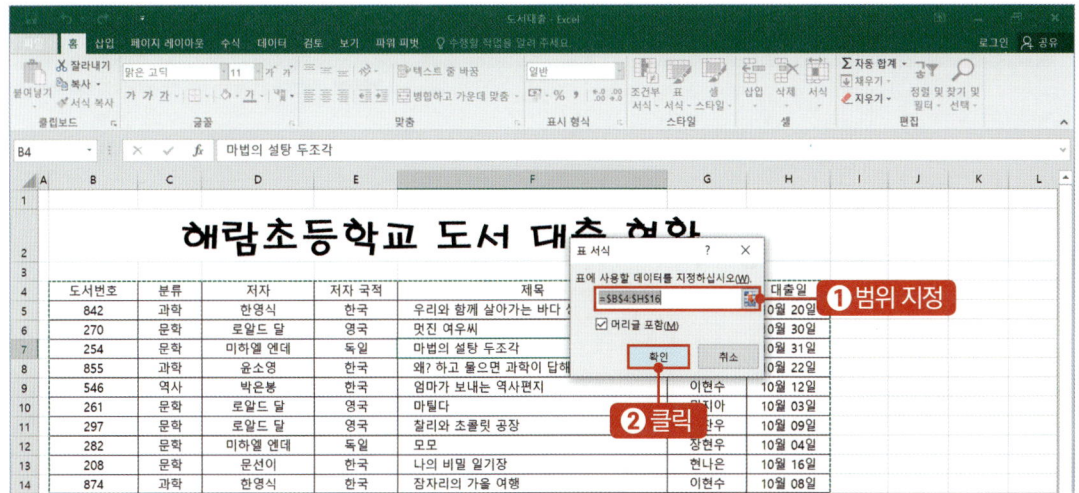

[표 서식] 대화상자가 실행되면 범위는 자동 생성돼요. 범위가 변경되는 경우만 다시 지정해요.

필터 기능으로 원하는 자료 검색하기

필터 기능을 이용하여 항목별로 원하는 자료를 필터하여 검색합니다.

1 '분류' 항목의 필터를 클릭하고 '(모두 선택)' 항목의 체크를 해제한 후 '문학' 항목만 체크하고 [확인]을 클릭하여 문학 목록만 표시되도록 합니다.

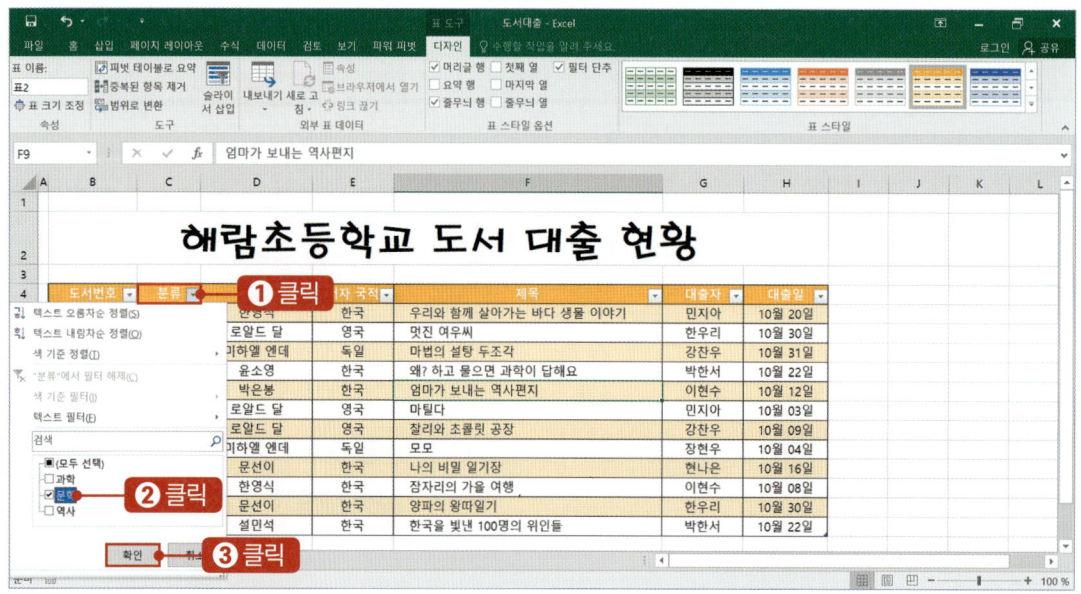

2 '저자 국적' 항목의 필터를 클릭하고 '(모두 선택)' 항목의 체크를 해제한 후 '영국' 항목만 체크하고 [확인]을 클릭하여 영국 목록만 표시되도록 합니다.

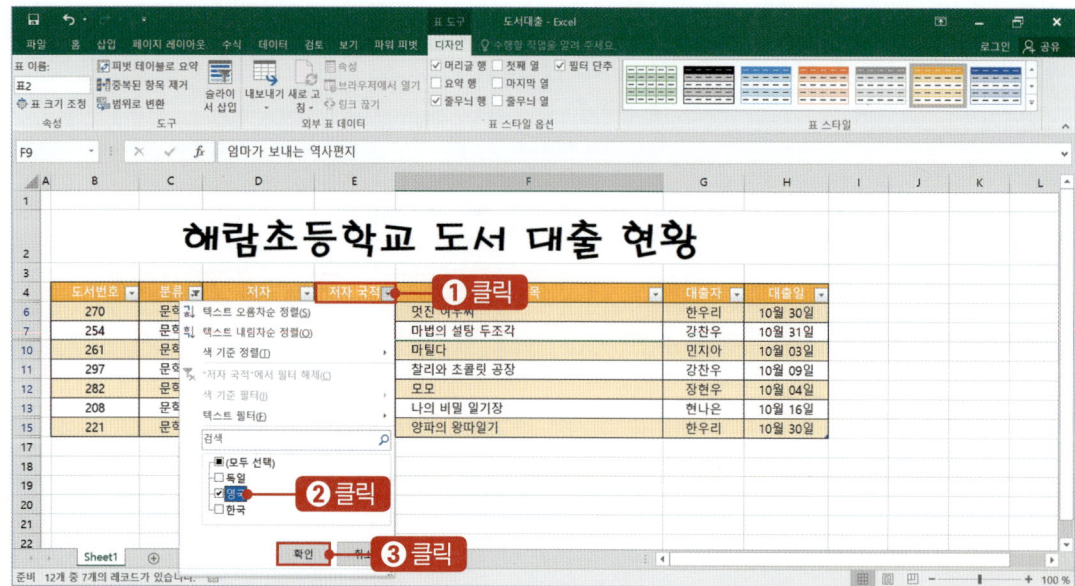

03 필터 기능으로 원하는 기간의 자료 검색하기

필터 기능을 이용하여 항목별로 원하는 기간의 자료를 필터하여 검색합니다.

1 [데이터] 탭의 [정렬 및 필터] 그룹에서 [지우기]를 클릭하여 앞에서 사용한 필터를 해제한 후 '대출일' 항목의 필터를 클릭해서 [날짜 필터]의 [이전]을 클릭합니다.

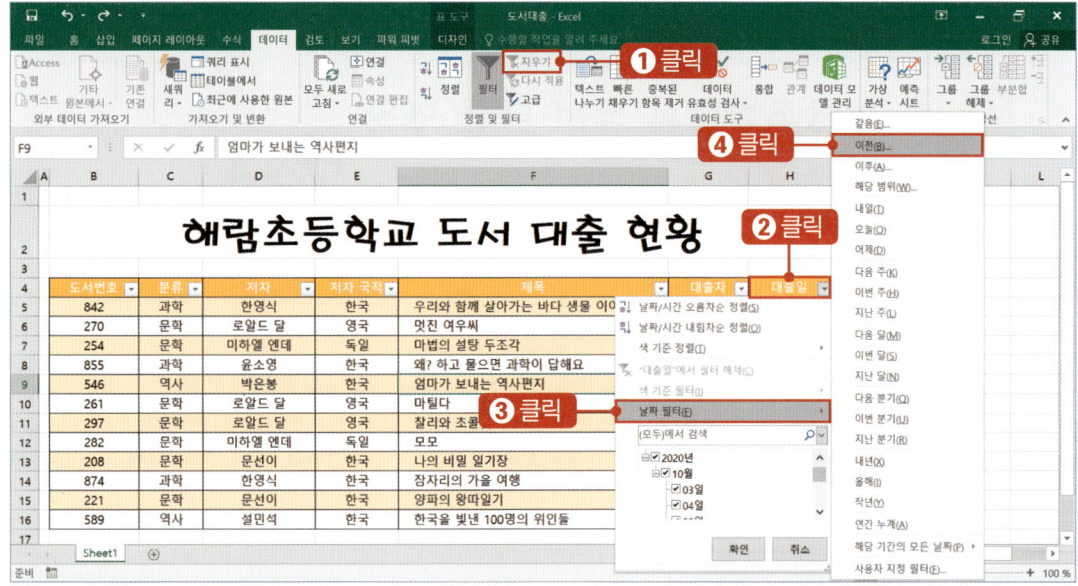

2 [사용자 지정 자동 필터] 대화상자가 실행되면 '대출일' 이전에 해당하는 입력 칸에 '10/20'을 입력하고 [확인]을 클릭하여 10월 20일 이전 대출일 목록만 표시되도록 합니다.

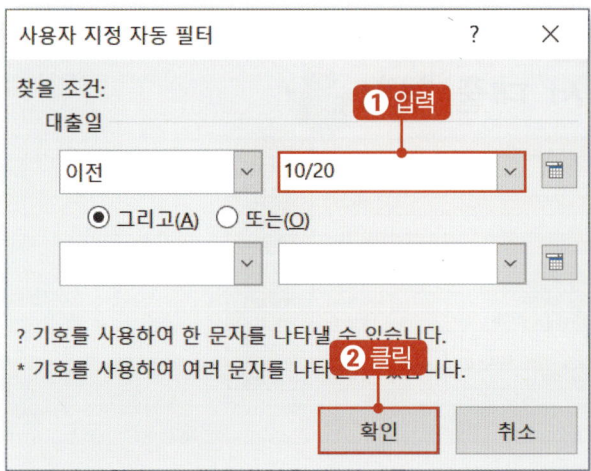

CHAPTER 07 - **도서 대출 현황 필터하기** 45

③ [데이터] 탭의 [정렬 및 필터] 그룹에서 [지우기]를 클릭하여 기존 필터를 해제한 후 '도서번호' 항목의 필터를 클릭한 다음 [숫자 오름차순 정렬]을 클릭하여 도서번호를 오름차순으로 정렬합니다.

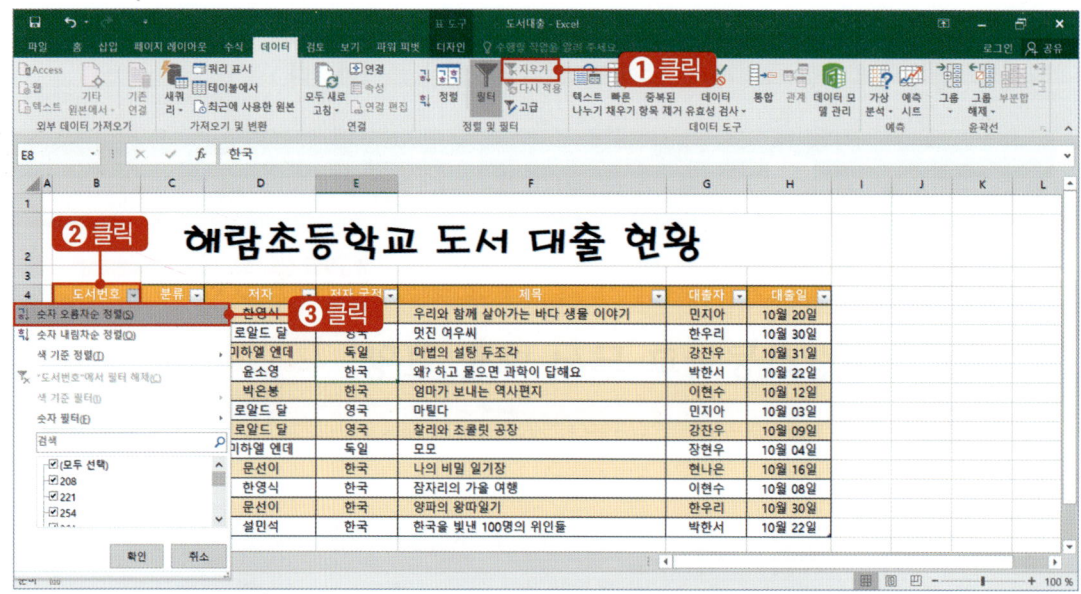

④ [삽입] 탭의 [그림]을 클릭하여 '부엉이.png', '책.png' 그림을 삽입한 후 크기 및 위치를 변경합니다.

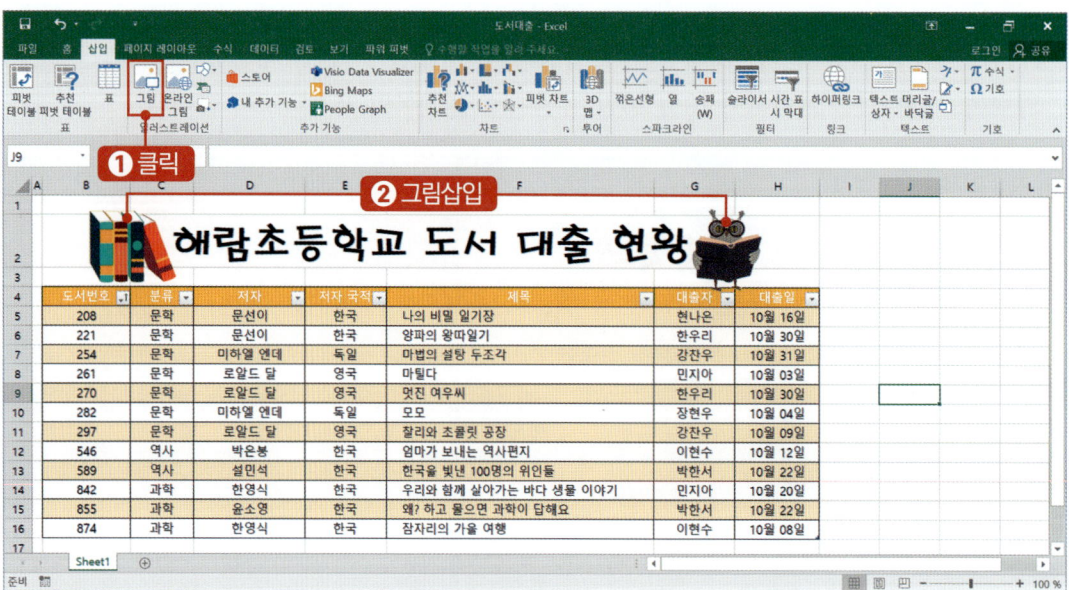

실력 쑥쑥! 창의력 쑥쑥!

1 '태권도필터.xlsx' 파일을 불러와 표 서식을 설정한 후 필터를 적용하여 다음과 같은 태권도 시합 참가자 명단을 완성해 보세요.

예제파일 태권도필터.xlsx　　**완성파일** 태권도필터(완성).xlsx

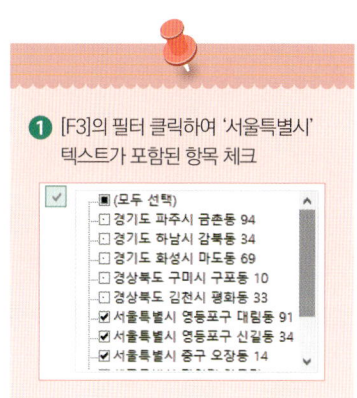

① [F3]의 필터 클릭하여 '서울특별시' 텍스트가 포함된 항목 체크

2 '미술필터.xlsx' 파일을 불러와 표 서식을 설정한 후 필터를 적용하여 다음과 같은 미술 작품 분류표를 완성해 보세요.

예제파일 미술필터.xlsx　　**완성파일** 미술필터(완성).xlsx

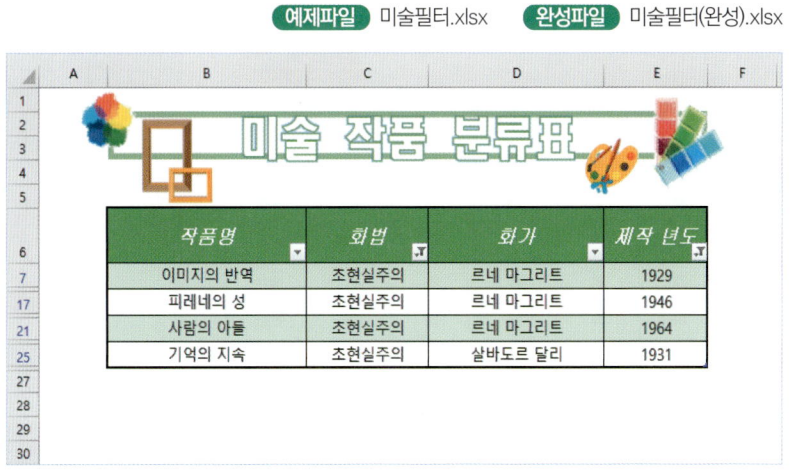
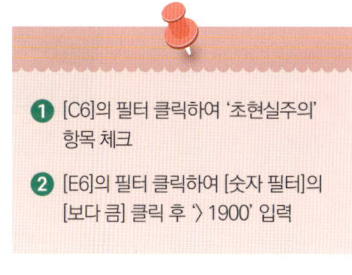

① [C6]의 필터 클릭하여 '초현실주의' 항목 체크

② [E6]의 필터 클릭하여 [숫자 필터]의 [보다 큼] 클릭 후 '>1900' 입력

CHAPTER 08 평균 구하기

오늘의 미션
- ✓ 총점과 평균 구하기
- ✓ 최고점수와 최저점수 구하기
- ✓ 그림 삽입 후 그림 배경을 투명한 색 설정하기

 여러 수나 같은 종류의 양의 중간값을 갖는 수를 **평균**이라고 합니다. 우리반 학생들 점수의 평균을 계산하면 나의 실력을 가늠할 수 있습니다. 이번 시간에는 엑셀의 자동 합계 기능을 이용하여 총점과 평균, 최고 점수, 최저 점수를 구해 봅시다.

 작품 미리보기

예제파일 성적표.xlsx, 학생.png   **완성파일** 성적표(완성).xlsx

우리반 성적표

성명	국어	수학	사회	과학	영어	총점	평균
이재현	87	91	77	63	87	405	81.00
최한빛	78	93	93	74	66	404	80.80
강찬우	68	93	74	70	87	392	78.40
장한나	87	73	93	98	90	441	88.20
방시은	94	88	74	89	90	435	87.00
길나라	96	81	85	70	76	408	81.60
천대호	89	90	79	84	97	439	87.80
박찬미	75	82	98	76	68	399	79.80
한청우	99	81	79	85	90	434	86.80
최고점수	99	93	98	98	97		
최저점수	68	73	74	63	66		

총점과 평균 구하기

자동 합계 기능으로 총점과 평균을 구합니다.

1 Microsoft Office Excel 2016을 실행한 다음 '성적표.xlsx'파일을 불러온 후 [H5]를 클릭한 다음 [홈] 탭의 [편집] 그룹에서 [자동 합계]를 클릭하면 [H5] 셀에 '=SUM(C5:G5)' 자동으로 입력됩니다. 이때 Enter 키를 누릅니다.

2 [H5]의 채우기 핸들을 드래그하여 [H13]까지 자동 채우기를 합니다.

3 [I5]를 클릭한 다음 [홈] 탭의 [편집] 그룹에서 '자동 합계' 드롭 다운 버튼을 클릭한 다음 [평균]을 클릭하면 [I5] 셀에 '=AVRAGE(C5:H5)' 자동으로 입력됩니다. 이때 셀 범위를 다시 드래그하여 [C5:G5]로 영역을 지정한 후 Enter 키를 누릅니다.

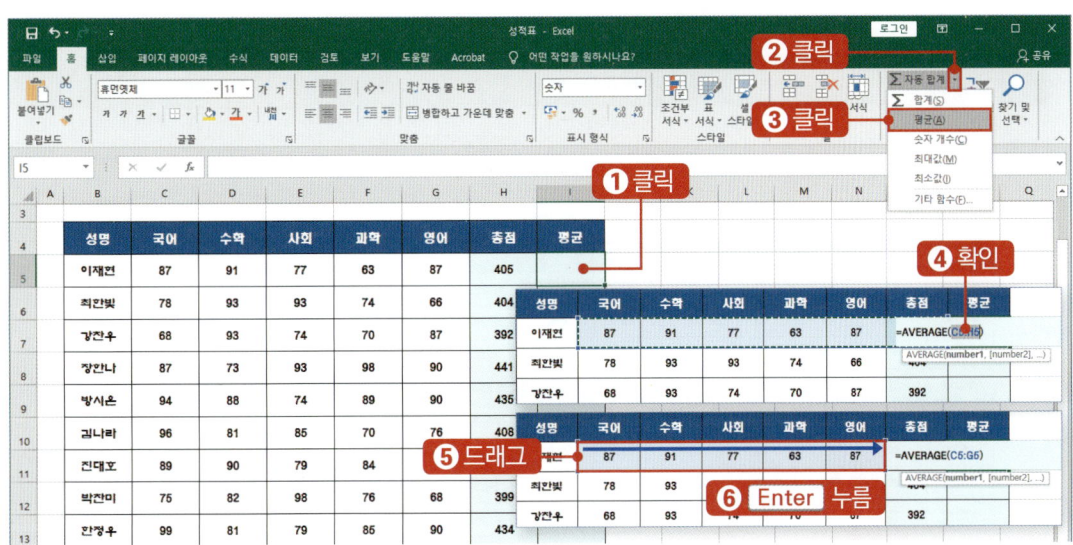

4 [I5]의 채우기 핸들을 드래그하여 [I13]까지 자동 채우기를 합니다.

CHAPTER 08 - 평균 구하기

최고 점수와 최저 점수 구하기

과목별 최고 점수와 최저 점수를 구합니다.

① [C14]를 클릭한 다음 [홈] 탭의 [편집] 그룹에서 '자동 합계' 드롭 다운 버튼을 클릭한 다음 [최대값]을 클릭합니다. '=MAX(C5:C13)' 자동으로 입력되면 Enter 키를 눌러 최대값을 구하고 [C14]의 채우기 핸들을 [G14]까지 드래그하여 자동 채우기를 합니다.

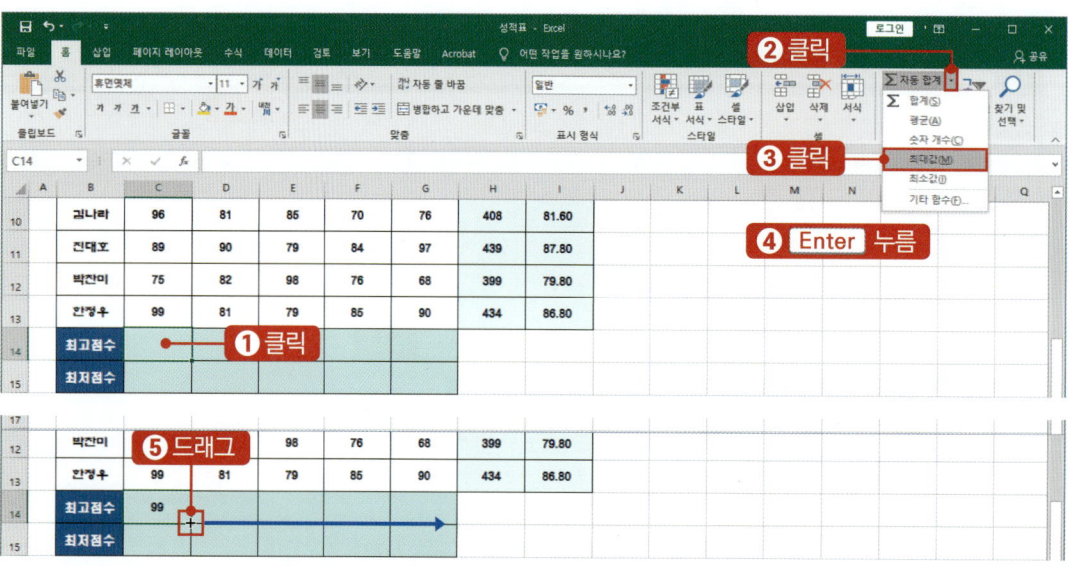

② [C15]를 클릭한 다음 [홈] 탭의 [편집] 그룹에서 '자동 합계' 드롭다운 버튼을 클릭한 다음 [최소값]을 선택합니다. '=MIN(C5:C14)' 자동으로 입력됩니다. 이때 셀 범위를 다시 드래그하여 [C5:C13]로 영역을 지정한 후 Enter 키를 눌러 최소값을 구하고 [C15]의 채우기 핸들을 [G15]까지 드래그하여 자동 채우기를 합니다.

03 그림 삽입 후 그림 배경을 투명한 색 설정하기

그림을 삽입한 후 그림의 배경색을 투명하게 설정합니다.

1 [삽입] 탭의 [일러스트레이션] 그룹에서 [그림]을 클릭하여 '학생.png' 그림을 삽입한 후 삽입한 그림을 선택한 상태에서 [그림 도구] - [서식] 탭의 [조정] 그룹에서 [색]을 클릭하고 [투명한 색 설정]을 클릭합니다.

2 변경된 마우스 포인터의 모양을 확인하고 투명하게 설정하고자 하는 배경의 색상(회색 부분)을 클릭하여 배경을 투명하게 설정합니다.

CHAPTER 08 - 평균 구하기 51

3 [그림 도구] - [서식] 탭의 [크기] 그룹에서 [자르기]를 클릭한 후 마우스로 드래그하여 필요한 부분의 영역을 지정하고 그림 영역 밖을 클릭하여 그림을 잘라내고 크기 및 위치를 조절합니다.

4 '학생.png' 그림을 삽입한 후 3 과 같은 방법으로 그림을 잘라 배치합니다.

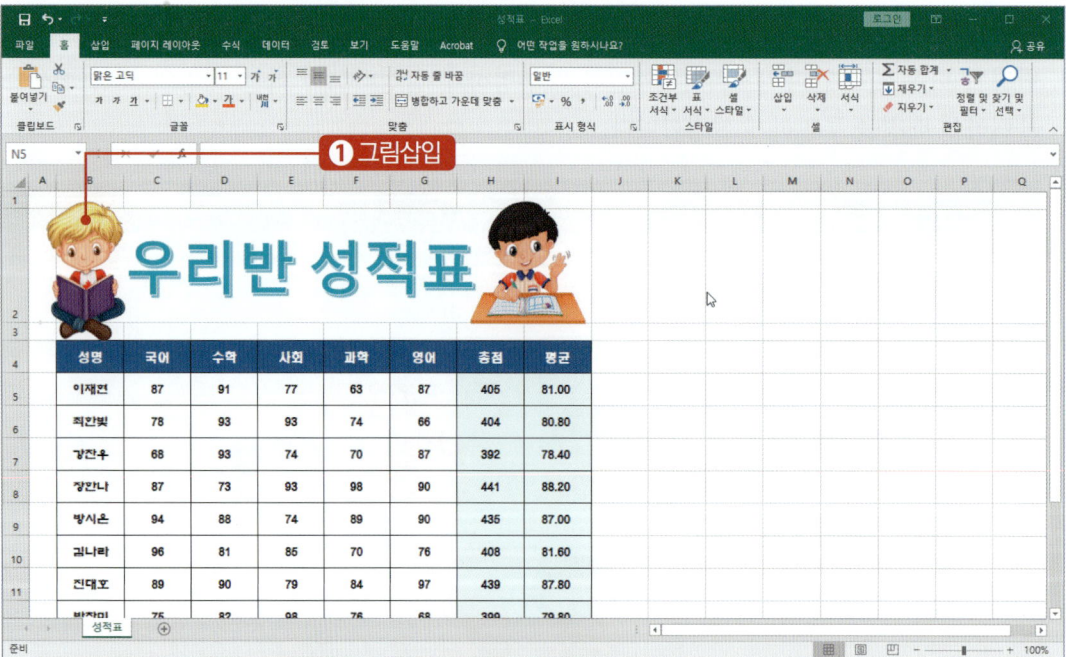

실력 쑥쑥! 창의력 쑥쑥!

1 데이터를 입력하고 총점을 자동 합계 기능으로 계산해 다음과 같은 코딩 경진대회표를 완성해 보세요.

예제파일 – 완성파일 코딩대회-1(완성).xlsx

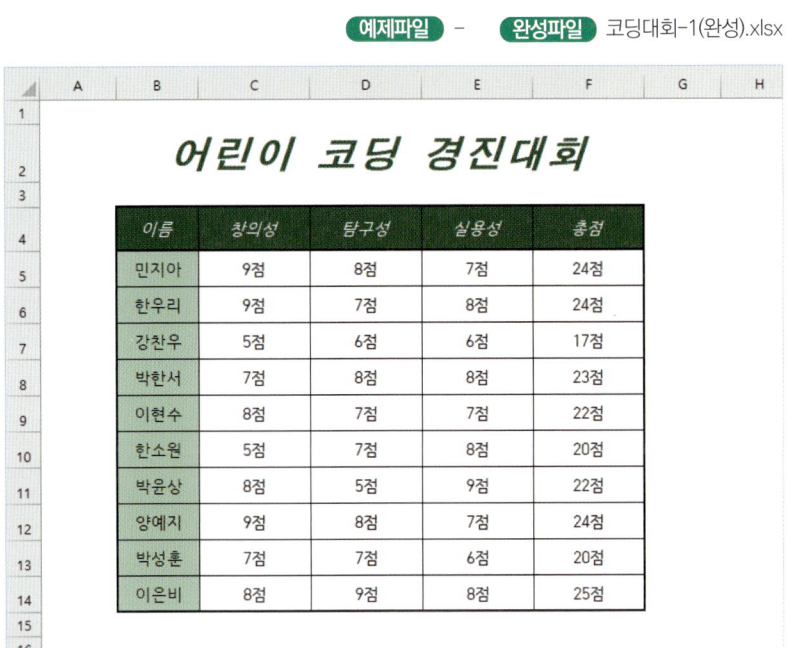

① [B2:F2] 병합하고 가운데 맞춤
② [F5] 수식 : '=SUM(C5:E5)'
③ 글꼴, 글꼴 크기, 기울임꼴, 채우기 색, 맞춤, 테두리, 행 높이, 열 너비 등의 서식 임의 지정

2 그림을 추가하고 자르기와 투명한 색 설정을 이용해 다음과 같은 어린이 코딩 경진대회표를 완성해 보세요.

예제파일 코딩.png 완성파일 코딩대회-2(완성).xlsx

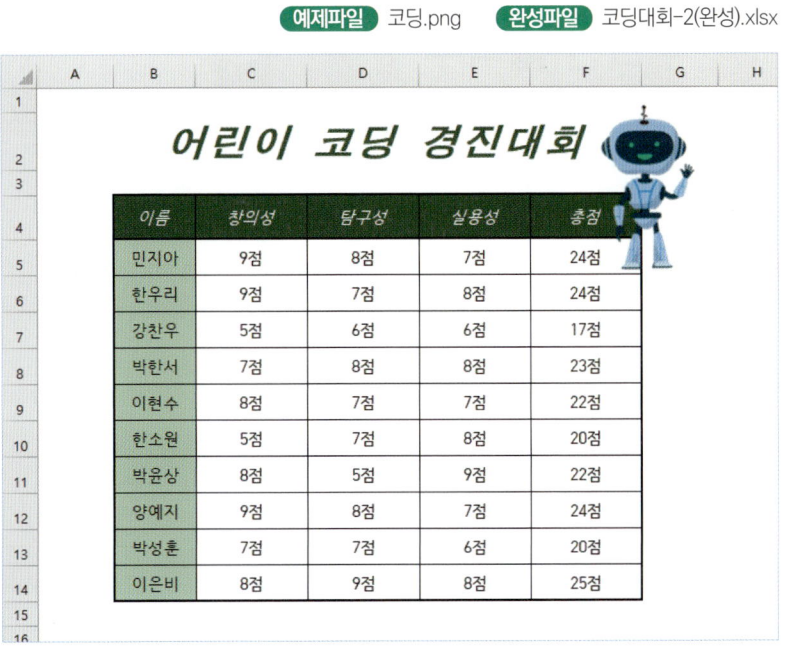

① 그림 '코딩' 삽입
② [그림 서식] – [도구] 탭의 [자르기]
③ [그림 서식] – [도구] 탭의 [색] – [투명한 색 설정]

CHAPTER 09 출석부 만들기

오늘의 미션
- 데이터를 입력하고 서식 설정하기
- COUNTA 함수를 사용하여 출석일 계산하기
- COUNTBLANK 함수를 사용하여 결석일 계산하기

출석부는 출석 상황을 적는 장부를 말합니다. 출석부를 살펴보면 학생들의 수업 참여 여부를 파악하여 출석일과 결석일을 한 눈에 확인할 수 있습니다. 이번 시간에는 엑셀 프로그램의 함수를 이용하여 자동으로 출석일과 결석일을 계산하는 출석부를 만들어 봅시다.

 작품 미리보기

예제파일 학용품1~6.png **완성파일** 출석부(완성).xlsx

 우리반 출석부

이름	10월 12일	10월 13일	10월 14일	10월 15일	10월 16일	출석일	결석일
숭하영	O	O	O	O		4일	1일
유가인	O	O	O		O	4일	1일
한선호	O	O		O		3일	2일
안지영	O		O			2일	3일
박찬미	O	O		O	O	4일	1일
최선미	O	O			O	3일	2일
문시후	O	O	O	O	O	5일	0일

데이터를 입력하고 서식 설정하기

데이터를 입력하고 글꼴, 채우기 색 등의 서식 설정 및 그림을 삽입합니다.

1 Microsoft Office Excel 2016을 실행하여 [Sheet1] 시트의 [B2:I11]에 데이터를 입력합니다. 그 다음 [B2:I2]를 드래그하여 영역을 지정한 후 [홈] 탭의 [맞춤] 그룹에서 [병합하고 가운데 맞춤]을 클릭합니다.

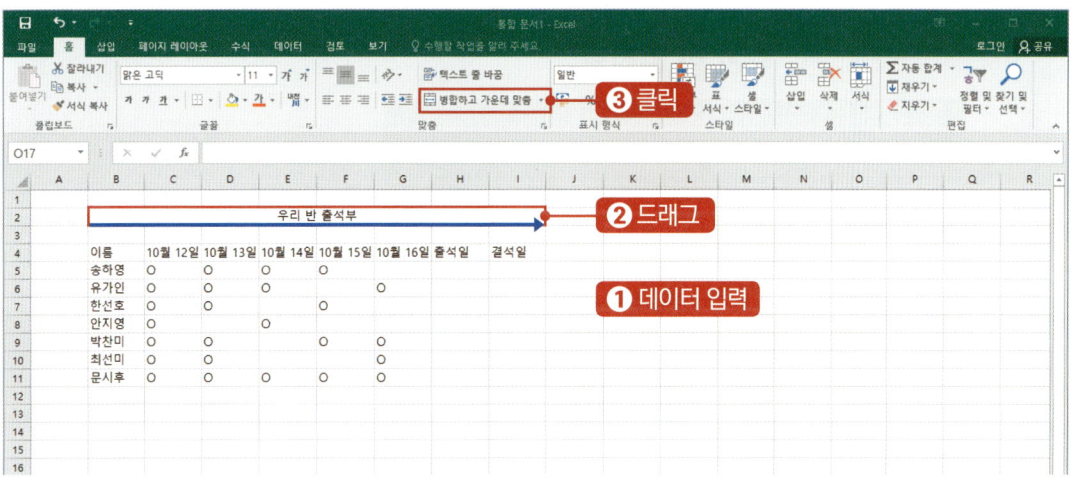

2 [B2]의 글꼴을 'HY헤드라인M', 글꼴 크기를 '28pt'로 설정합니다. 그 다음 [B4:I11]을 드래그하여 영역을 지정하고 글꼴을 'HY그래픽M', 글꼴 크기를 '14pt', [가운데 맞춤]으로 설정한 다음 열 너비와 행 높이를 적절히 조절합니다.

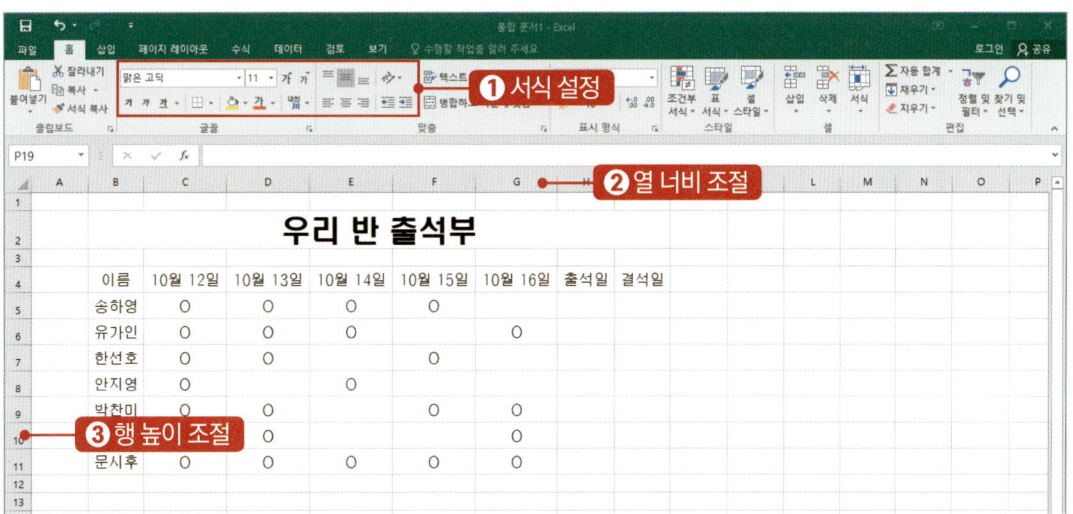

> **TIP** 더블클릭하면 열 너비가 자동 조절돼요.

CHAPTER 09 - 출석부 만들기 55

3 [B4:I11]에 [모든 테두리]를 설정합니다. 그 다음 [B4:I4]의 채우기 색은 '녹색, 강조 6', '굵게', [B5:G5], [B7:G7], [B9:G9], [B11:G11]의 채우기 색은 '녹색, 강조 6, 80% 더 밝게', [H5:I11]의 채우기 색은 '녹색, 강조 6, 60% 더 밝게'를 설정합니다.

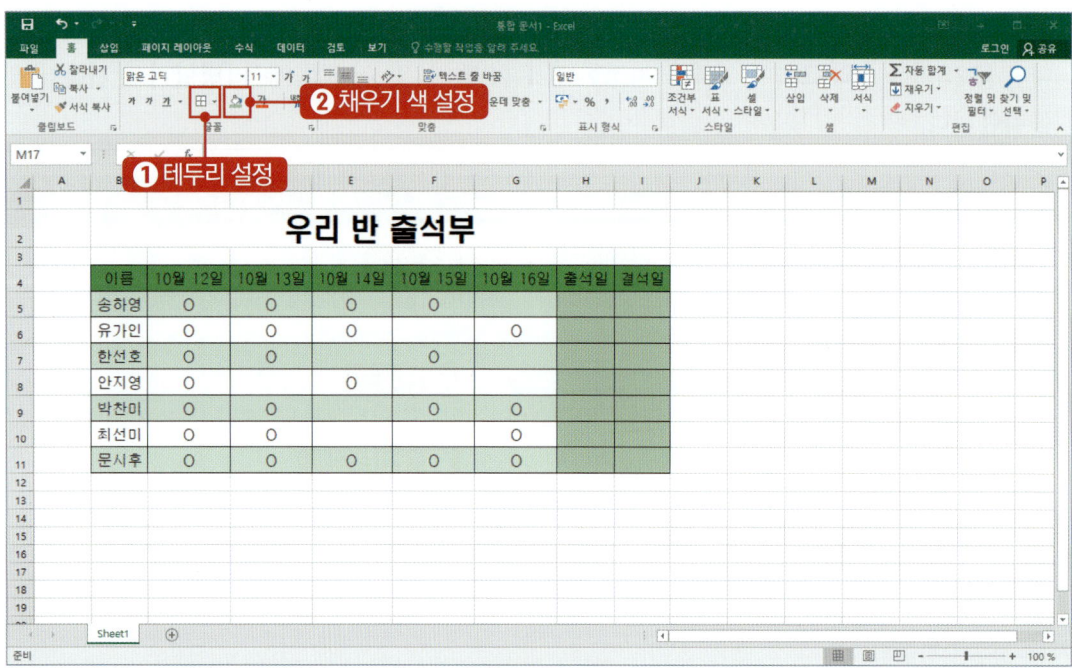

4 그림 '학용품1~6.png'을 삽입한 후 크기 및 위치를 변경합니다.

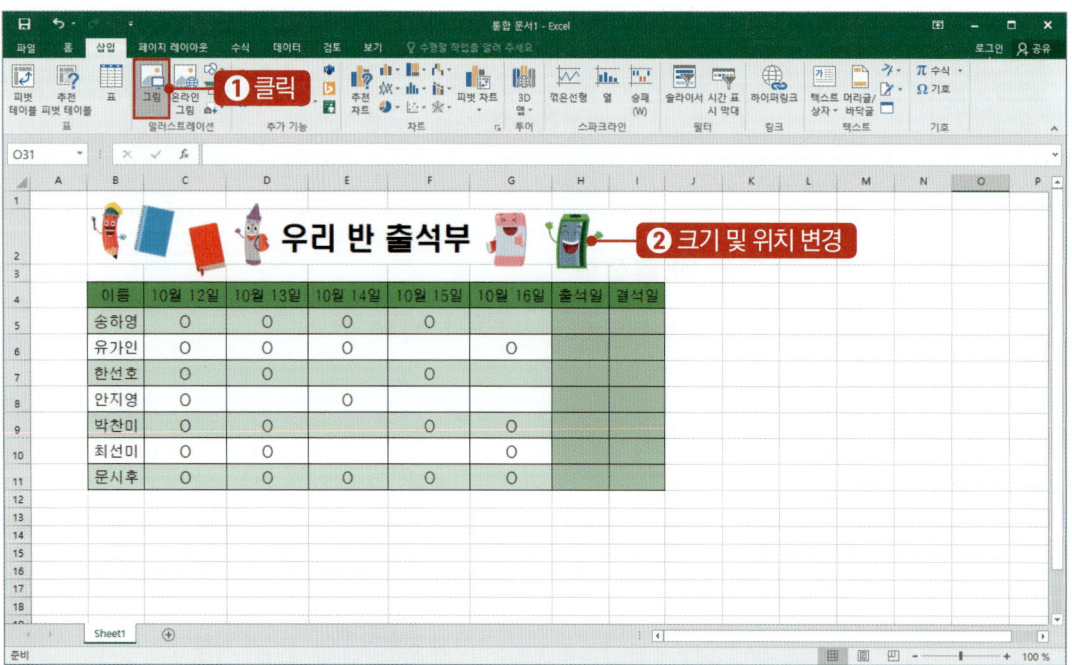

02 COUNTA 함수를 사용하여 출석일 계산하기

COUNTA 함수를 사용하여 출석일을 계산합니다.

1 [H5]를 클릭한 다음 [수식] 탭의 [함수 라이브러리] 그룹에서 [함수 더 보기]의 [통계]를 클릭해 [COUNTA]를 클릭합니다. [함수 인수] 대화상자가 실행되면 Value1의 입력칸에 'C5:G5'를 입력 또는 드래그 한 후 [확인]을 클릭합니다.

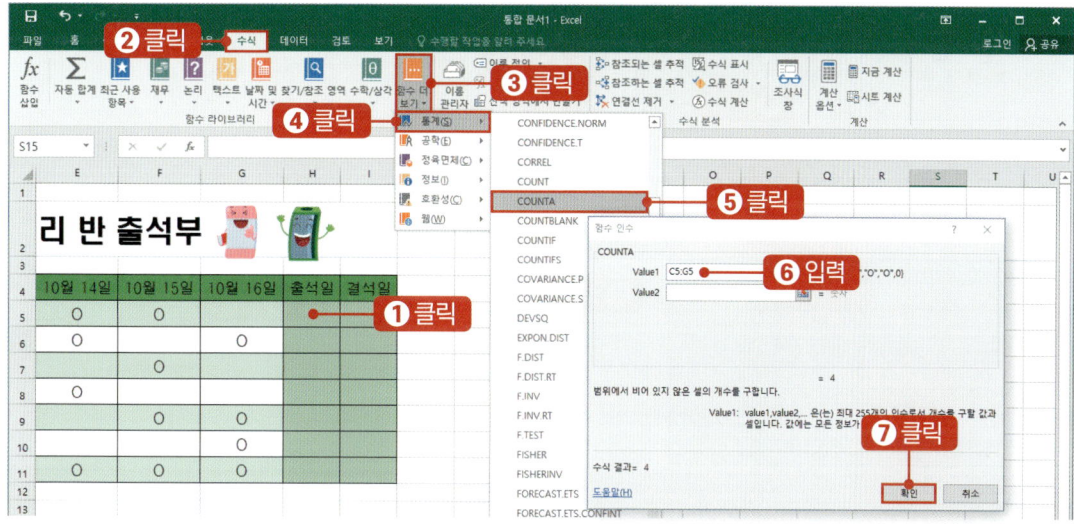

2 [H5]를 클릭하고 Ctrl + 1 키를 누릅니다. [셀 서식] 대화상자가 실행되면 [표시 형식] 탭을 클릭한 후 범주는 '사용자 지정', 형식은 'G/표준"일"'로 입력한 후 [확인]을 클릭합니다.

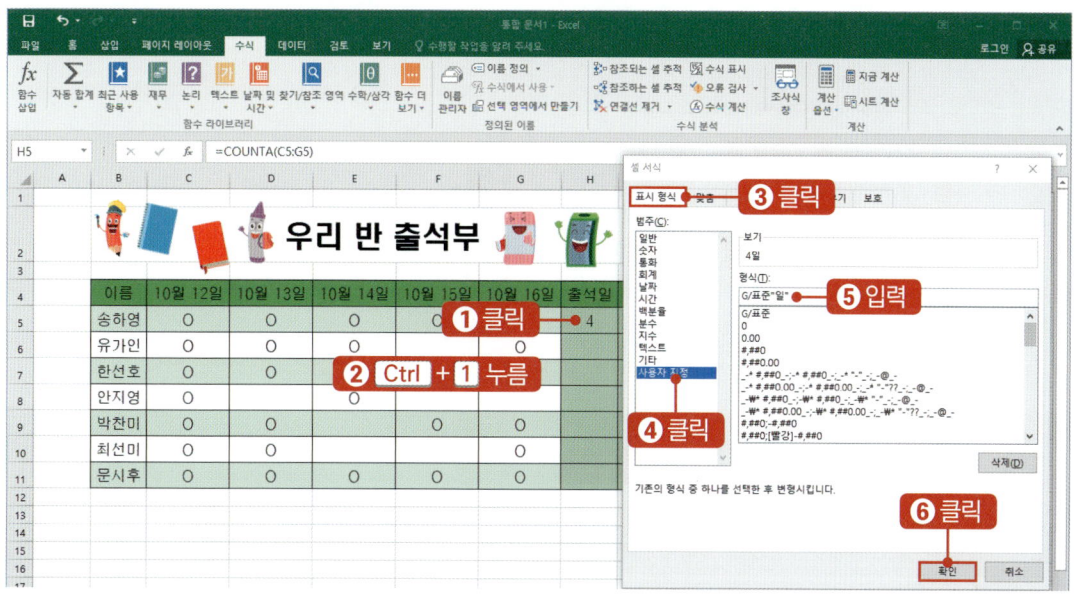

3 [H5]의 채우기 핸들을 [H11]까지 드래그 합니다.

03 COUNTBLANK 함수를 사용하여 결석일 계산하기

COUNTBLANK 함수를 사용하여 결석일을 계산합니다.

① [I5]를 클릭한 다음 [수식] 탭의 [함수 라이브러리] 그룹에서 [함수 더 보기]의 [통계]를 클릭해 [COUNTBLANK]를 클릭합니다. [함수 인수] 대화상자가 실행되면 Range의 입력칸에 'C5:G5'를 입력 또는 드래그 한 후 [확인]을 클릭합니다.

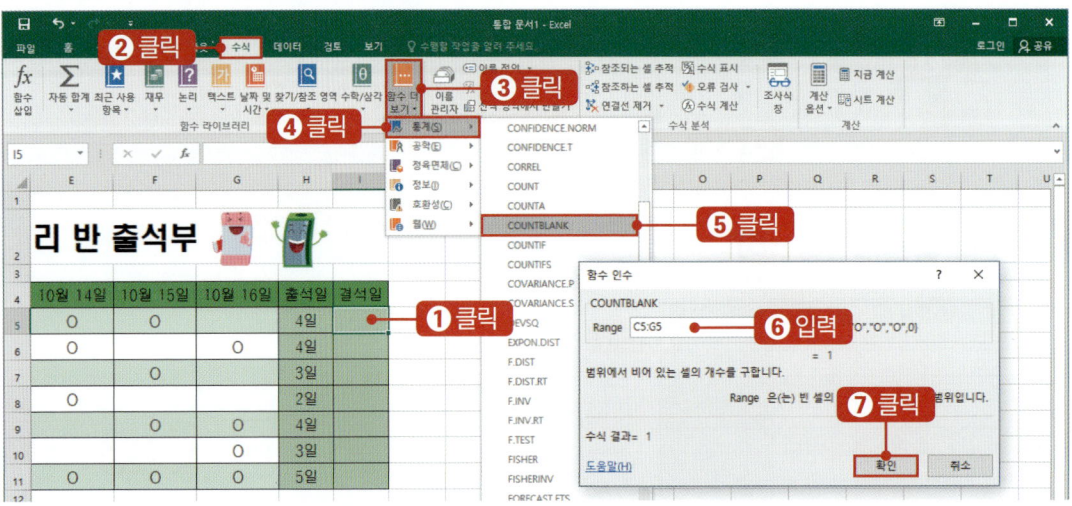

② [I5]를 클릭하고 Ctrl + 1 키를 누릅니다. [셀 서식] 대화상자가 실행되면 [표시 형식] 탭을 클릭한 후 범주는 '사용자 지정', 형식은 'G/표준"일"'로 입력한 후 [확인]을 클릭합니다.

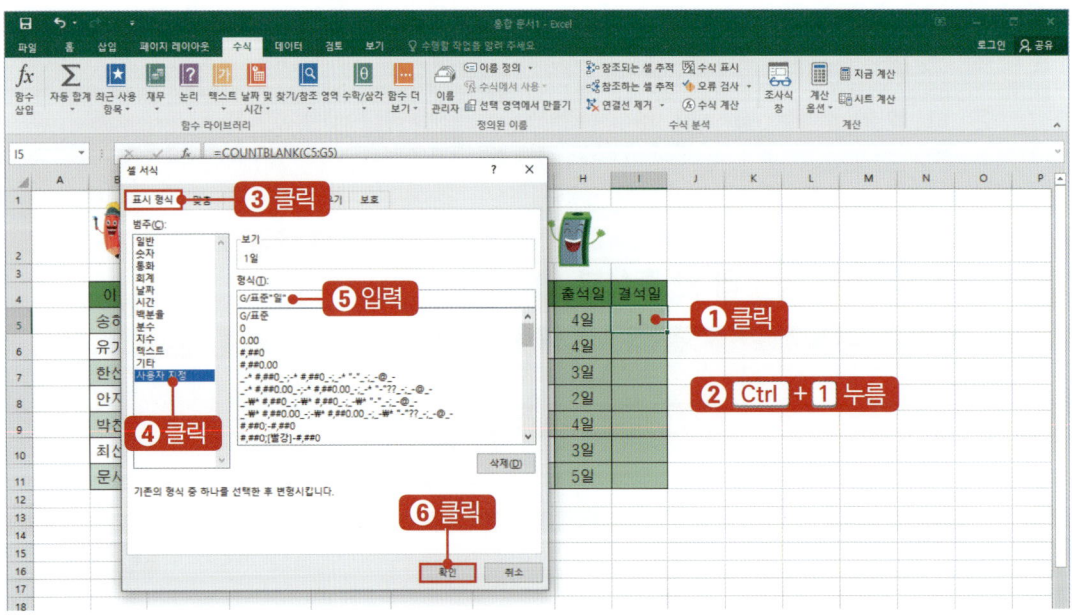

③ [I5]의 채우기 핸들을 [I11]까지 드래그 합니다.

실력 쑥쑥! 창의력 쑥쑥!

1 데이터를 입력하고 COUNTA함수를 사용하여 다음과 같은 운동현황표를 완성해 보세요.

예제파일 운동1~3.png   완성파일 운동(완성).xlsx

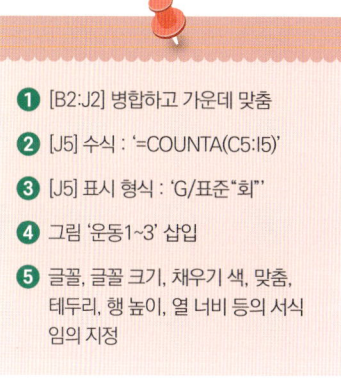

① [B2:J2] 병합하고 가운데 맞춤
② [J5] 수식 : '=COUNTA(C5:I5)'
③ [J5] 표시 형식 : 'G/표준"회"'
④ 그림 '운동1~3' 삽입
⑤ 글꼴, 글꼴 크기, 채우기 색, 맞춤, 테두리, 행 높이, 열 너비 등의 서식 임의 지정

2 데이터를 입력하고 COUNTA 함수와 COUNTBLANK 함수를 사용하여 다음과 같은 봉사활동 참여현황표를 완성해 보세요.

예제파일 봉사1~2.png   완성파일 봉사활동(완성).xlsx

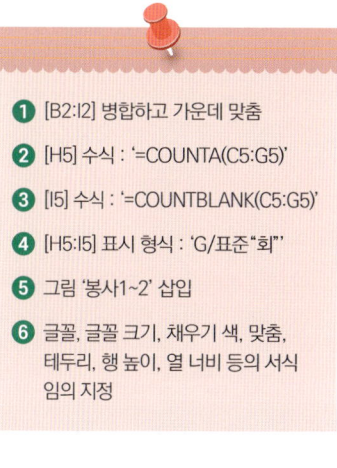

① [B2:I2] 병합하고 가운데 맞춤
② [H5] 수식 : '=COUNTA(C5:G5)'
③ [I5] 수식 : '=COUNTBLANK(C5:G5)'
④ [H5:I5] 표시 형식 : 'G/표준"회"'
⑤ 그림 '봉사1~2' 삽입
⑥ 글꼴, 글꼴 크기, 채우기 색, 맞춤, 테두리, 행 높이, 열 너비 등의 서식 임의 지정

독서기록장 만들기

CHAPTER 10

오늘의 미션
- 데이터를 입력하고 서식 설정하기
- CHOOSE 함수와 WEEKDAY 함수를 이용하여 요일 나타내기
- 그림 삽입하고 꾸미기
- 특수 문자 입력하기

 어떠한 책을 읽고 난 뒤, 그 책에 관하여 작성을 하는 문서를 **독서기록장**이라고 합니다. 독서기록장에는 읽은 날짜를 표시하는데, 이번 시간에는 엑셀 프로그램의 함수를 이용하여 책을 읽은 날을 입력하면 자동으로 해당 요일이 입력되는 독서기록장을 만들어 봅시다.

 작품 미리보기

예제파일 나무.png, 풀.png, 책.png **완성파일** 독서기록장(완성).xlsx

데이터를 입력하고 서식 설정하기

데이터를 입력하고 글꼴, 채우기 색, 행 높이와 열 너비, 테두리 등의 서식을 설정합니다.

1 Microsoft Office Excel 2016을 실행한 다음 [A]의 열 너비를 '2', [B]의 열 너비를 '17', [C]~[F]의 열 너비를 '14.5'로 설정합니다. 그 다음 [2]~[4]의 행 높이를 '42', [5]의 행 높이를 '10', [6]의 행 높이를 '400', [7]~[12]의 행 높이를 '30'으로 설정합니다.

2 [B2:F4]를 드래그하여 영역을 지정한 후 [홈] 탭의 [글꼴] 그룹에서 [테두리]를 클릭한 후 [모든 테두리]를 클릭합니다.

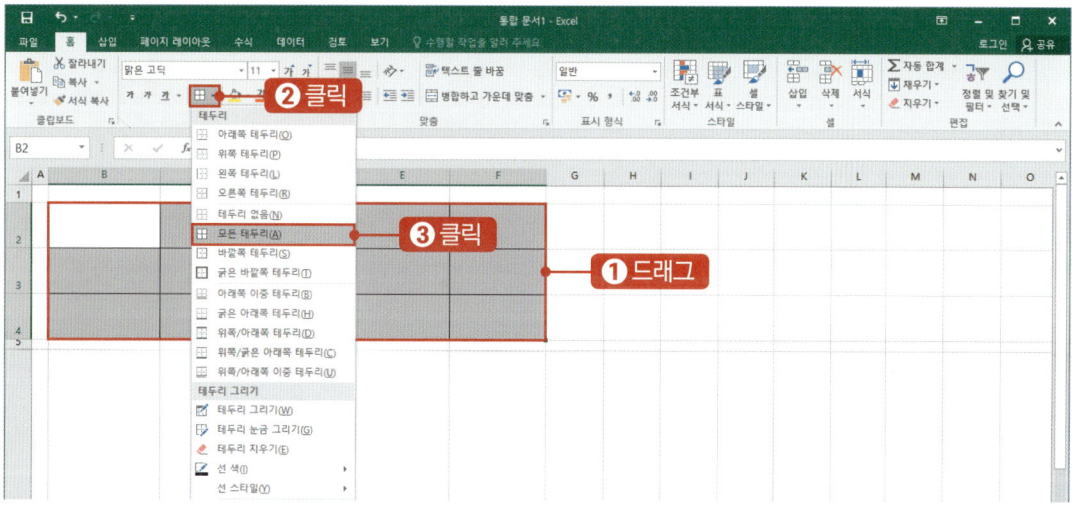

3 [B2:F4], [B6:F6], [B7:F12]를 각각 드래그하여 영역을 지정한 후 [홈] 탭의 [글꼴] 그룹에서 [굵은 바깥쪽 테두리]를 클릭합니다.

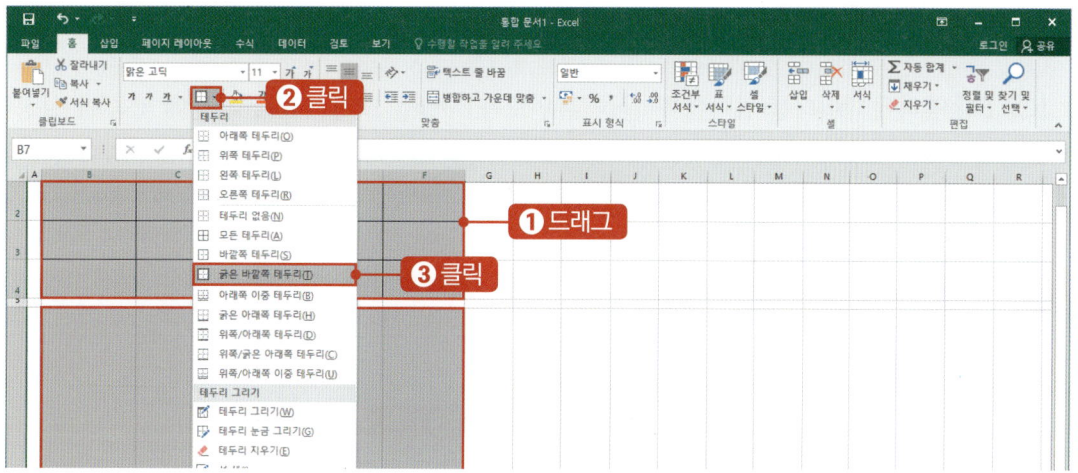

4️⃣ [B7:F12]를 드래그하여 영역을 지정한 후 Ctrl + 1 키를 눌러 [셀 서식] 대화상자가 실행되면 [테두리] 탭에서 선 스타일을 '점선'으로 클릭하여 선택한 후 '가운데 안쪽'을 클릭하여 지정한 후 [확인]을 클릭합니다.

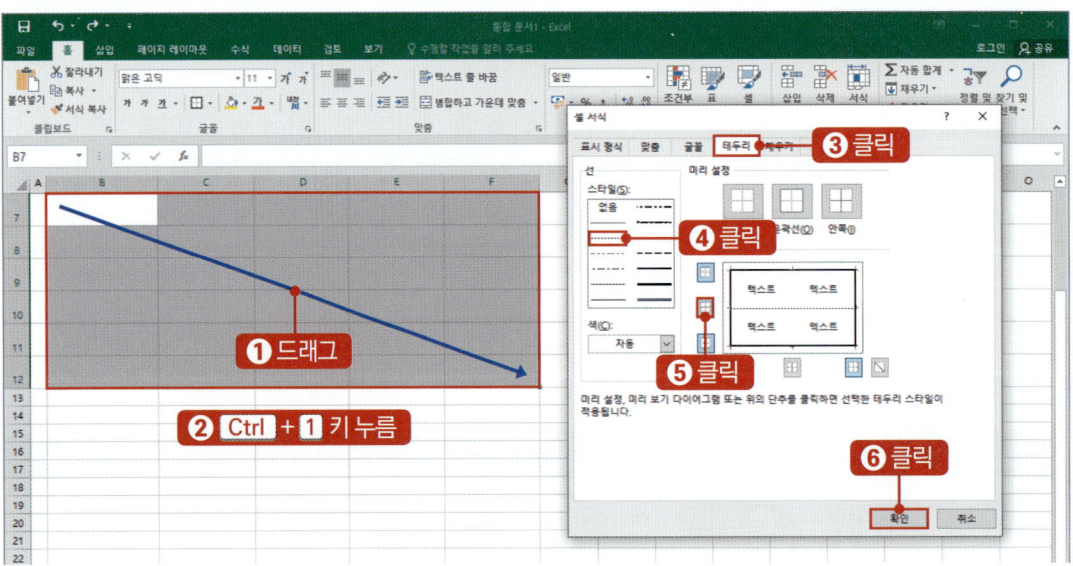

5️⃣ [B2:B4], [D2:E2], [D3:F3], [B6:F6]을 각각 드래그하여 영역을 지정한 다음 [병합하고 가운데 맞춤]하고, [C2:C4], [E4]에는 채우기 색을 '황금색, 강조4, 60% 더 밝게'로 설정합니다.

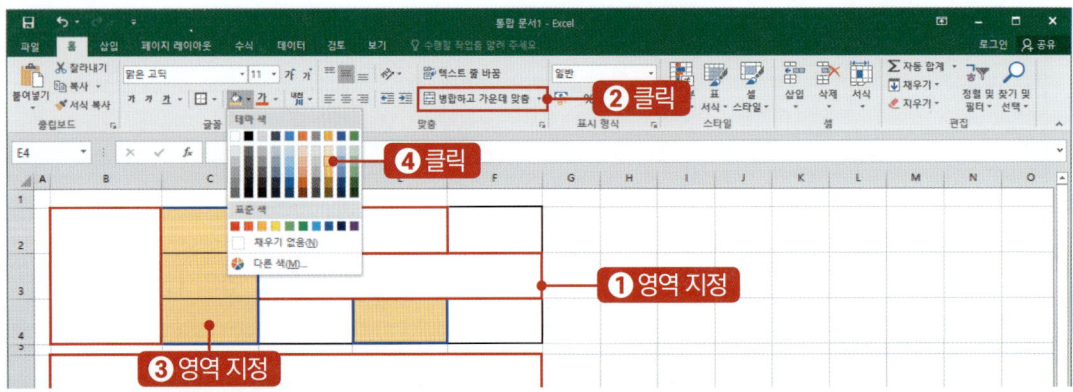

6️⃣ [C2:F4] 영역에 데이터를 입력한 후 글꼴 '휴먼모음T', 글꼴 크기 '14pt', '가운데 맞춤'을 설정합니다.

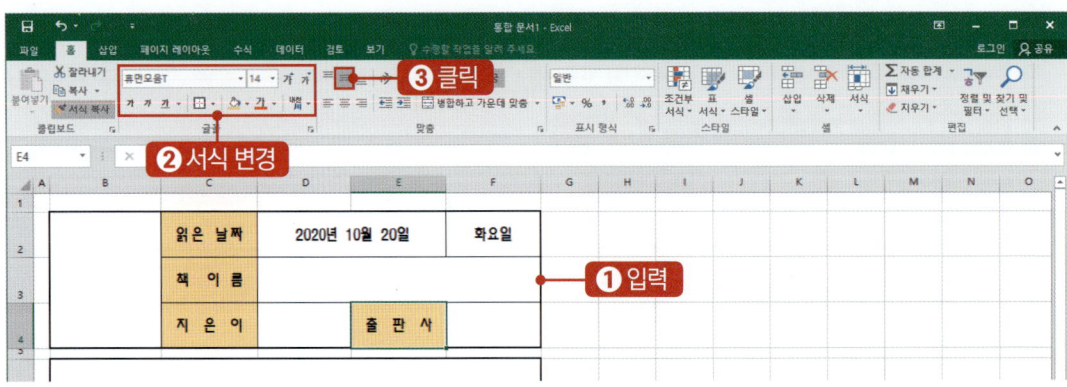

02 CHOOSE 함수와 WEEKDAY 함수를 이용하여 요일 나타내기

CHOOSE 함수와 WEEKDAY 함수를 사용하여 요일을 계산합니다.

1 [F2]를 클릭하고 [수식] 탭의 [함수 라이브러리] 그룹에서 [찾기/참조 영역]을 클릭한 후 [CHOOSE]를 클릭합니다. [함수 인수] 대화 상자가 실행되면 Index_num의 입력칸을 클릭하여 커서를 위치시킨 후 [함수 추가...]을 클릭합니다.

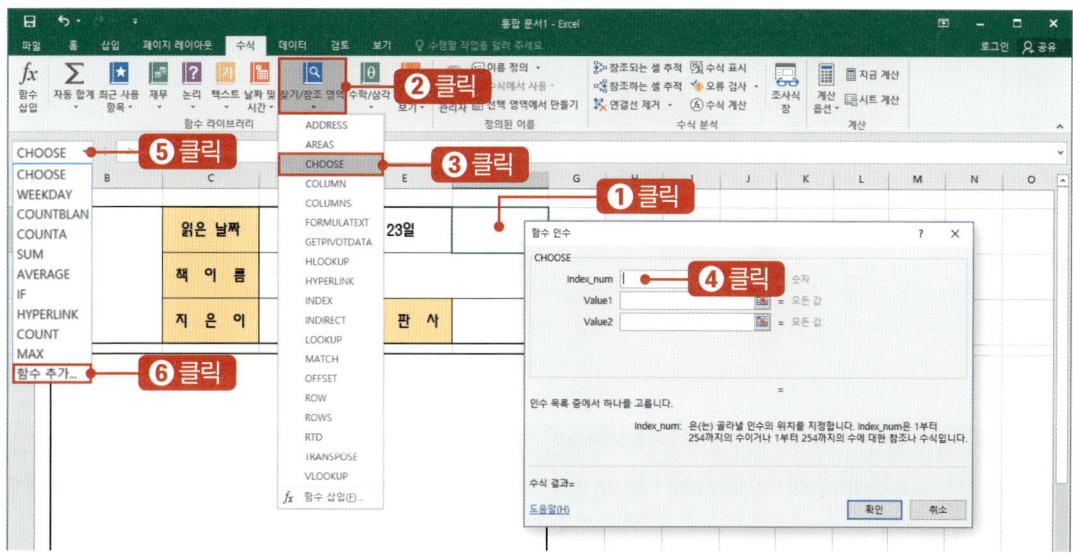

2 [함수 마법사] 대화상자가 실행되면 함수 검색 창에 'WEEKDAY'를 입력한 후 [검색]을 클릭합니다. 함수 선택의 목록 중 'WEEKDAY'를 클릭하고 [확인]을 클릭합니다.

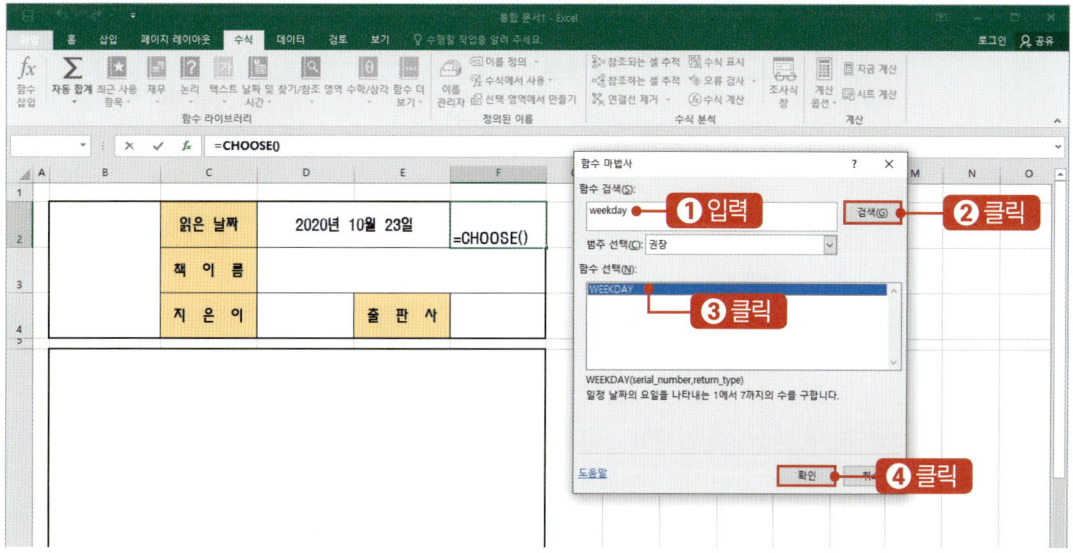

CHAPTER 10 - **독서기록장 만들기**

3 'WEEKDAY' [함수 인수] 창이 실행되면 Serial_number의 입력칸을 클릭한 후 [D2]를 클릭하여 'D2'를 입력하고, Return_type에 '2'를 입력합니다. 그리고 난 후 [주소 표시줄]에 입력된 'CHOOSE'를 클릭합니다.

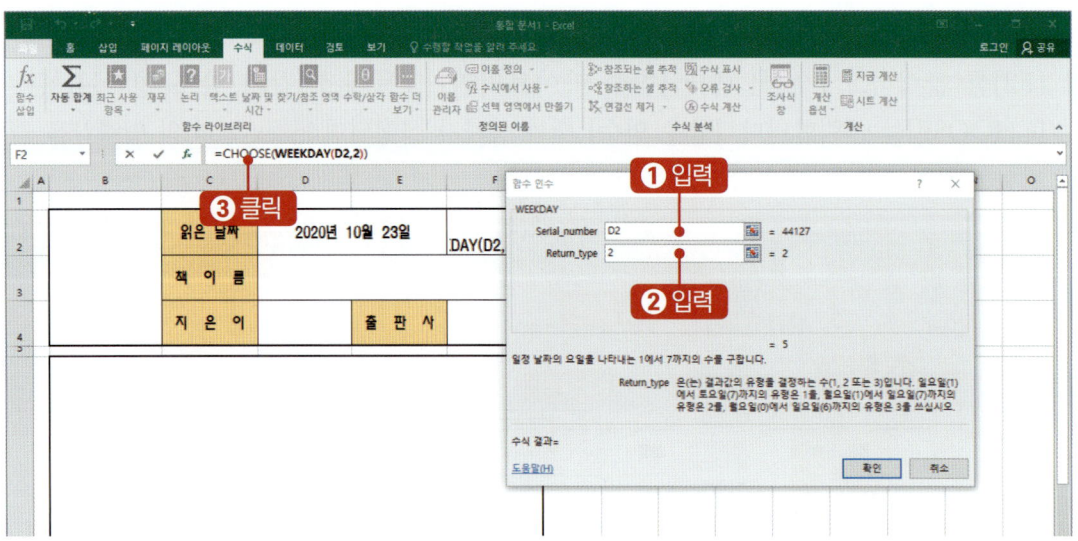

4 CHOOSE [함수 인수] 대화상자로 되돌아와 이어 Value1의 입력칸에 '월요일', Value2의 입력칸에 '화요일', … Value6의 입력칸에 '토요일', Value7의 입력칸에 '일요일'을 입력한 후 [확인]을 클릭합니다.

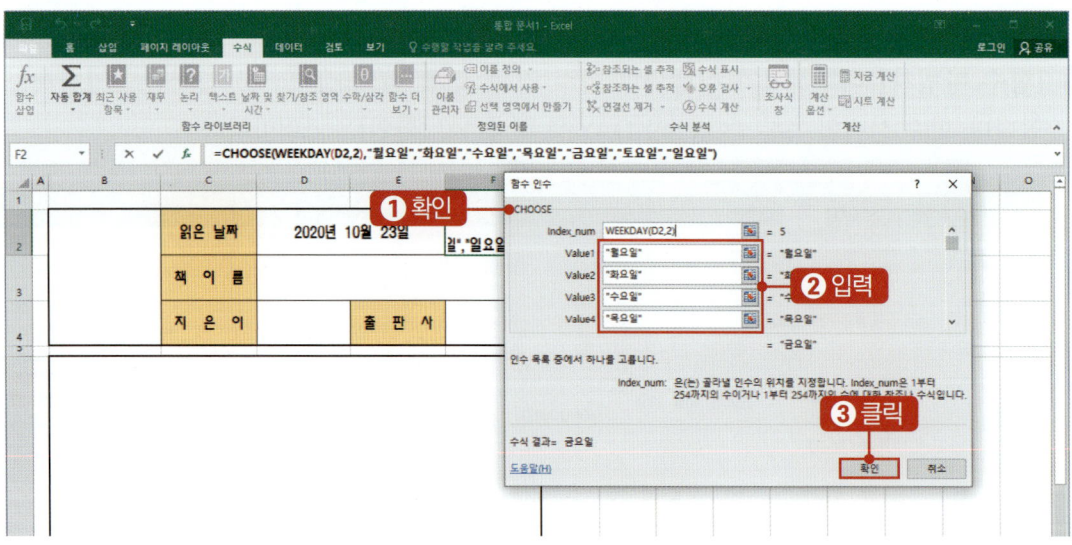

 입력칸에 텍스트를 입력하고 다른 입력칸을 클릭하면 ' " " '는 자동으로 생성돼요.

03 그림 삽입하고 꾸미기

그림을 삽입하고 적절히 배치하여 꾸밉니다.

1 '책.png' 그림을 삽입한 후 [그림 도구] – [서식] 탭의 [그림 스타일] 그룹에서 [그림 테두리]를 클릭한 다음 테마 색은 '황금색, 강조4, 60% 더 밝게' 두께는 '6pt'를 설정합니다.

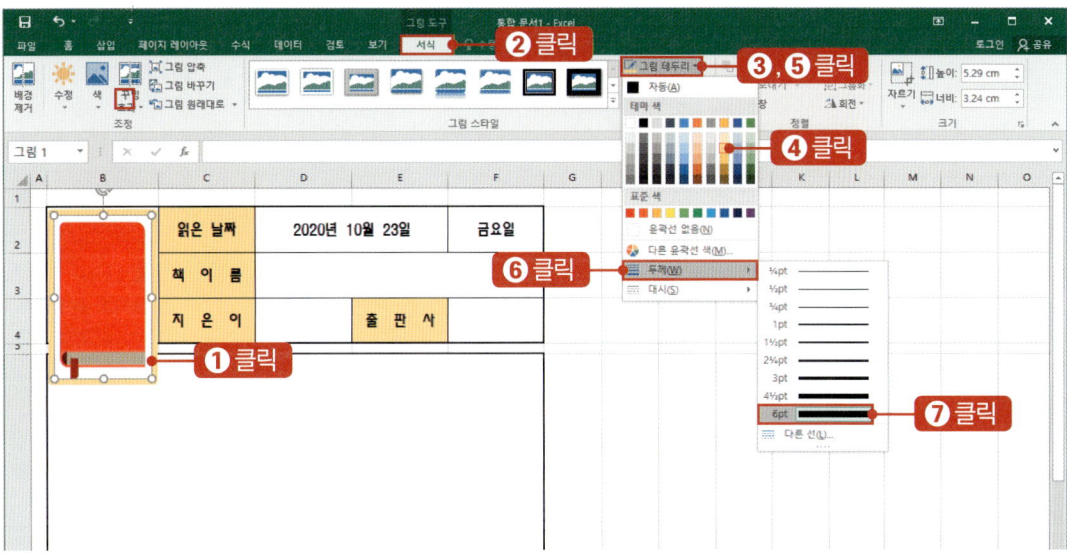

2 나무.png, 풀.png 그림을 삽입한 다음 크기 및 위치를 변경합니다.

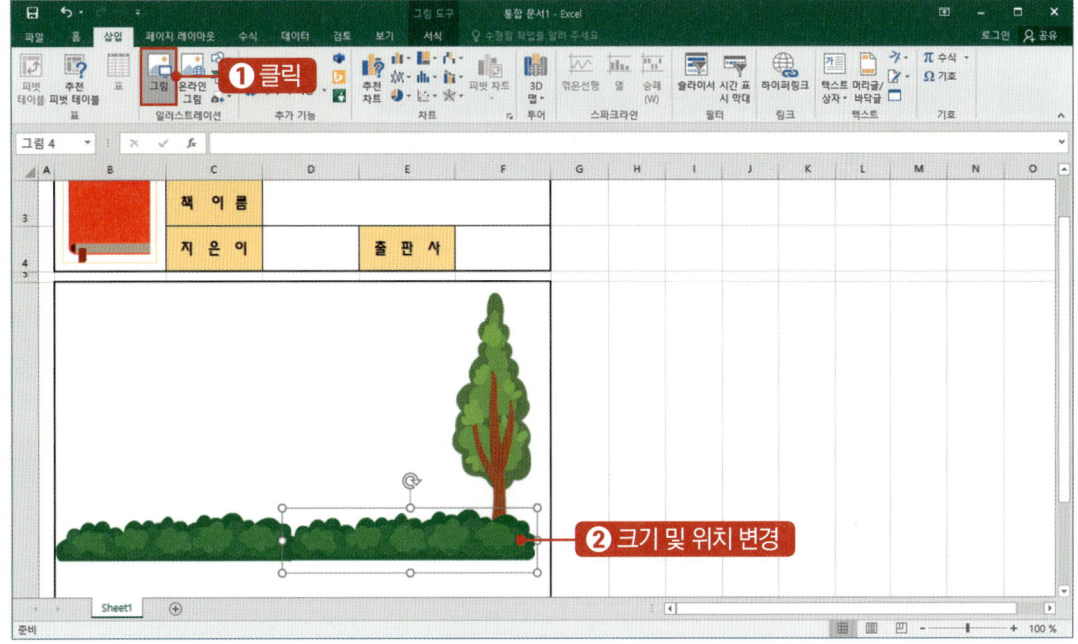

04 특수 문자 입력하기

한글 자음과 한자 키를 눌러 특수 문자를 입력합니다.

① [B6]에 '인상 깊었던 장면'을 입력하고 글꼴 크기를 '16pt', '굵게'를 설정한 다음 '위쪽 맞춤', '왼쪽 맞춤'을 클릭합니다.

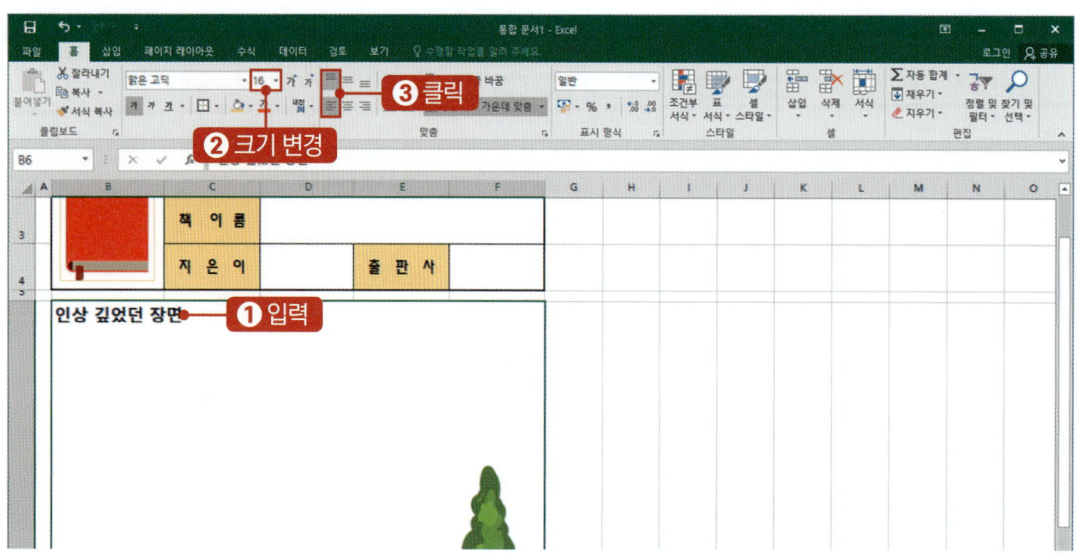

② [B6]에 입력되어 있는 '인상 깊었던 장면' 앞을 클릭한 후 'ㅁ'을 입력한 다음 한자 키를 눌러 특수 문자를 입력합니다.

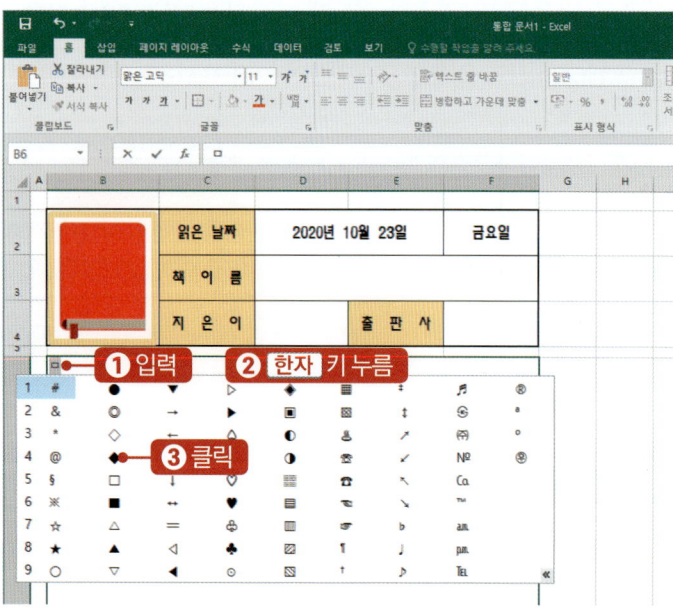

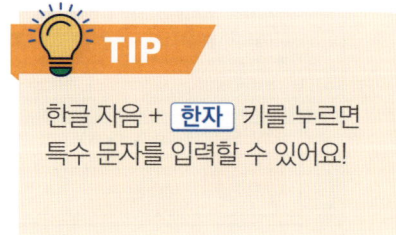

TIP

한글 자음 + 한자 키를 누르면 특수 문자를 입력할 수 있어요!

실력 쑥쑥! 창의력 쑥쑥!

1 CHOOSE 함수와 WEEKDAY 함수를 사용하여 생일에 해당하는 요일을 표시하는 표를 완성해 보세요.

예제파일: 풍선1~3.png 완성파일: 요일(완성).xlsx

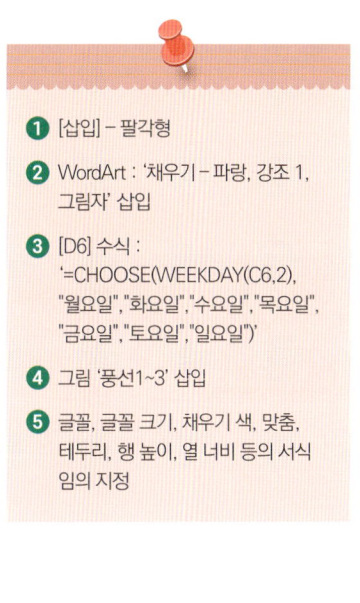

① [삽입] – 팔각형

② WordArt : '채우기 – 파랑, 강조 1, 그림자' 삽입

③ [D6] 수식 :
'=CHOOSE(WEEKDAY(C6,2),
"월요일","화요일","수요일","목요일",
"금요일","토요일","일요일")'

④ 그림 '풍선1~3' 삽입

⑤ 글꼴, 글꼴 크기, 채우기 색, 맞춤, 테두리, 행 높이, 열 너비 등의 서식 임의 지정

2 CHOOSE 함수와 WEEKDAY 함수를 사용하여 다음과 같은 잡지 배송 요일을 완성해 보세요.

예제파일: 잡지.xlsx 완성파일: 잡지(완성).xlsx

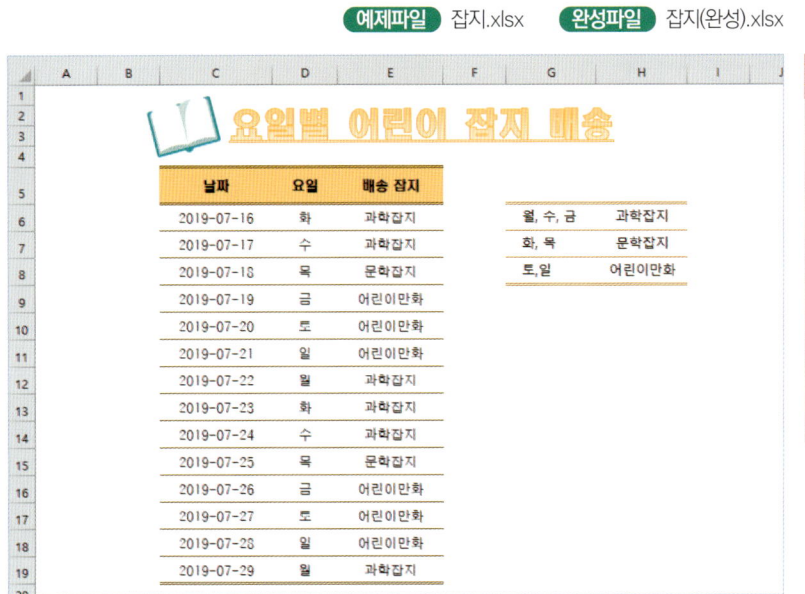

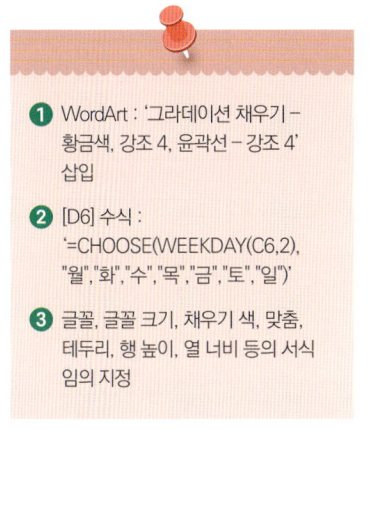

① WordArt : '그라데이션 채우기 – 황금색, 강조 4, 윤곽선 – 강조 4' 삽입

② [D6] 수식 :
'=CHOOSE(WEEKDAY(C6,2),
"월","화","수","목","금","토","일")'

③ 글꼴, 글꼴 크기, 채우기 색, 맞춤, 테두리, 행 높이, 열 너비 등의 서식 임의 지정

CHAPTER 10 - 독서기록장 만들기

CHAPTER 11 선호도 파악하기

오늘의 미션
- 데이터를 입력하고 서식 설정하기
- 기호 삽입하기
- COUNTIF 함수를 이용하여 선택한 인원수 세기

계절, 음식, 과목 등 각각의 항목별로 좋아하는 정도를 **선호도**라고 합니다. 이번 시간에는 엑셀 프로그램의 함수 기능을 이용하여 계절의 선호도를 파악해 봅시다.

작품 미리보기

예제파일 봄1~2.png, 여름1~2.png, 가을1~2.png, 겨울1~3.png　　**완성파일** 계절선호도(완성).xlsx

계절 선호도 조사

NO	이름	좋아하는 계절
1	강하영	여름
2	김진우	봄
3	김현서	가을
4	박수아	가을
5	이다윤	봄
6	이서연	겨울
7	이연우	봄
8	정지후	봄
9	최현준	겨울
10	한재희	가을
11	한지우	겨울

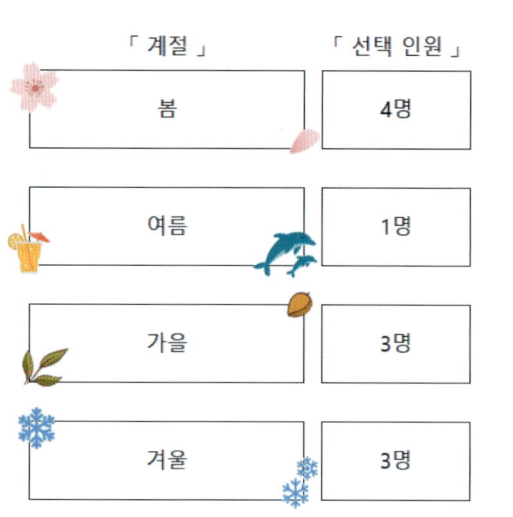

데이터를 입력하고 서식 설정하기

데이터를 입력하고 채우기 색, 테두리, 열 너비 및 행 높이 등의 서식을 설정합니다.

① Microsoft Office Excel 2016을 실행하여 [Sheet1] 시트의 [B4:D15]에 다음과 같은 데이터를 입력한 다음 [모든 테두리], [가운데 맞춤]을 설정합니다. 그 다음 [B4:D4]에 채우기 색을 '파랑, 강조 5, 80% 더 밝게'로 설정하고 행 높이와 열 너비를 적당히 조절합니다.

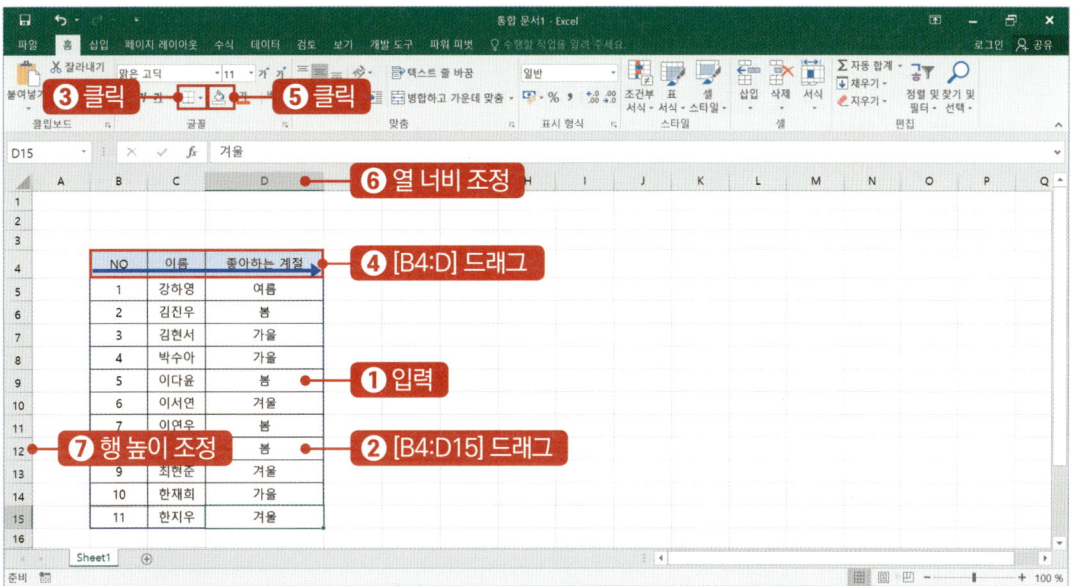

② [B2:D2]를 드래그하여 영역을 지정한 후 [병합하고 가운데 맞춤]을 클릭하고 '계절 선호도 조사'를 입력합니다. 그 다음 [홈] 탭의 [스타일] 그룹에서 [셀 스타일]을 '제목 1'로 설정합니다.

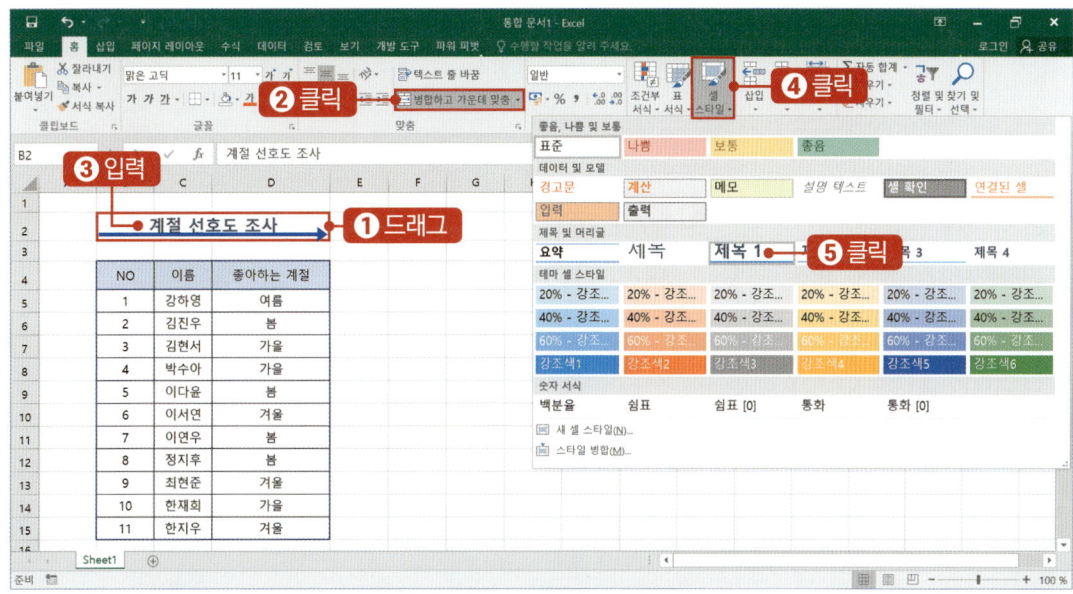

02 기호 삽입하기

기호를 삽입합니다.

1 [F5:F6], [F8:F9], [F11:F12], [F14:F15], [H5:H6], [H8:H9], [H11:H12], [H14:H15]를 각각 드래그하여 영역을 지정한 후 **[병합하고 가운데 맞춤], [모든 테두리]**를 설정하고 '봄', '여름', '가을', '겨울' 텍스트를 각각의 셀에 입력합니다.

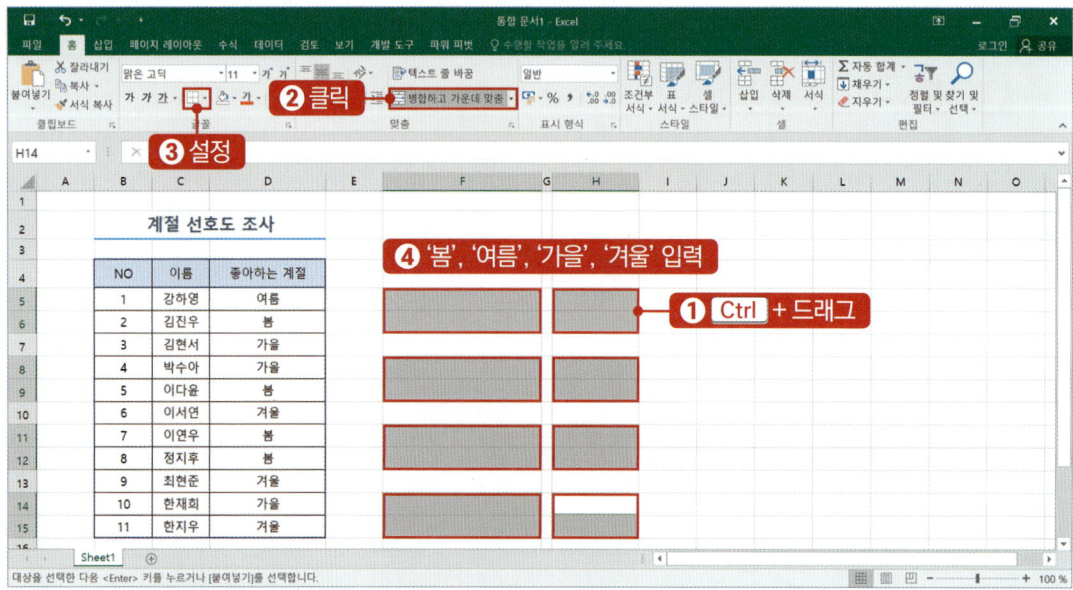

2 [F4]를 클릭한 후 [삽입] 탭의 [기호] 그룹에서 [기호]를 클릭한 다음 [기호] 탭의 하위 집합을 '한중일 기호 및 문장 부호'로 선택한 후 기호를 삽입하고 텍스트를 입력합니다.

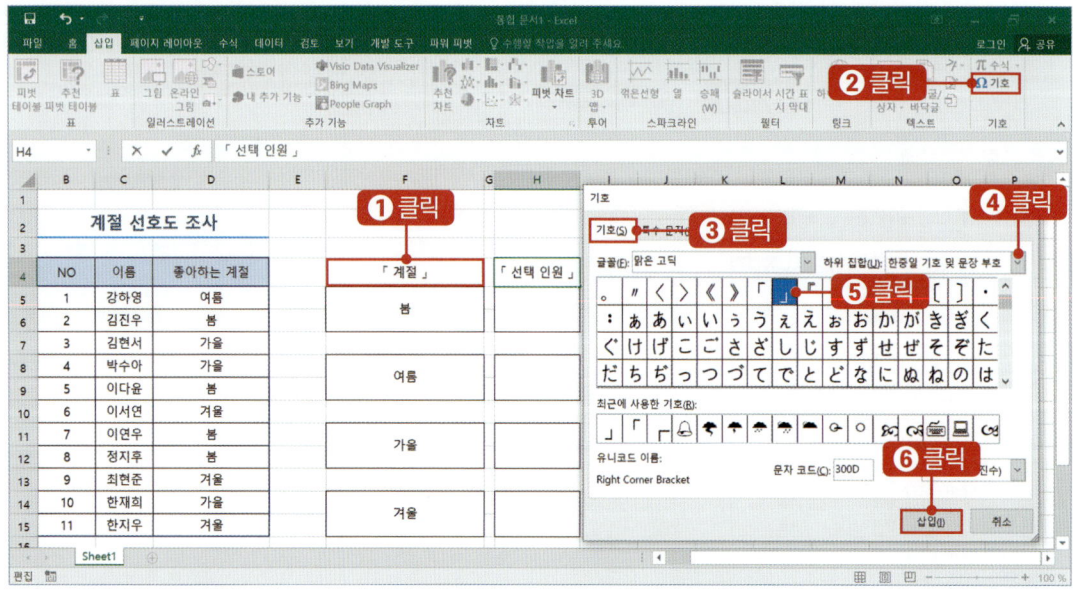

COUNTIF 함수를 이용하여 선택한 인원수 세기

COUNTIF 함수를 이용하여 계절별 좋아하는 인원수를 계산합니다.

1 [H5]를 클릭한 후 [수식] 탭의 [함수 라이브러리] 그룹에서 [함수 더 보기]의 [통계]를 클릭하고 [COUNTIF]를 클릭합니다. [함수 인수] 대화상자가 실행되면 Range의 입력칸에 [D5:D15]를 드래그하여 'D5:D15'를 입력하고, Criteria의 입력칸에 [F5]를 클릭하여 'F5'를 입력하고 [확인]을 클릭합니다.

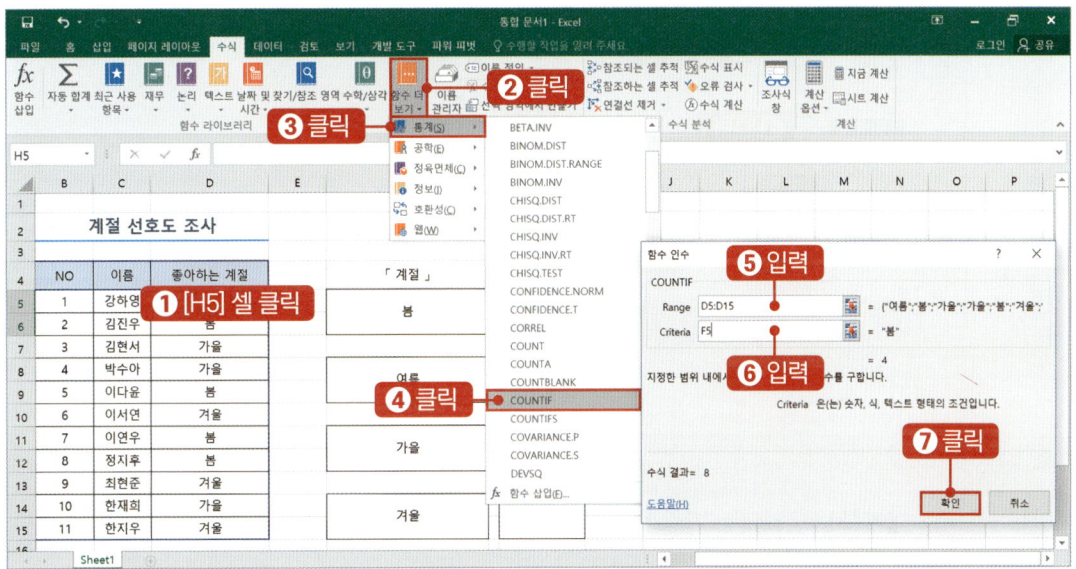

2 ❶과 같은 방법으로 [H8], [H11], [H14]에 'COUNTIF' 함수를 이용하여 인원수를 계산합니다.

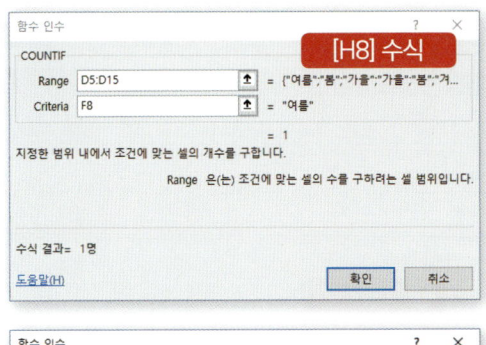

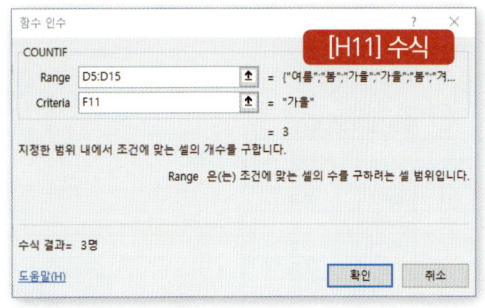

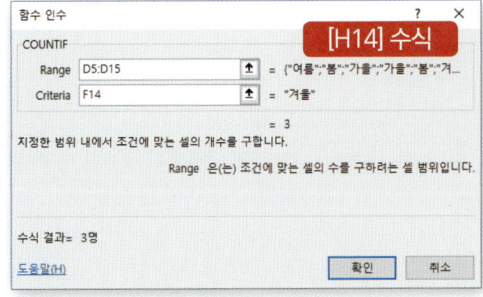

CHAPTER 11 - **선호도 파악하기**

3 [H5], [H8], [H11], [H14]를 클릭하여 선택한 다음 Ctrl + 1 키를 눌러 [셀 서식] 대화 상자를 실행합니다. [표시 형식] 탭을 클릭한 후 범주는 '사용자 지정', 형식은 'G/표준"명"'으로 입력한 후 [확인]을 클릭합니다.

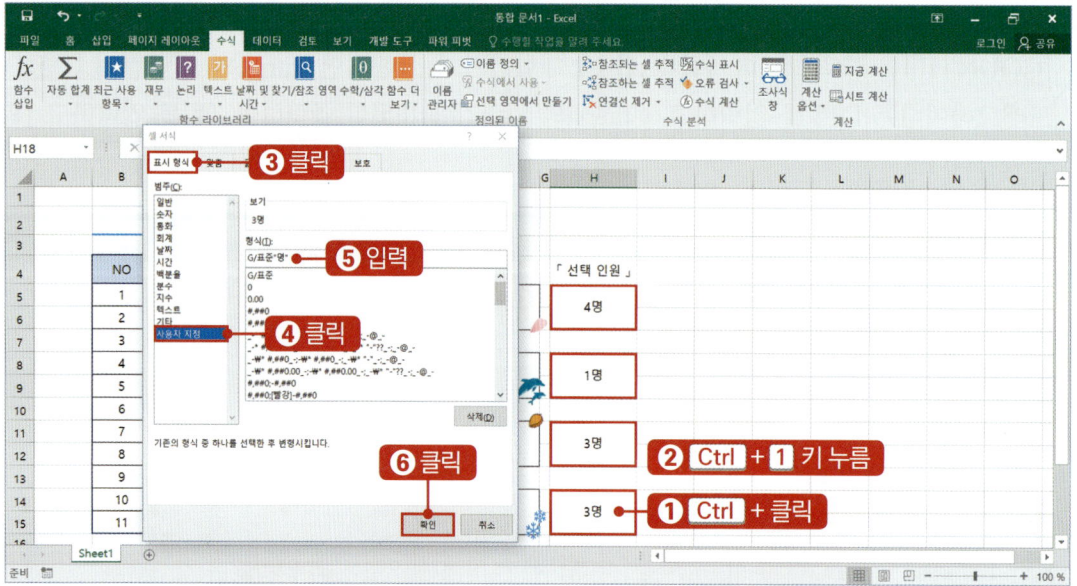

4 '봄1~2.png', '여름1~2.png', '가을1~2.png', '겨울1~3.png'의 그림을 삽입한 후 크기 및 위치를 변경합니다.

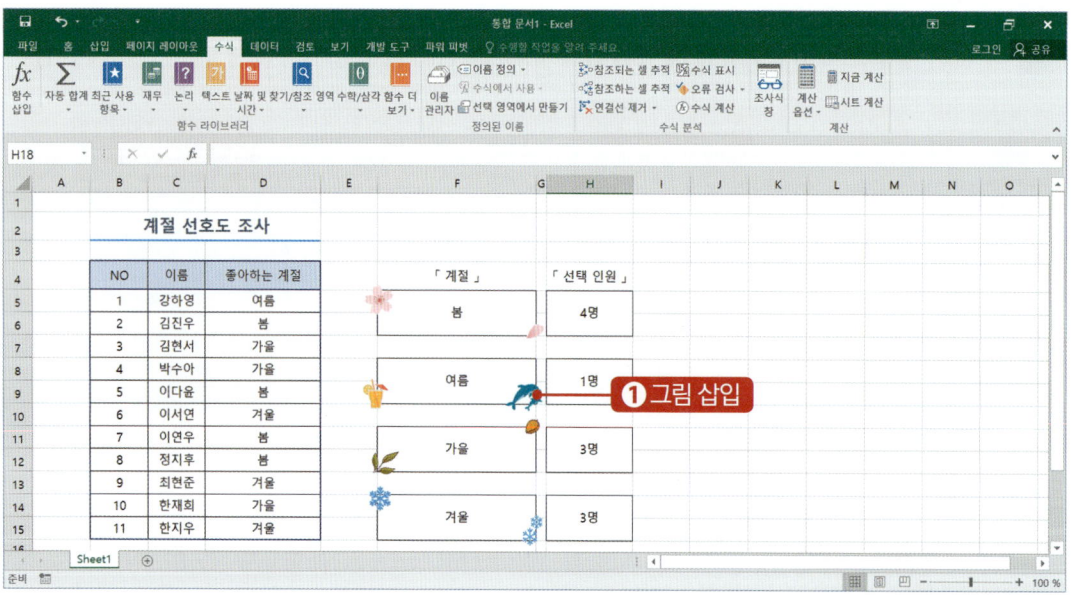

실력 쑥쑥! 창의력 쑥쑥!

1 데이터를 입력하고 COUNTIF 함수를 사용하여 다음과 같은 간식 선호도 조사표를 완성해 보세요.

예제파일: 사과.png, 수박.png, 포도.png 완성파일: 과일(완성).xlsx

① [B2:H3], [E6:G7], [H6:H7], [E9:G10], [H9:H10], [E12:G13], [H12:H13] 병합하고 가운데 맞춤

② [H6] 수식 : '=COUNTIF(C6:C14,E6)'

③ 그림 '사과, 수박, 포도' 삽입

④ 글꼴, 글꼴 크기, 채우기 색, 맞춤, 테두리, 행 높이, 열 너비 등의 서식 임의 지정

2 데이터를 입력하고 COUNTIF 함수를 사용하여 다음과 같은 체험학습 선호도 조사표를 완성해 보세요.

예제파일: 체험학습1~6.png 완성파일: 체험학습(완성).xlsx

① [B2:C2], [E5:E6], [G5:G6], [E8:E9], [G8:G9], [E11:E12], [G11:G12] 병합하고 가운데 맞춤

② [G5] 수식 : '=COUNTIF($C$5:$C$13,E5)'

③ [G5] 표시 형식 : 'G/표준"명"'

④ 그림 '체험학습1~6' 삽입

⑤ 글꼴, 글꼴 크기, 채우기 색, 맞춤, 테두리, 행 높이, 열 너비, 기호 삽입 등의 서식 임의 지정

차트 만들기

오늘의 미션
- WordArt를 삽입하고 모양 변환하기
- 입력한 데이터의 표시 형식 설정하기
- 차트 삽입하고 꾸미기

두 개 이상의 상호 관계와 변화의 상태를 도형적으로 표현한 것을 **차트**라고 합니다. 차트는 원, 막대, 꺾은선 그래프라고도 불립니다. 이번 시간에는 엑셀 프로그램의 차트를 이용하여 유튜브 방송을 시작한 후 구독자와 조회수를 도형적으로 확인하는 차트를 만들어 봅시다.

 **작품 미리보기**

 예제파일 유튜브.png   완성파일 유튜브(완성).xlsx

WordArt를 삽입하고 모양 변환하기

WordArt를 삽입하고 텍스트를 변경하고 WordArt의 모양을 변환합니다.

1 Microsoft Office Excel 2016을 실행한 후 **[삽입]** 탭의 **[텍스트]** 그룹에서 **[WordArt]**를 클릭한 다음 '채우기 – 흰색, 윤곽선 – 강조 2, 진한 그림자 – 강조 2'를 클릭하여 'WordArt'를 추가합니다. 추가된 'WordArt'에 '그래프로 확인하는 나의 유튜브 현황'을 입력한 후 글꼴 크기를 '36pt'로 설정합니다.

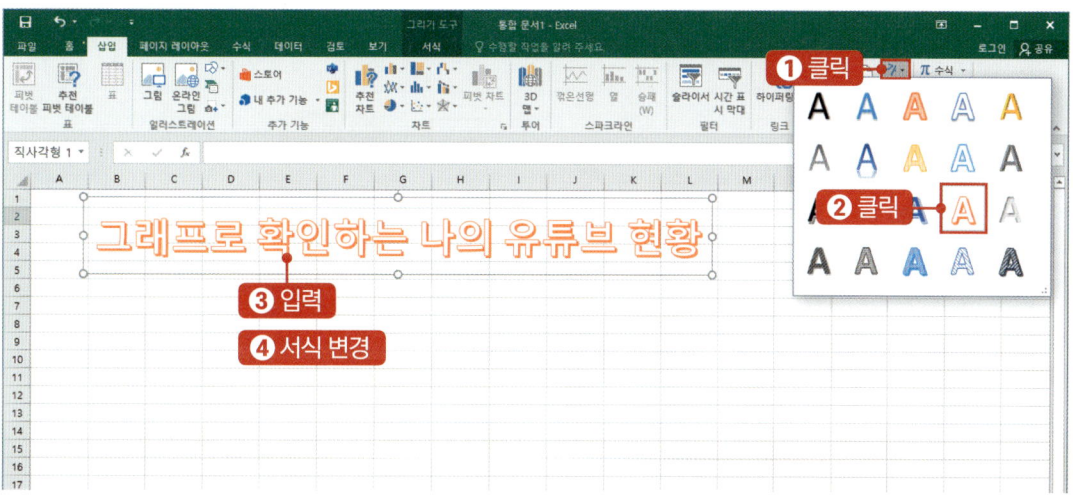

2 WordArt를 클릭하고 **[그리기 도구] – [서식]** 탭의 **[WordArt 스타일]** 그룹에서 **[텍스트 효과]**의 **[변환]**을 클릭하고 휘기의 '사각형'을 클릭합니다.

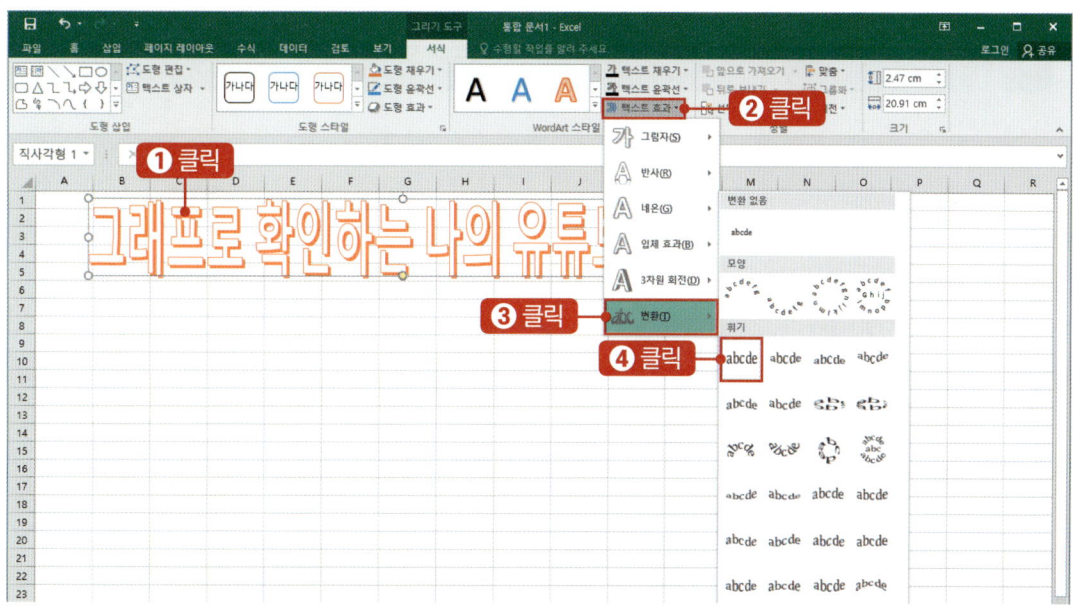

입력한 데이터의 표시 형식 설정하기

데이터를 입력하고 표시 형식 및 서식을 설정합니다.

1 [B9:H11]에 다음과 같이 데이터를 입력한 후 [C10:H10]을 드래그하여 영역을 지정한 다음 [셀 서식] 대화상자를 실행합니다. [표시 형식] 탭을 클릭한 후 범주는 '사용자 지정', 형식은 '#,##0"명"'으로 입력한 후 [확인]을 클릭합니다. 같은 방법으로 [C11:H11]의 표시 형식은 '#,##0"회"'로 설정합니다.

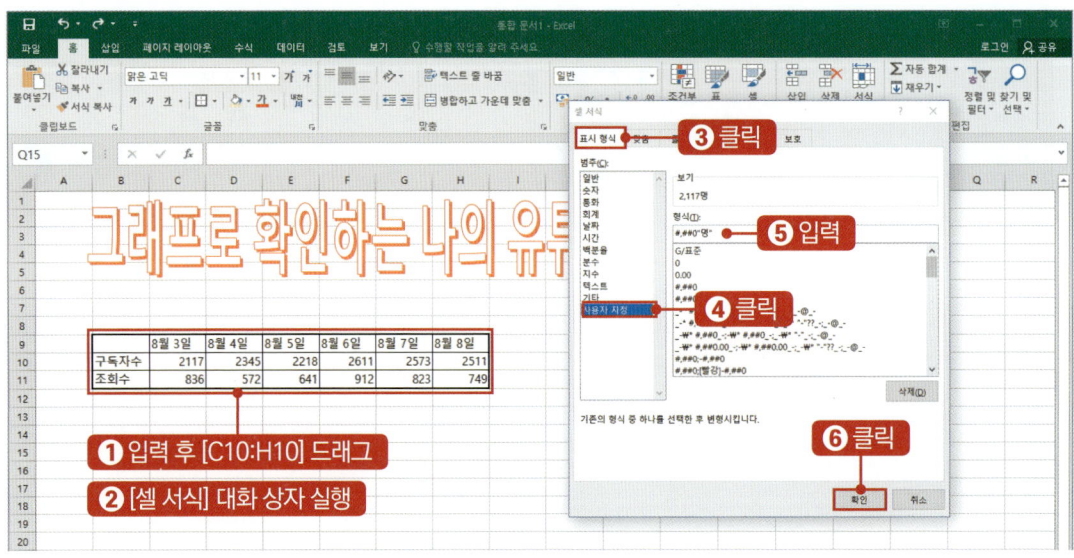

2 [B9]를 클릭하고 [셀 서식] 대화상자를 실행하여 [테두리] 탭에서 '대각선'을 클릭하고 [확인]을 클릭합니다. 그 다음 [B9:H11]영역에 테두리와 채우기 색, 열 너비, 행 높이 및 맞춤을 설정합니다.

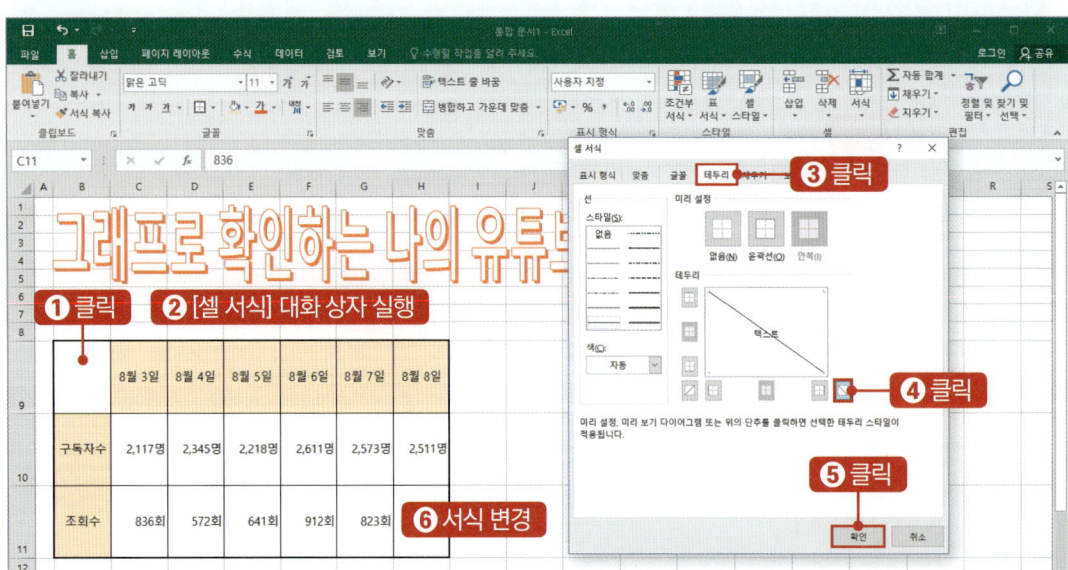

차트 삽입하고 꾸미기

구독자수와 조회수를 도형적으로 확인하기 위해 콤보 차트를 삽입합니다.

① 차트를 삽입하기 위해 [B9:H11]를 드래그하여 영역을 지정한 후 [삽입] 탭의 [차트] 그룹에서 [추천 차트]를 클릭합니다. [차트 삽입] 대화상자에서 [모든 차트] 탭을 클릭한 다음 [콤보]의 '묶은 세로 막대형 - 꺾은선형, 보조 축'을 선택하고 [확인]을 클릭합니다.

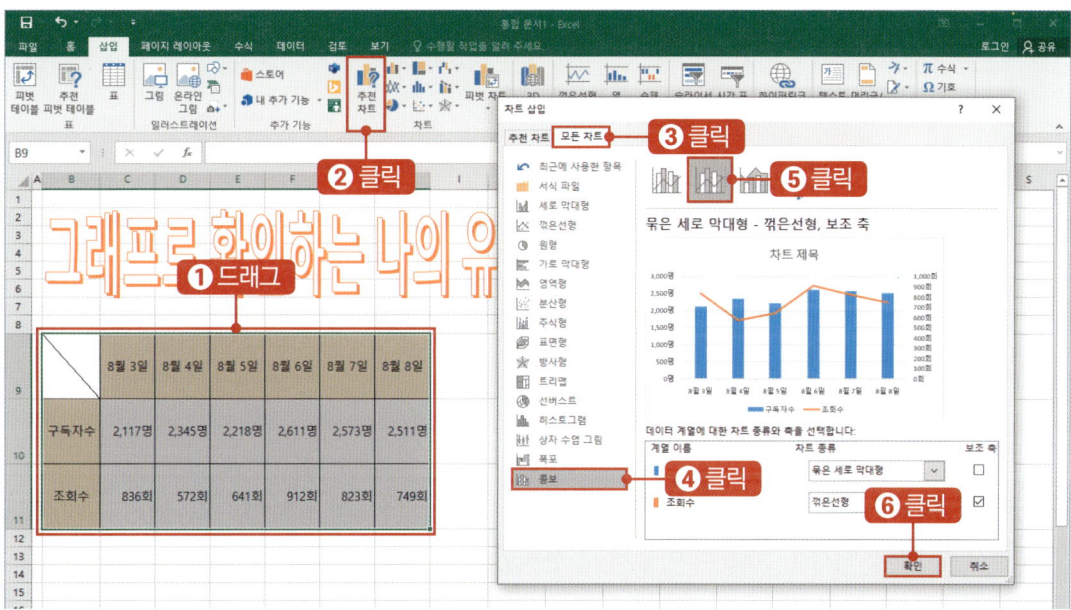

② [차트 도구] - [디자인] 탭의 [차트 스타일] 그룹에서 [색 변경]을 클릭한 후 색상형의 '색 3'을 선택합니다.

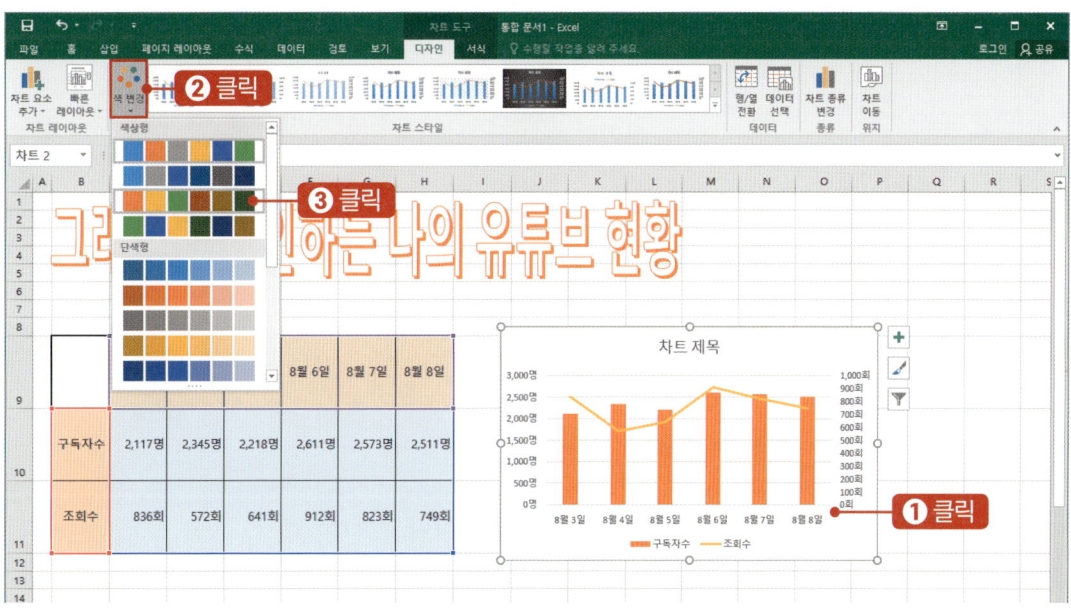

③ 차트 제목을 '나의 유튜브 채널'로 수정한 후 글꼴을 'HY헤드라인M', 글꼴 색을 '주황, 강조 2, 25% 더 어둡게', '기울임꼴'로 설정합니다.

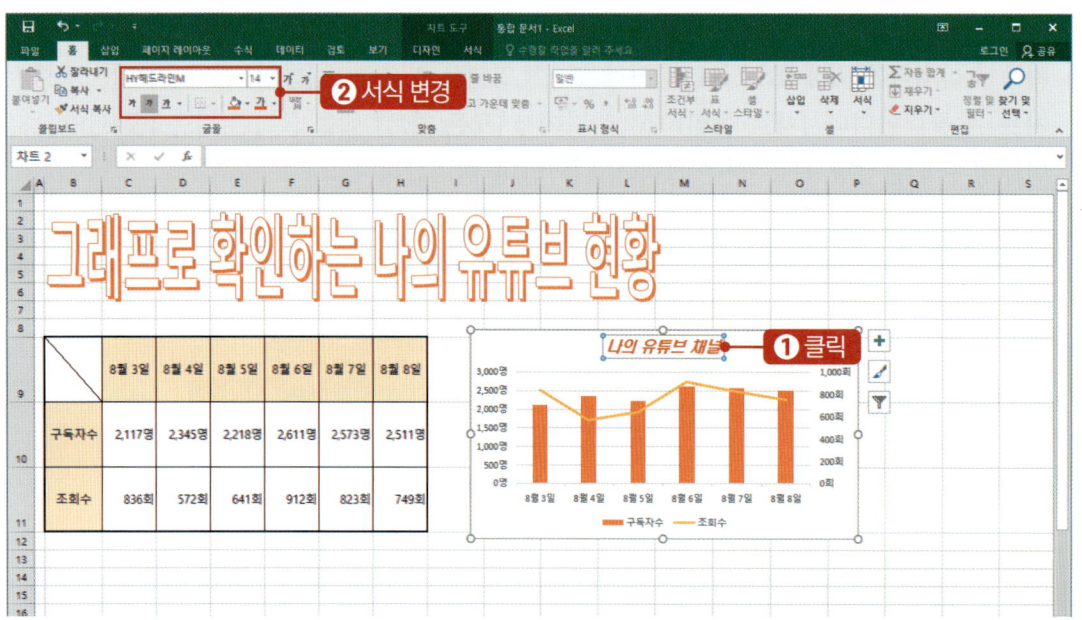

④ 차트의 '그림 영역'을 클릭한 후 [차트 도구] - [서식] 탭의 [도형 스타일] 그룹에서 [도형 채우기]의 테마 색을 '흰색, 배경 1, 50% 더 어둡게'로 선택합니다.

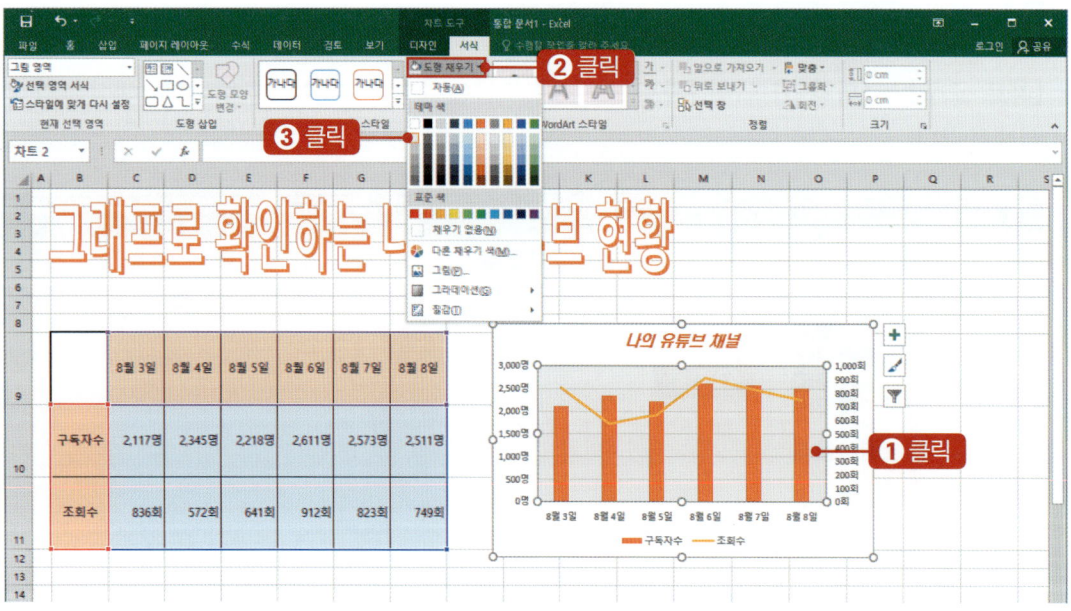

⑤ 차트의 크기를 조절한 후 '유튜브.png' 그림을 삽입합니다.

실력 쑥쑥! 창의력 쑥쑥!

1 차트 기능을 사용하여 다음과 같은 차트를 완성해 보세요.

예제파일 – 완성파일 입출국(완성).xlsx

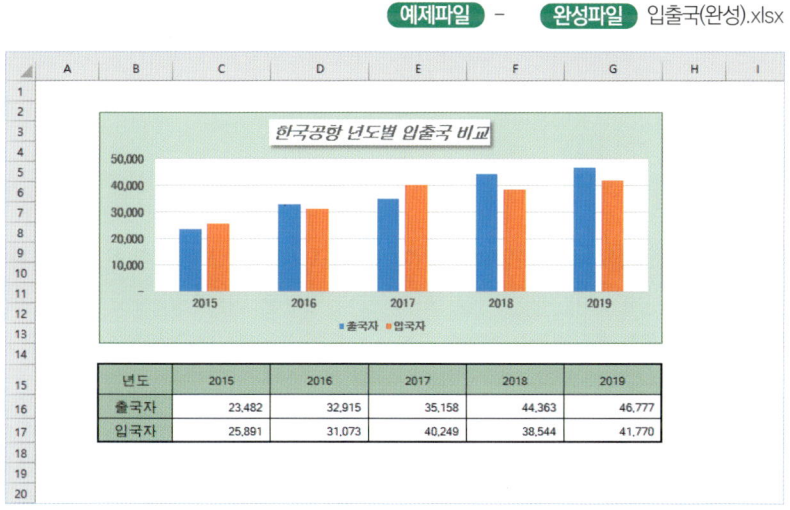

① [세로 막대형]의 '묶은 세로 막대형 차트' 삽입

② 차트 제목 : '한국공항 년도별 입출국 비교'

③ 글꼴, 글꼴 크기, 채우기 색, 맞춤, 테두리, 행 높이, 열 너비 등의 서식 임의 지정

④ 차트 영역 채우기 색, 테두리, 그림자 등의 서식 임의 지정

2 차트 기능을 사용하여 다음과 같은 차트를 완성해 보세요.

예제파일 강수량.png, 기온.png 완성파일 기온과강수량(완성).xlsx

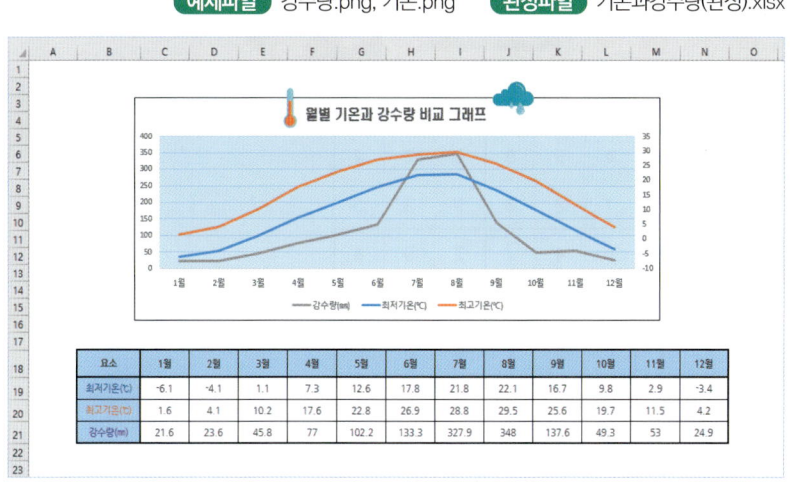
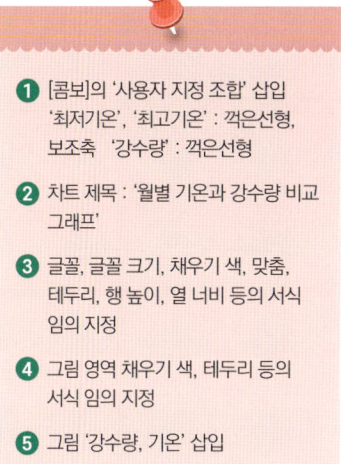

① [콤보]의 '사용자 지정 조합' 삽입
'최저기온', '최고기온' : 꺾은선형,
보조축 '강수량' : 꺾은선형

② 차트 제목 : '월별 기온과 강수량 비교 그래프'

③ 글꼴, 글꼴 크기, 채우기 색, 맞춤, 테두리, 행 높이, 열 너비 등의 서식 임의 지정

④ 그림 영역 채우기 색, 테두리 등의 서식 임의 지정

⑤ 그림 '강수량, 기온' 삽입

CHAPTER 13
스도쿠 게임 만들기

오늘의 미션
- WordArt 삽입하기
- IF함수와 SUM함수로 입력 값 판별하기
- 조건부 서식 설정하기

 스도쿠는 가로 세로 9칸인 정사각형 모양의 빈 칸에 1~9까지 아홉 개의 숫자를 조건에 맞게 넣는 수학 퍼즐입니다. 이번 시간에는 엑셀 프로그램의 함수를 이용하여 스도쿠 게임을 만들고 게임을 즐겨 봅시다.

 작품 미리보기

예제파일 스도쿠.xlsx   **완성파일** 스도쿠(완성).xlsx

80 | 엑셀 2016 작품만들기

01 WordArt 삽입하기

WordArt를 삽입하고 제목을 입력합니다.

1. Microsoft Office Excel 2016을 실행하여 '스도쿠.xlsx'파일을 불러온 후 [삽입] 탭의 [텍스트] 그룹에서 [WordArt]를 클릭한 다음 '채우기 - 검정, 텍스트 1, 그림자'를 클릭하여 삽입한 후 '말랑말랑 스도쿠'를 입력합니다.

2. 삽입된 WordArt를 클릭하고 [텍스트 윤곽선]을 클릭하여 '윤곽선 없음', [텍스트 효과]의 [그림자]를 클릭하여 바깥쪽의 '오프셋 대각선 왼쪽 위'를 클릭합니다. 그 다음 '말랑말랑'을 드래그하여 글꼴 '휴먼편지체', 글꼴 크기 '66pt', 글꼴 색 '주황'으로 설정하고, '스도쿠'는 글꼴 'HY헤드라인M', 글꼴 크기 '96pt', 글꼴 색 '녹색'을 설정합니다.

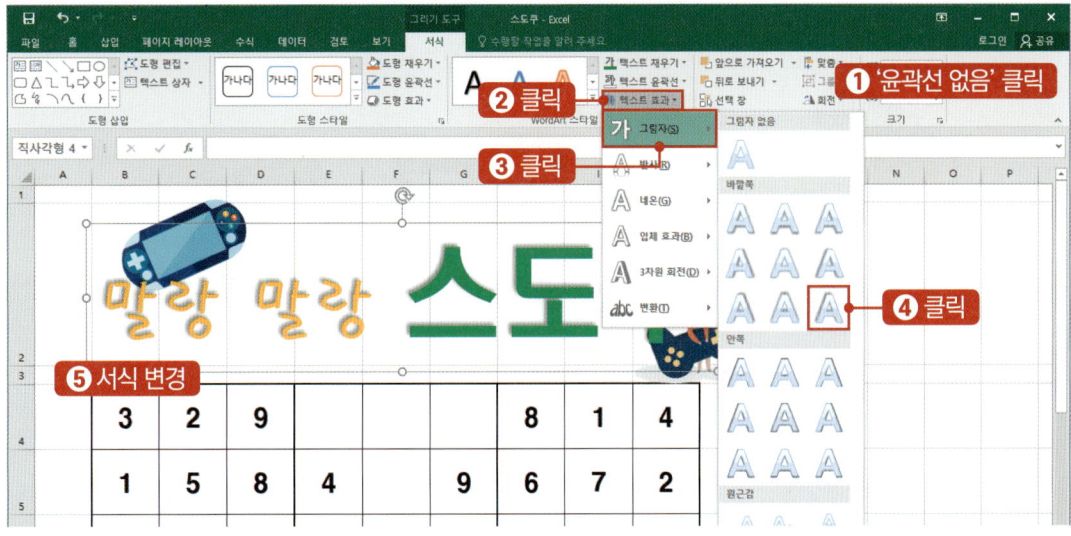

 IF함수와 SUM함수로 입력 값 판별하기

IF 함수와 SUM 함수를 사용하여 입력 값이 맞는지 판별합니다.

1 [L4]를 클릭한 다음 [수식] 탭의 [함수 라이브러리] 그룹에서 [논리]를 클릭하고 [IF]를 클릭합니다.

2 [함수 인수] 대화상자에서 Logical_test의 입력칸에 'SUM(B4:J4)=45'를 입력, Value_if_true의 입력칸에 '""'를 입력, Value_if_false의 입력칸에 '"X"'를 입력하고 [확인]을 클릭합니다.

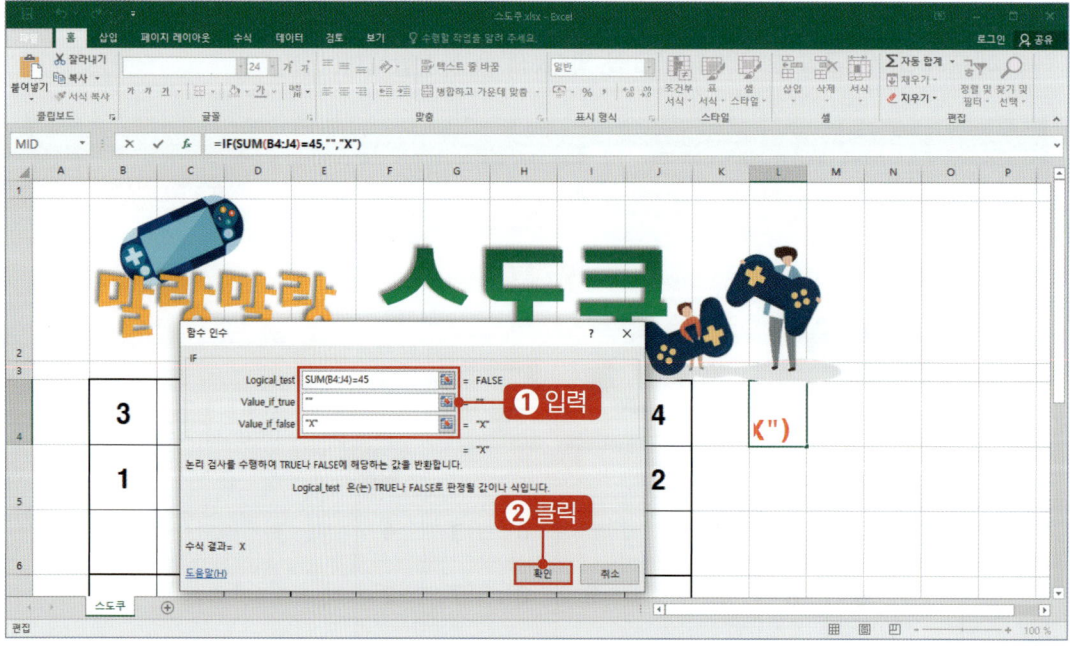

③ [L4]의 채우기 핸들을 [L12]까지 드래그하여 자동 채우기 합니다.

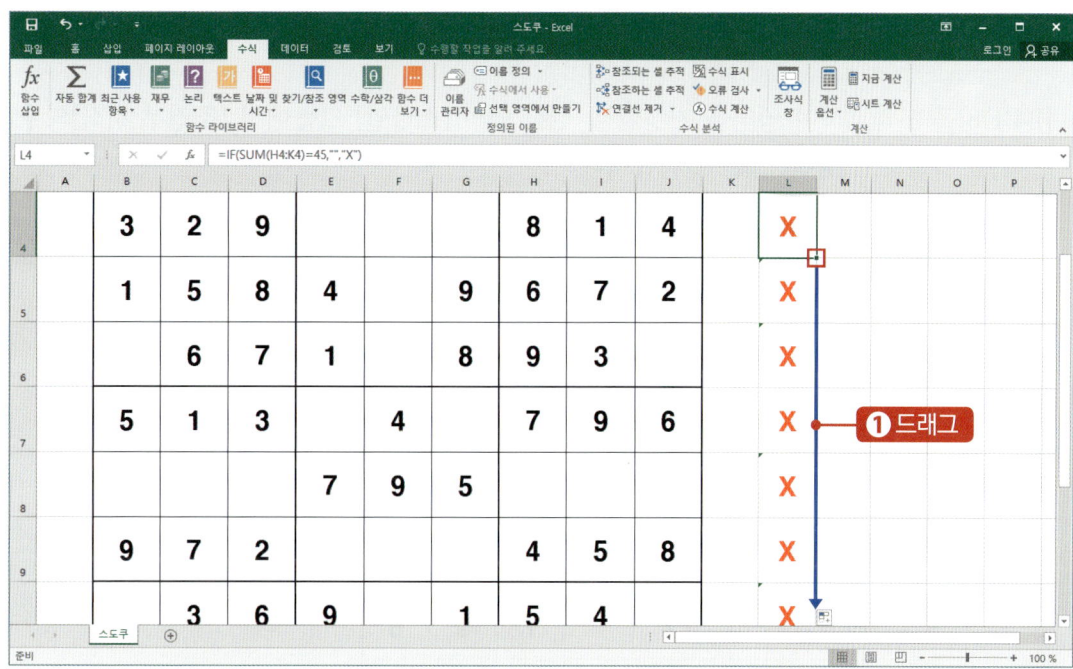

④ [B14]를 클릭한 다음 [수식] 탭의 [함수 라이브러리] 그룹에서 [논리]의 [IF]를 클릭합니다. [함수 인수] 대화상자가 실행되면 Logical_test의 입력칸에 'SUM(B4:B12)=45', Value_if_true의 입력칸에 '""', Value_if_false의 입력칸에 '"X"'를 입력합니다.

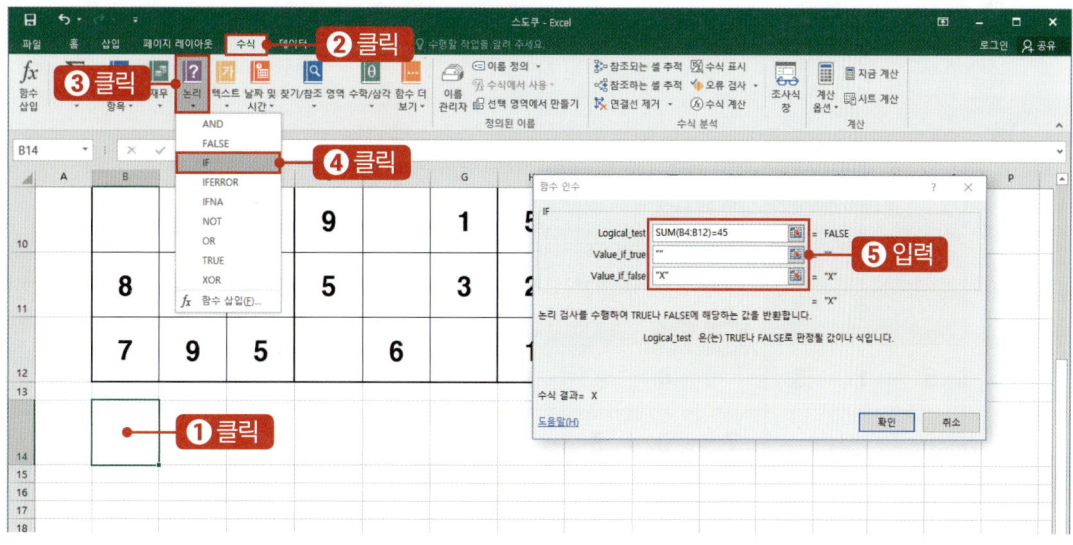

⑤ [B14]의 채우기 핸들을 [J14]까지 드래그하여 자동 채우기 합니다.

03 조건부 서식 설정하기

조건부 서식으로 중복 값을 확인하여 표시합니다.

1 [B4:D6]을 드래그하여 영역을 지정한 후 [홈] 탭의 [스타일] 그룹에서 [조건부 서식]의 [셀 강조 규칙]을 클릭하고 [중복 값]을 클릭합니다.

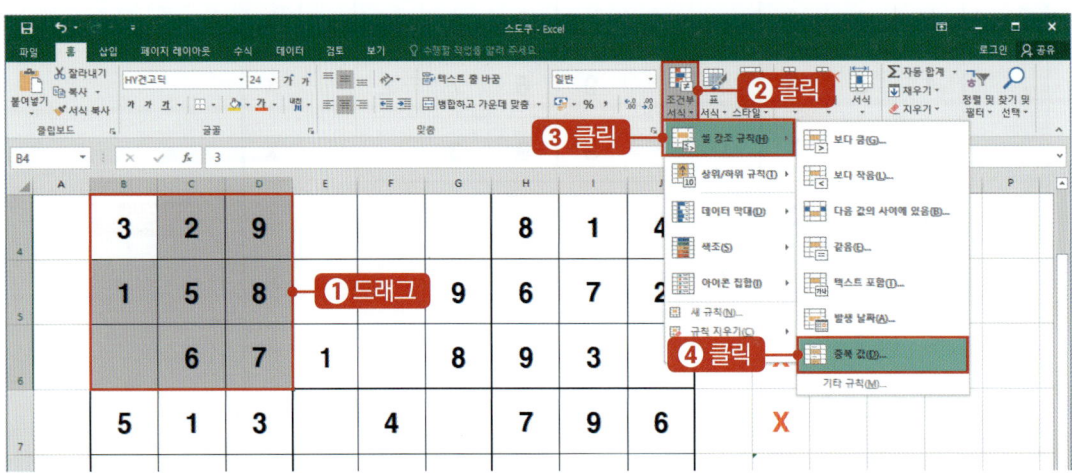

2 [중복 값] 대화상자가 실행되면 적용할 서식을 '사용자 지정 서식'으로 선택합니다. 그 다음 [셀 서식] 대화상자에서 글꼴 색을 '빨강'으로 설정하고 [확인]을 클릭합니다.

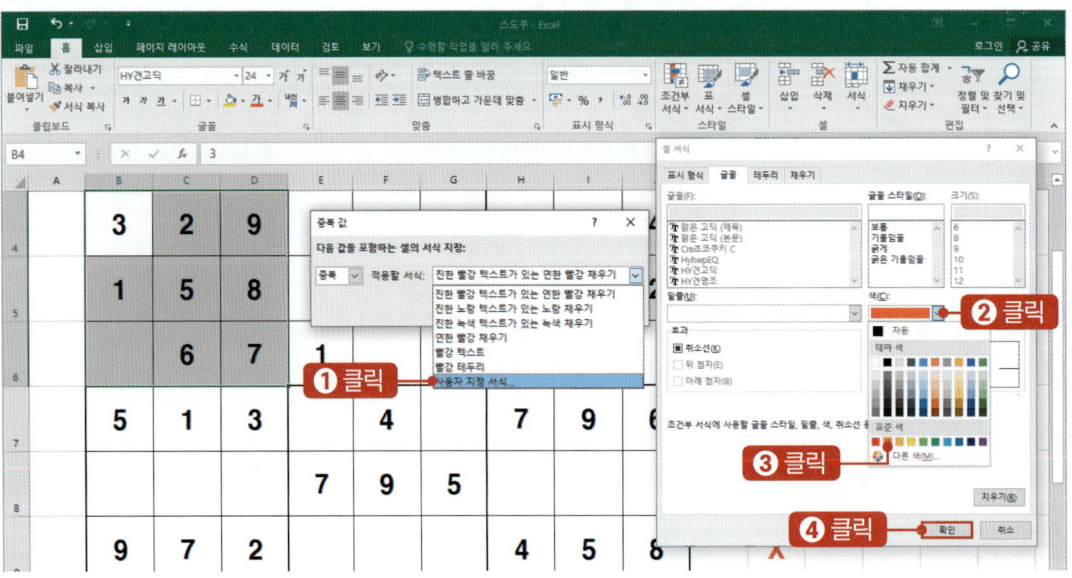

3 **1** ~ **2** 와 같은 방법으로 [E4:G6], [H4:J6], [B7:D9], [E7:G9], [H7:J9], [B10:D12], [E10:G12], [H10:J12] 영역에 조건부 서식을 설정합니다.

실력 쑥쑥! 창의력 쑥쑥!

1 데이터를 입력하고 IF 함수와 SUM 함수를 사용하여 의무 봉사시간과 할당량을 계산하고 조건부 서식을 이용하여 다음과 같은 봉사 시간 진행 현황표를 완성해 보세요.

예제파일 - 완성파일 봉사시간(완성).xlsx

① WordArt : '그라데이션 채우기 – 파랑, 강조 1, 반사' 삽입
② [F6] 수식 : '=IF(C6<=3,5,10)'
③ [G6] 수식 : '=IF(SUM(D6:E6)-F6)=0,"완료","진행중")'
④ [F6] 표시 형식 : '0"시""간"'
⑤ [B6:G15] 드래그 후
 [조건부 삽입]-[새 규칙]
  ▶ 수식을 사용하여 서식을 저장할 셀 결정] - '다음 수식이 참인 값의 서식 지정'의 입력칸에 '=$G6="진행중"' 입력
 조건 : 글꼴 색(파랑), 기울임꼴
⑥ 글꼴, 글꼴 크기, 채우기 색, 맞춤, 테두리, 행 높이, 열 너비 등의 서식 임의 지정

2 데이터를 입력하고 IF 함수를 사용하여 시험결과를 계산하고 조건부 서식을 이용하여 다음과 같은 영어 쪽지 시험 결과표를 완성해 보세요.

예제파일 - 완성파일 영어시험(완성).xlsx

① WordArt : '황금색, 강조 4, 부드러운 입체' 삽입
② [G5] 수식 : '=IF(F5)=80,"통과","재시험")'
③ [F5] 표시 형식 : 'G표준"점"'
④ [B6:G12] 드래그 후
 [조건부 삽입]-[새 규칙]
  ▶ 수식을 사용하여 서식을 저장할 셀 결정] - '다음 수식이 참인 값의 서식 지정'의 입력칸에 '=$G5="재시험"' 입력
 조건 : 글꼴 색(주황), 기울임꼴, 채우기 색(임의 지정)
⑤ 글꼴, 글꼴 크기, 채우기 색, 맞춤, 테두리, 행 높이, 열 너비 등의 서식 임의 지정

CHAPTER 14

용돈 기입장 만들기

오늘의 미션
- 데이터를 입력하고 서식 설정하기
- CONCATENATE 함수로 텍스트 조인하기

들어오는 돈과 나가는 돈을 입력하면 자동으로 계산하는 용돈 기입장을 활용하면 용돈 관리가 편리합니다. 이번 시간에는 엑셀 프로그램의 함수를 이용하여 잔액과 총 수입, 총 지출을 자동으로 계산하는 용돈 기입장을 만들어 봅시다.

작품 미리보기

예제파일 용돈1~4.png　　**완성파일** 용돈기입장(완성).xlsx

용돈 기입장

날짜	내용	수입	지출	잔고
10월 01일	용돈	40,000		40,000
	떡볶이		3,000	37,000
10월 03일	심부름	1,500		38,500
	아이스티		1,500	37,000
10월 05일	할머니께서 주신 용돈	10,000		47,000
10월 08일	사탕		500	46,500
	머리띠		2,000	44,500
	설거지	1,000		45,500
10월 10일	캐릭터 볼펜		1,000	44,500
10월 12일	스티커		2,000	42,500
	아이스크림		500	42,000
10월 15일	캐릭터 노트		3,000	39,000

이번 달 총수입 : 52500원

이번 달 총지출 : 13500원

총 잔액 : 39000원

데이터를 입력하고 서식 설정하기

데이터를 입력하고 글꼴, 채우기 색, 테두리, 표시 형식 등의 서식을 설정합니다.

① Microsoft Office Excel 2016을 실행하여 [Sheet1] 시트에 다음과 같은 데이터를 입력하고 글꼴 '돋움'과 [가운데 맞춤]을 설정합니다. 그리고 [B7:F7]은 채우기 색을 '녹색, 강조 6, 80% 더 밝게'로 설정한 후 열 너비와 행 높이를 적절히 조정합니다.

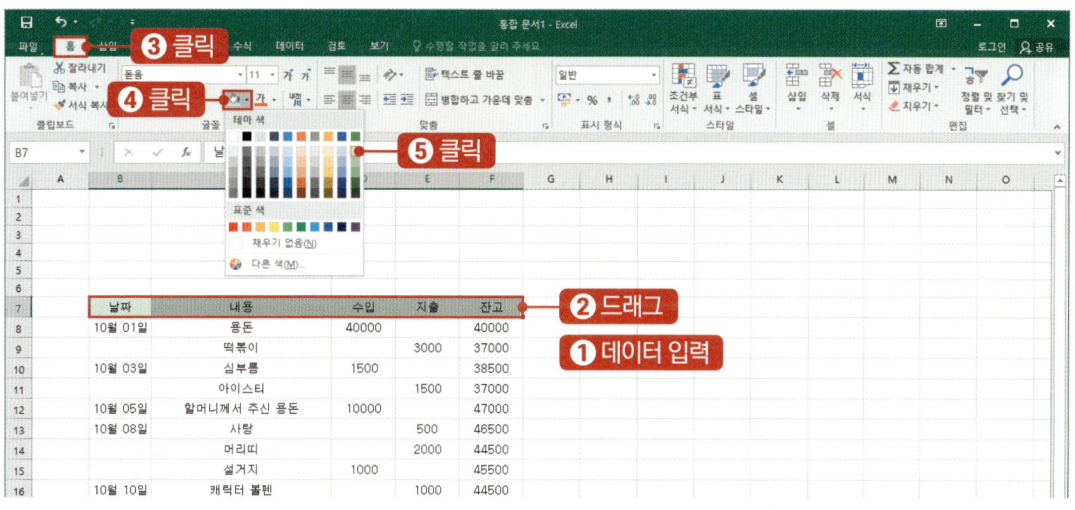

② [D8:D19]의 글꼴 색을 '파랑', [E8:E19]의 글꼴 색을 '빨강'으로 설정합니다.

③ [B7:F7], [B8:F9], [B10:F11], [B12:F12], [B13:F15], [B16:F16], [B17:F18], [B19:F19]를 각각 드래그하여 영역을 지정한 후 [모든 테두리]를 설정한 다음, [셀 서식] 대화상자를 실행하여 [테두리] 탭의 선 스타일을 '점선'으로 '가로 가운데'를 설정하고 [확인]을 클릭합니다.

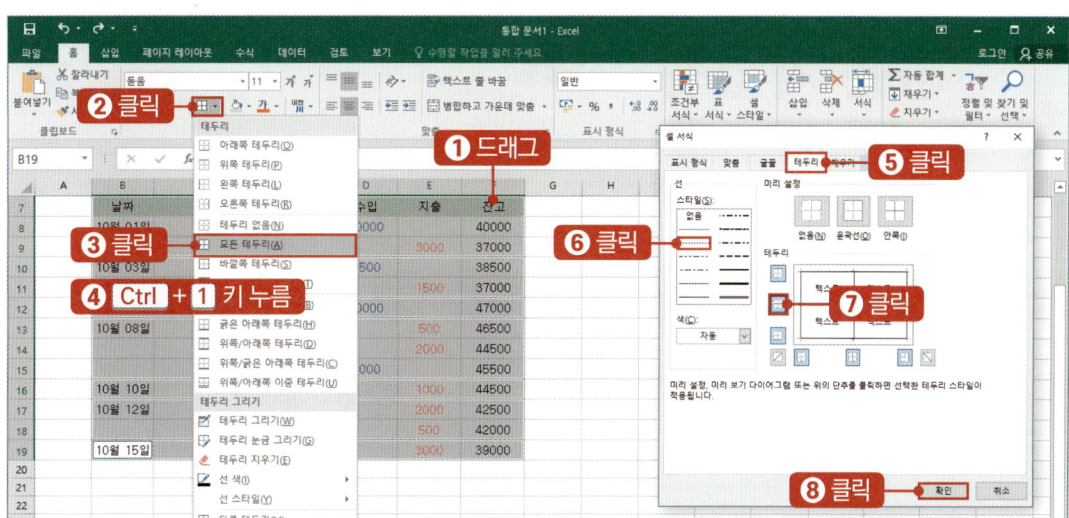

CHAPTER 14 - **용돈 기입장 만들기**

④ [D8:F19]를 드래그하여 영역을 지정한 후 [홈] 탭의 [표시 형식] 그룹에서 [쉼표 스타일]을 클릭합니다.

⑤ [삽입] 탭의 [WordArt]를 클릭하고 '무늬 채우기 – 청회색, 텍스트 2, 어두운 상향 대각선, 진한 그림자 – 텍스트 2'를 선택하여 WordArt를 삽입하고 '용돈 기입장'을 입력합니다.

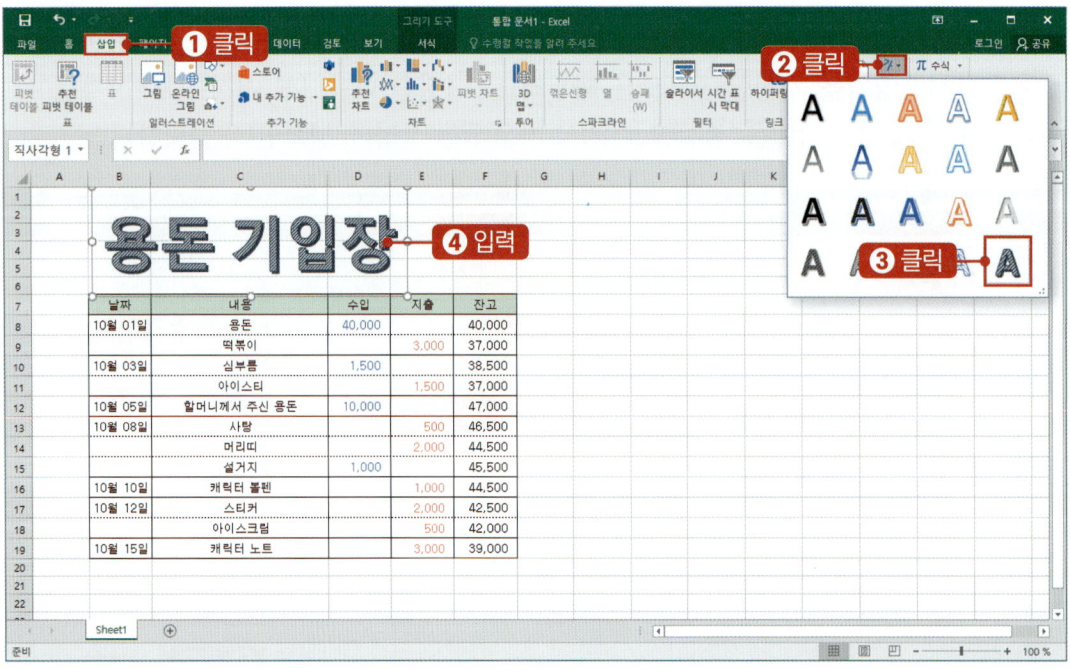

CONCATENATE 함수로 텍스트 조인하기

CONCATENATE 함수를 이용하여 텍스트를 조인합니다.

① [H8:H9], [H11:H12], [H14:H15]를 각각 드래그하여 영역을 지정한 후 [병합하고 가운데 맞춤]과 [굵은 바깥쪽 테두리]를 설정합니다. 그리고 [H]의 열 너비를 적절히 조절합니다.

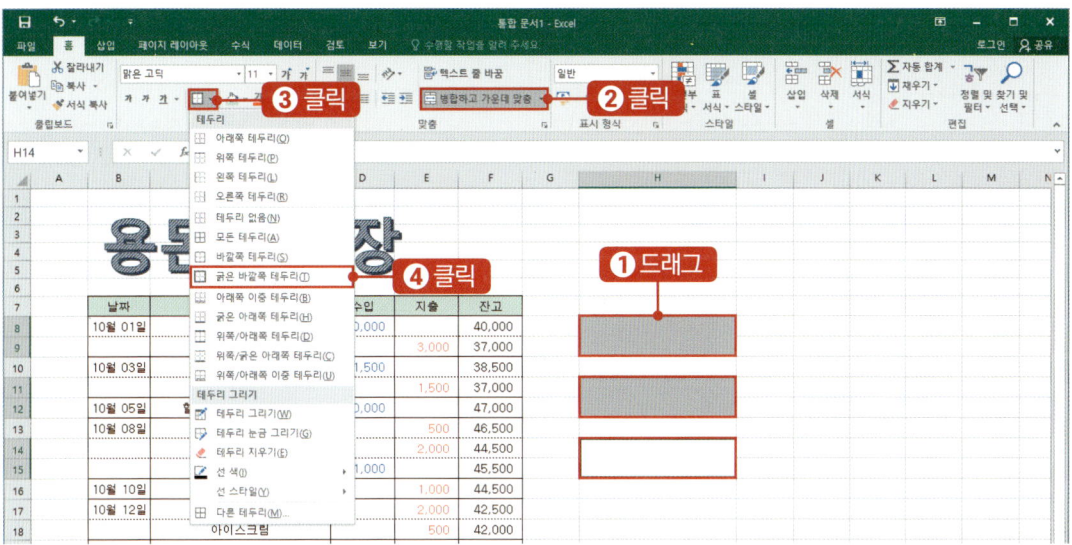

② [H8]을 클릭한 다음 [수식] 탭의 [함수 라이브러리] 그룹에서 [텍스트]의 [CONCATENATE] 함수를 클릭합니다. [함수 인수] 대화상자가 실행되면 Text1의 입력칸에 '"이번 달 총 수입 : "'를 입력하고, Text2의 입력칸에 'SUM(D8:D19)', Text3의 입력칸에 '"원"'을 입력하고 [확인]을 클릭합니다.

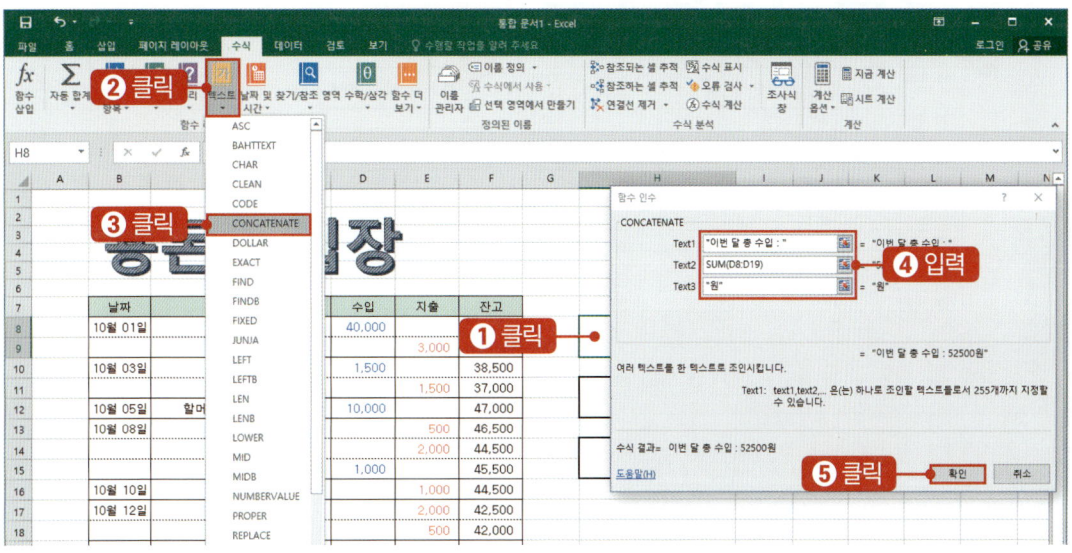

3 **2** 와 같은 방법으로 [H11], [H14]에도 'CONCATENATE' 함수를 이용하여 수식을 입력합니다.

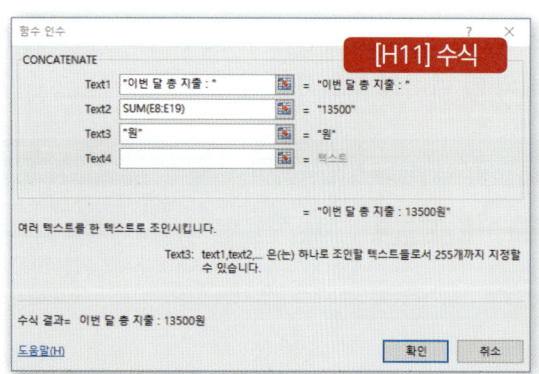
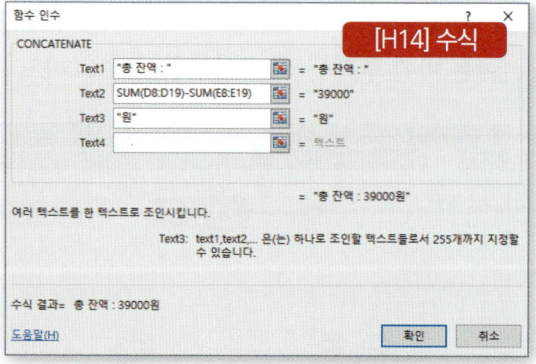

 'Text2'의 입력칸에 수식을 입력할 때 [함수 추가]를 이용하면 쉽게 입력할 수 있어요.

4 '용돈1~4.png' 그림을 삽입합니다.

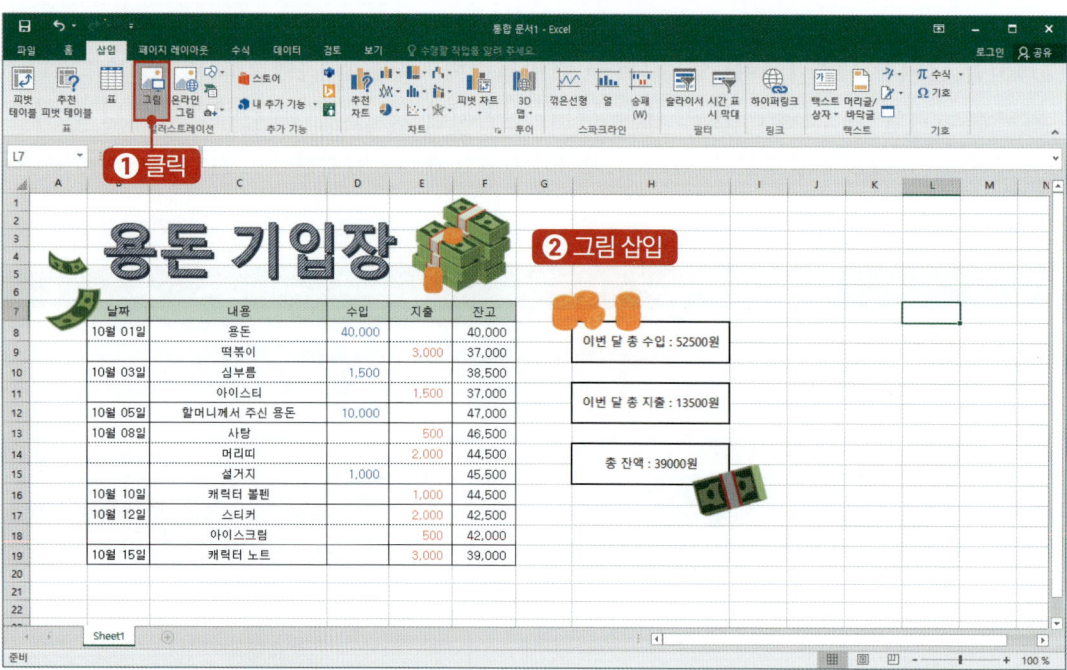

실력 쑥쑥! 창의력 쑥쑥!

1 총점(독서 권수 결석 횟수+(상장×2점))과 결과(총점이 10 이상이면 우수학생)를 함수를 이용해 계산하고 'CONCATENATE' 함수를 이용하여 우수 학생의 수를 계산하여 다음과 같은 독서 캠프 현황표를 완성해 보세요.

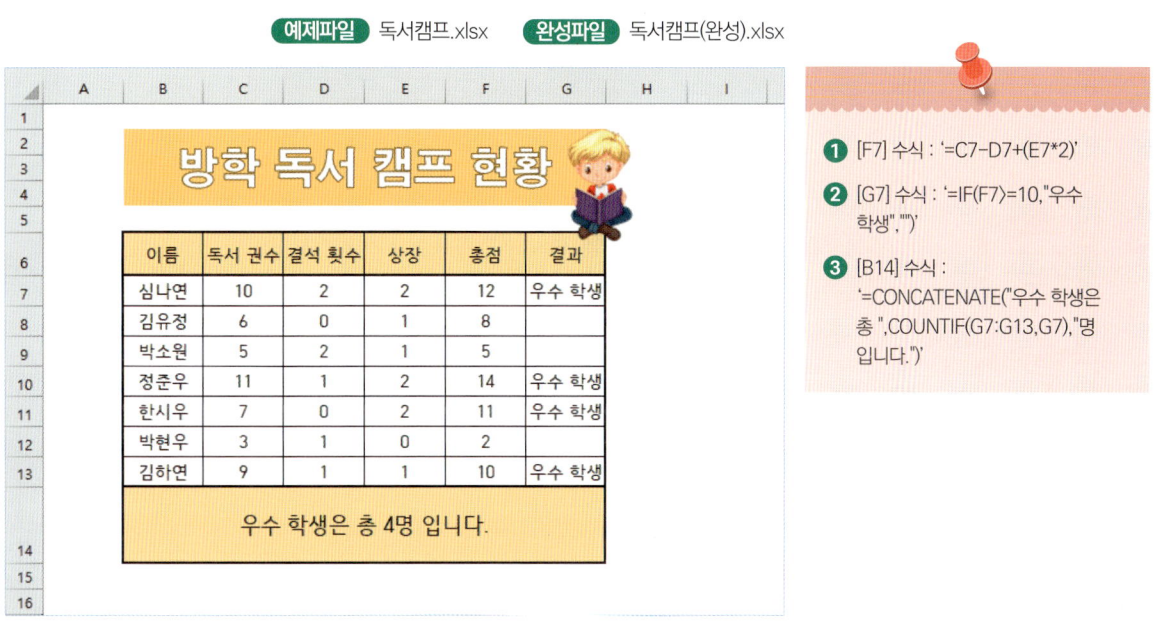

- ① [F7] 수식 : '=C7-D7+(E7*2)'
- ② [G7] 수식 : '=IF(F7>=10,"우수 학생","")'
- ③ [B14] 수식 : '=CONCATENATE("우수 학생은 총 ",COUNTIF(G7:G13,G7),"명 입니다.")'

2 평균이 80점 이상이면 합격을 알리도록 'CONCATENATE' 함수를 이용하여 다음과 같은 합격 결과 발표를 완성해 보세요.

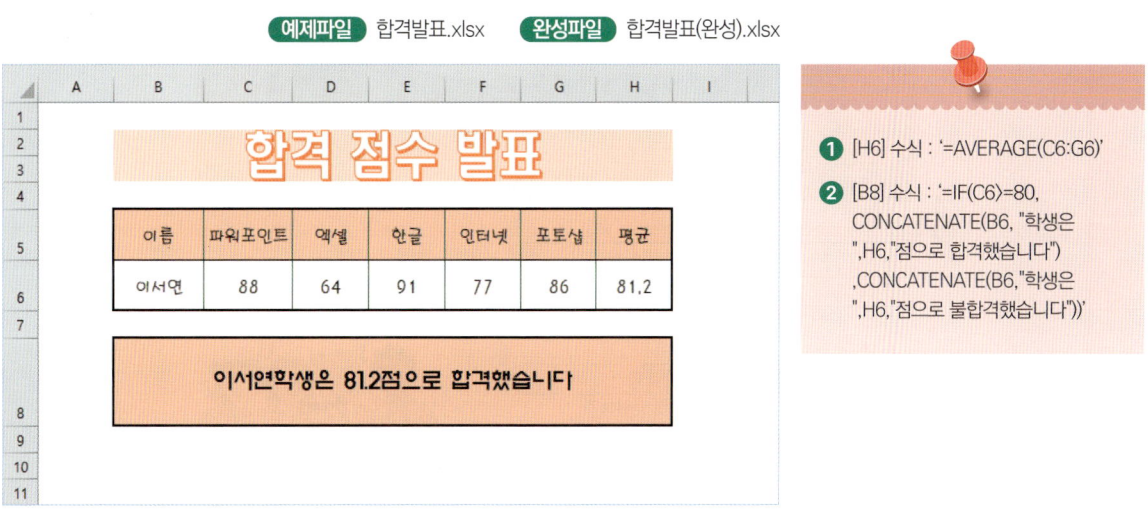

- ① [H6] 수식 : '=AVERAGE(C6:G6)'
- ② [B8] 수식 : '=IF(C6>=80,CONCATENATE(B6,"학생은 ",H6,"점으로 합격했습니다"),CONCATENATE(B6,"학생은 ",H6,"점으로 불합격했습니다"))'

CHAPTER 15 일정표 만들기

오늘의 미션
- 도형을 삽입하고 도형 스타일 설정하기
- 셀 서식 설정하기
- TODAY 함수로 남은 일수 계산하기

일정 기간 동안에 해야 할 일을 계획하여 기록한 서식을 일정표라고 합니다. 일정표를 작성하면 계획적이고 효율적으로 처리할 수 있습니다. 이번 시간에는 장기자랑 공연을 준비하는 일정표를 엑셀 프로그램의 함수를 이용하여 만들어 봅시다.

 **작품 미리보기**

예제파일 공연1~3.png   **완성파일** 공연준비(완성).xlsx

날짜	장기자랑 공연 준비 일정
D-24	노래 정하기
D-23	노래 개인 연습하기
D-18	안무 정하기
D-17	안무 개인 연습하기
D-12	노래와 안무 함께 맞춰보기
D-4	소품 준비하기
D-1	최종 연습하기

공연 날짜	2020-12-30
남은 일 수	48

도형을 삽입하고 도형 스타일 설정하기

도형을 삽입한 후 도형 스타일을 설정합니다.

1 Microsoft Office Excel 2016을 실행한 후 '공연1.png' 그림을 삽입합니다.

2 [삽입] 탭의 [일러스트레이션] 그룹에서 [도형]을 클릭하고 사각형의 '직사각형'을 클릭한 다음 드래그하여 도형을 삽입합니다.

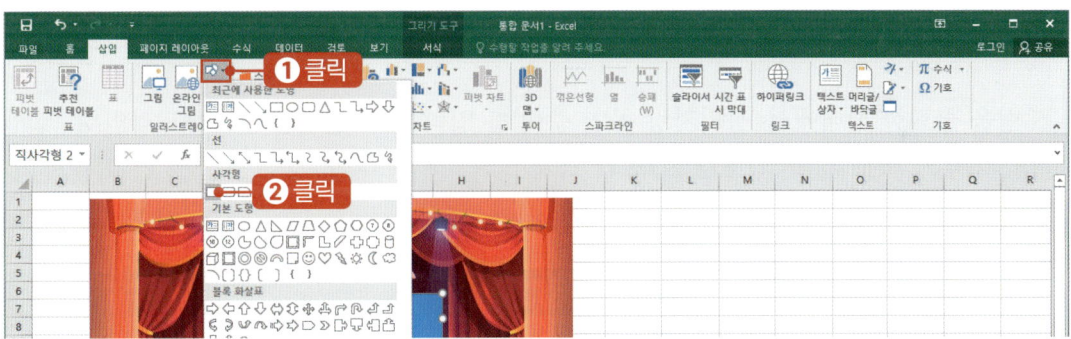

3 삽입한 '직사각형' 도형을 선택한 후 [그리기 도구] - [서식] 탭의 [도형 스타일] 그룹에서 [도형 채우기]를 클릭한 후 테마 색의 '주황, 강조 2, 80% 더 밝게'를 선택합니다.

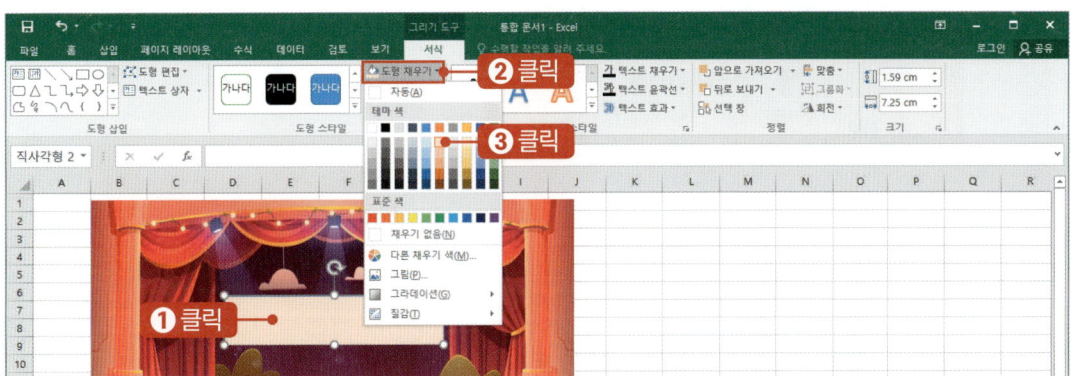

CHAPTER 15 - 일정표 만들기

④ [그리기 도구] - [서식] 탭의 [도형 스타일] 그룹에서 [도형 효과]를 클릭하고 [부드러운 가장자리]의 '5 포인트'를 클릭합니다.

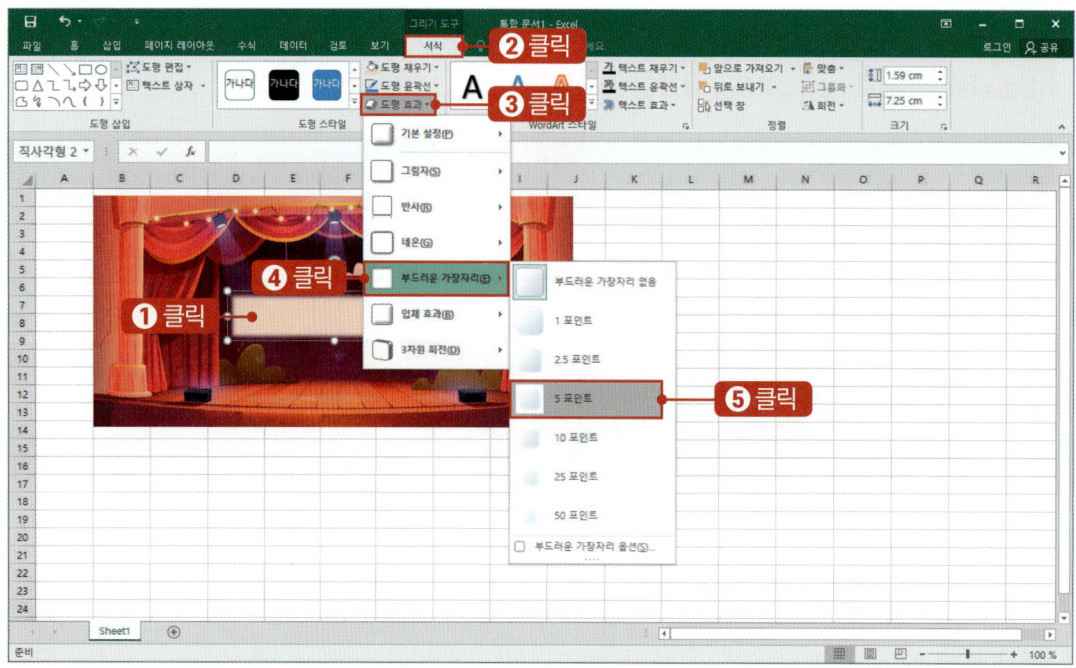

⑤ 도형을 클릭한 상태에서 '장기자랑 공연 준비'를 입력한 후 글꼴을 'HY헤드라인M', 글꼴 크기 '18', 채우기 색을 '주황, 강조 2, 80% 더 밝게', 글꼴 색을 '주황, 강조 2, 25% 더 어둡게', [가운데 맞춤]으로 설정합니다.

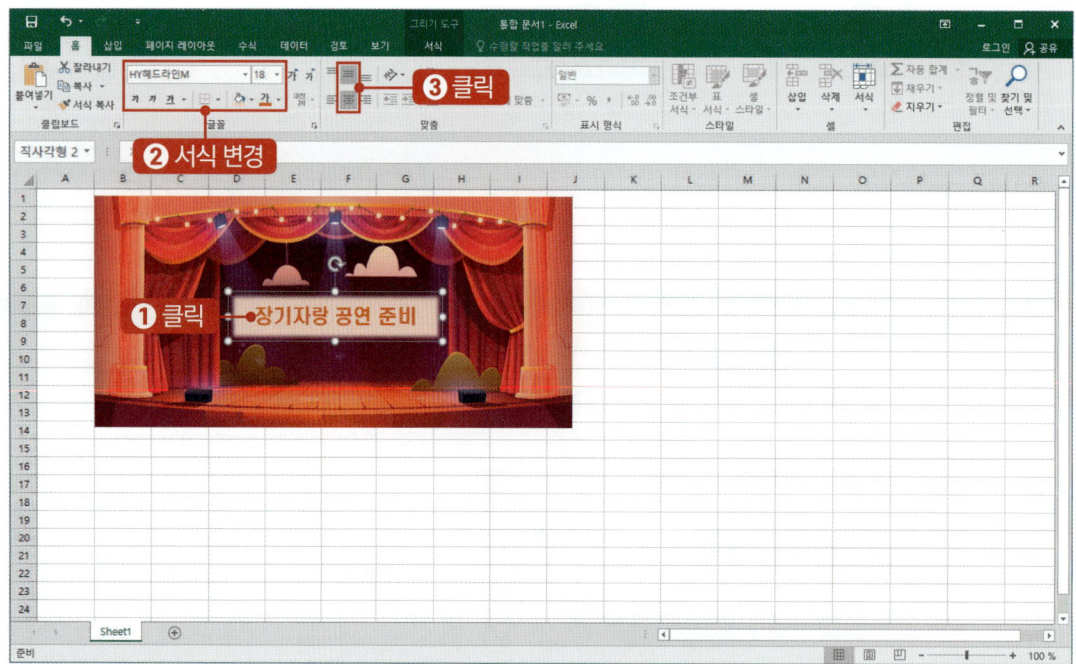

셀 서식 설정하기

채우기 색과 테두리 등의 서식을 설정합니다.

1. 데이터를 입력한 후 [C16:F16], [C17:F17] … [C22:F22], [C23:F23]을 각각 드래그하여 영역을 지정한 후 [병합하고 가운데 맞춤]을 클릭합니다. 그 다음 [B16:F16], [H17:H18]을 각각 드래그하여 영역을 지정한 후 채우기 색을 '주황, 강조, 2 80% 더 밝게'로 설정하고 열 너비와 행 높이를 적절히 조절합니다.

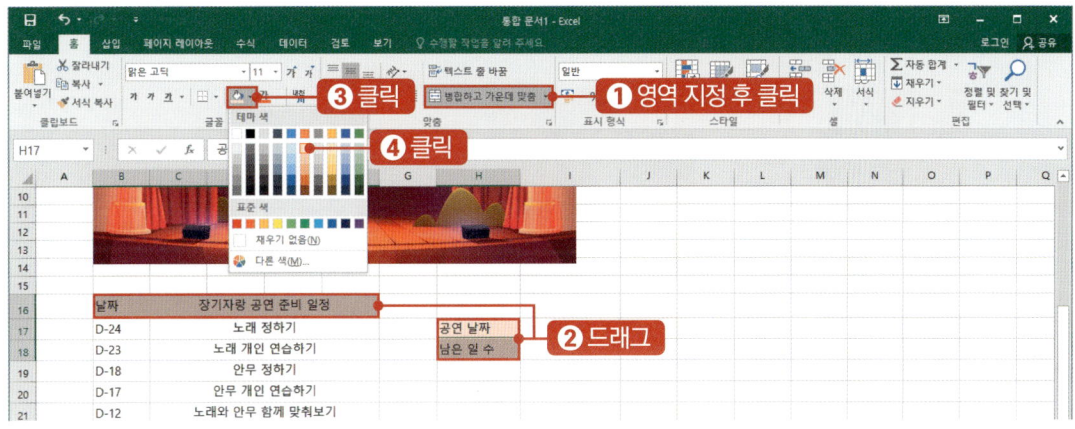

2. [B16:B23], [H17:I18]을 드래그하여 영역을 지정하고 [가운데 맞춤]을 클릭합니다.

3. [B16:C23], [H17:I18]을 드래그하여 영역을 지정하고 [모든 테두리]를 설정합니다. 그 다음 [셀 서식]을 실행하여 [테두리] 탭에서 선 스타일의 '없음'을 클릭하여 '왼쪽'과 '오른쪽'을 클릭한 후 [확인]을 클릭하고, 다시 [셀 서식]을 실행하여 [테두리] 탭에서 선 스타일의 '굵은 실선'을 클릭하여 '위쪽'과 '아래쪽'을 클릭한 후 [확인]을 클릭합니다.

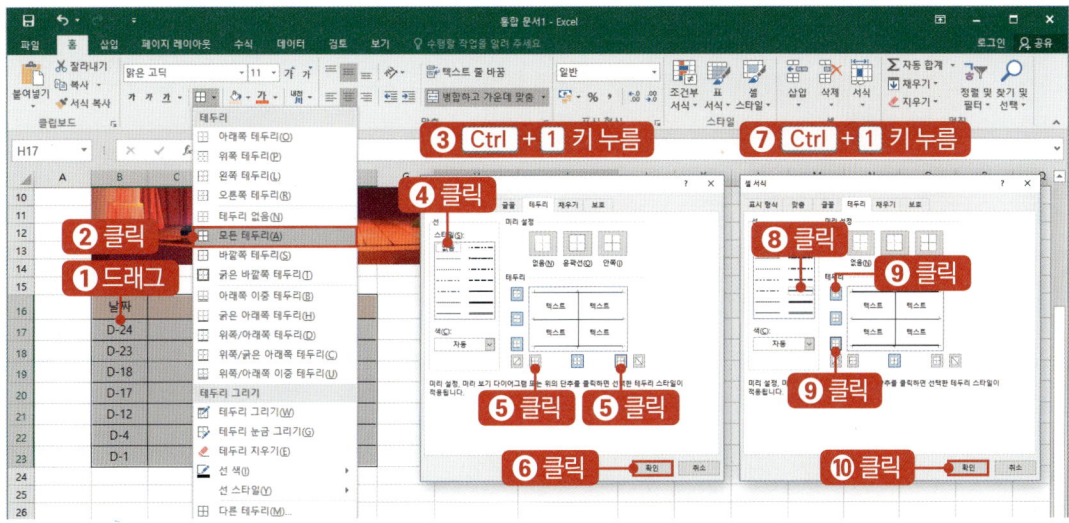

CHAPTER 15 - 일정표 만들기

03 TODAY 함수로 남은 일수 계산하기

공연 날짜에서 오늘 날짜를 빼 남은 일 수를 계산합니다.

1 [I18]을 클릭한 후 '=I17-'을 입력한 후 [수식] 탭의 [함수 라이브러리] 그룹에서 [날짜 및 시간]의 [TODAY]를 클릭한 후 [함수 인수] 대화상자가 실행되면 [확인] 단추를 클릭합니다.

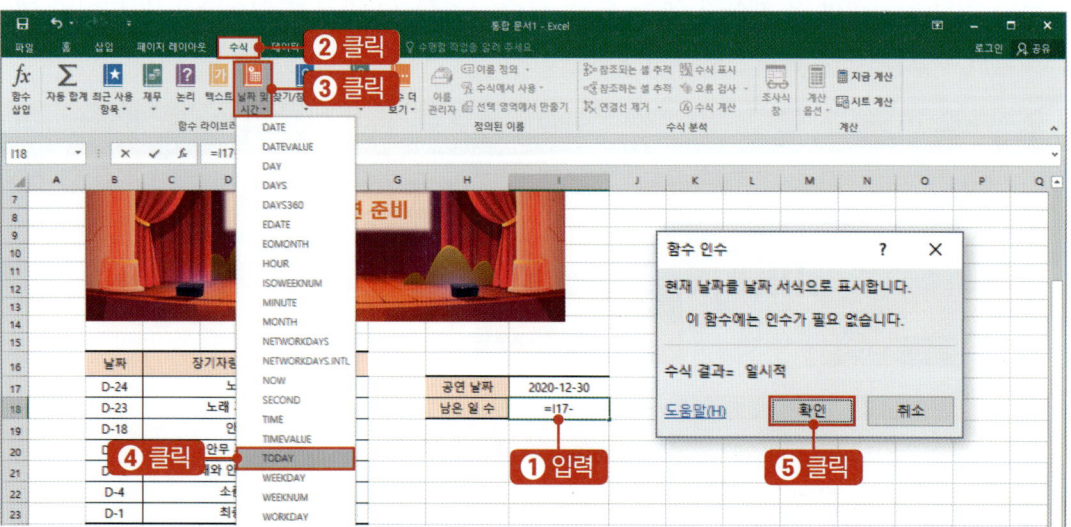

TIP [I18] 셀의 표시 형식은 '일반'이어야 정확한 값을 확인할 수 있어요.

2 '공연2~3.png' 그림을 삽입한 후 크기와 위치를 조절합니다.

실력 쑥쑥! 창의력 쑥쑥!

1 나와 친한 친구의 생일을 입력하고 남은 일을 계산하여 다음과 같은 친구 생일 파티 준비표를 완성해 보세요.

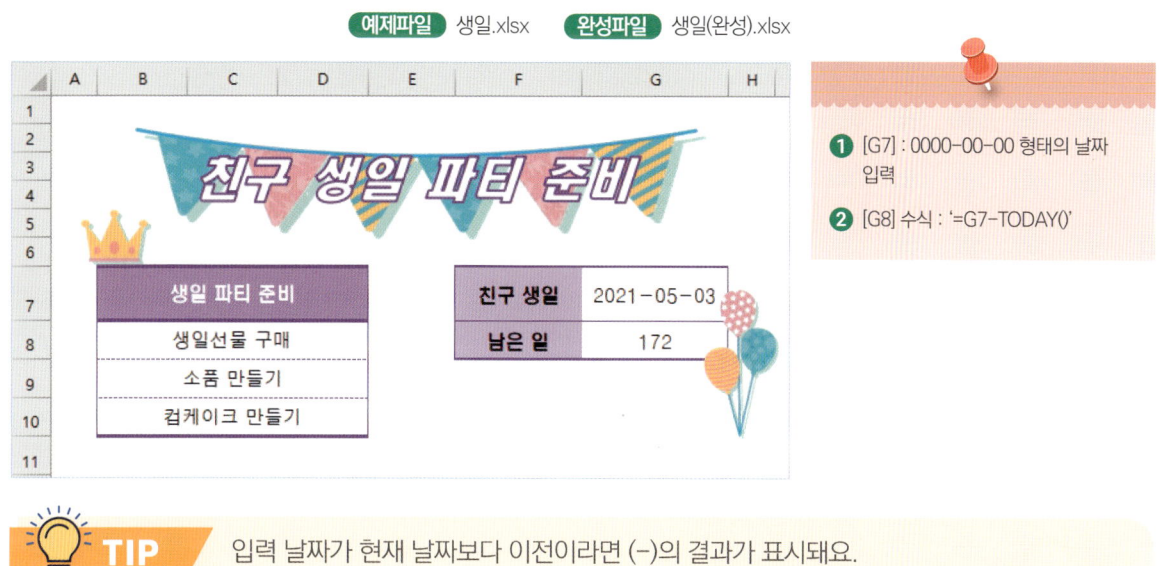

예제파일 생일.xlsx 완성파일 생일(완성).xlsx

① [G7] : 0000-00-00 형태의 날짜 입력
② [G8] 수식 : '=G7-TODAY()'

TIP 입력 날짜가 현재 날짜보다 이전이라면 (-)의 결과가 표시돼요.

2 다가올 크리스마스의 남은 일을 계산하여 다음과 같은 크리스마스 홈파티 준비표를 완성해 보세요.

예제파일 크리스마스.xlsx 완성파일 크리스마스(완성).xlsx

① [G14] 수식 : '=G13-TODAY()'

선거 결과 확인하기

CHAPTER 16

오늘의 미션
- RANK 함수로 순위 구하기
- 조건부 서식으로 당선 표시하기
- 원형 차트 만들기

일정한 조직 또는 집단의 구성원들이 대표자나 임원을 자유 의사로 선출하는 것을 **선거**라고 합니다. 선거가 끝나면 당선인을 확인할 수 있습니다. 이번 시간에는 엑셀 프로그램의 함수를 이용하여 선거 득표수에 따라 당선인을 확인하고 결과를 원형 차트로 만들어 봅시다.

 작품 미리보기

예제파일 반장선거.xlsx, 투표.png   **완성파일** 반장선거(완성).xlsx

우리반 반장선거

이름	득표수	순위	당선
박슬기	4표	4위	
이소현	10표	1위	🚩
강태하	3표	5위	
김미서	5표	3위	
장우진	8표	2위	

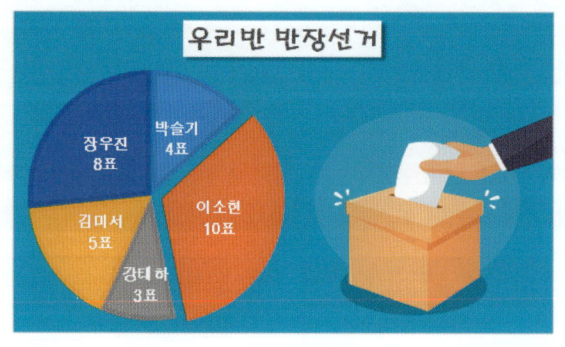

01 RANK 함수로 순위 구하기

RANK 함수를 이용하여 득표수의 양에 따른 순위를 계산합니다.

1 Microsoft Office Excel 2016을 실행하여 '반장선거.xlsx'파일을 불러옵니다. **[D4]**를 클릭한 후 **[수식]** 탭의 **[함수 라이브러리]** 그룹에서 **[함수 더 보기]**를 클릭하여 **[호환성]**의 **[RANK]**를 클릭한 다음 **[함수 인수]** 대화상자가 실행되면 Number의 입력칸에 'C4'를 입력하고 Ref의 입력칸에 '$C$4:$C$8를 입력하고 Order의 입력칸에 '0'를 입력하고 **[확인]**을 클릭합니다. 그 다음 **[E4]**를 클릭하고 '=D4'를 입력하고 Enter 를 누릅니다.

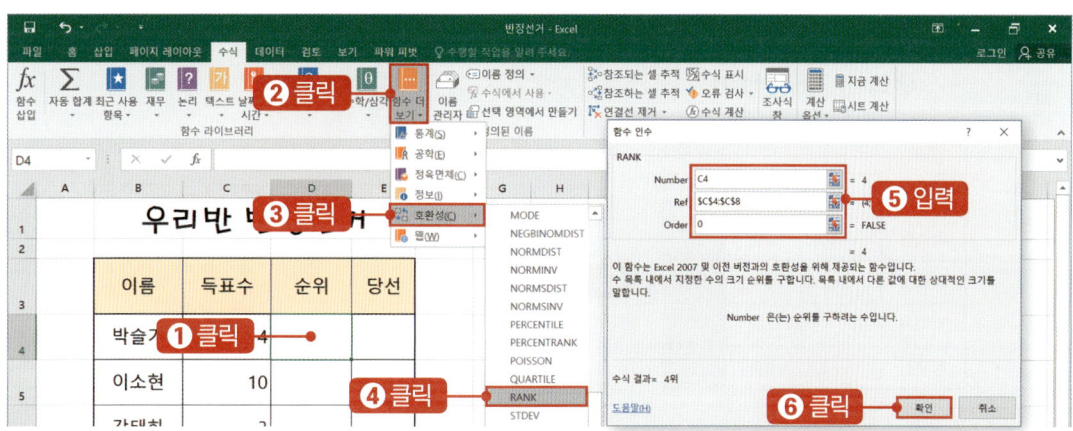

> **TIP** [F4] 키를 눌러 절대 참조 및 상대 참조를 쉽게 변경할 수 있어요.

2 [D4:E4]를 드래그 한 후 채우기 핸들을 [D8:E8]까지 드래그하여 자동 채우기를 합니다. 그 다음 자동 채우기 옵션을 클릭하여 **[서식 없이 채우기]**를 선택한 다음 [C4:C8]의 표시 형식을 '0"표"', [D4:D8]의 표시 형식을 '0"위"'로 변경하고 **[가운데 맞춤]**을 설정합니다.

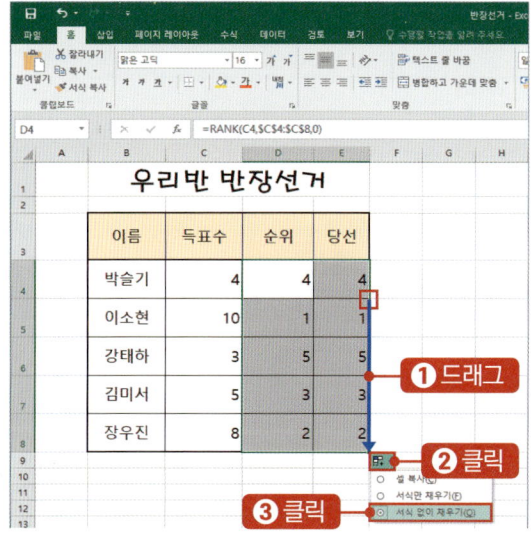
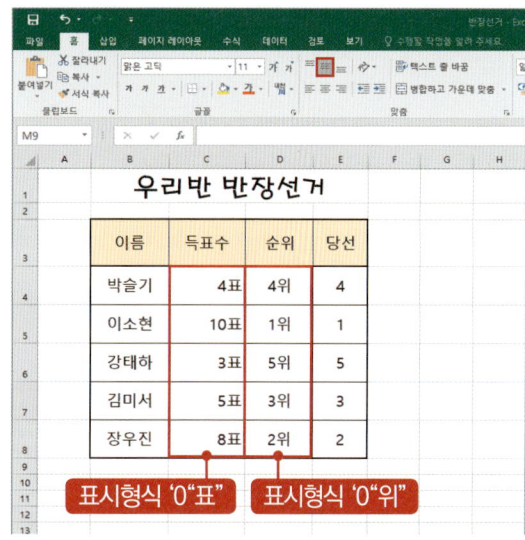

조건부 서식으로 당선 표시하기

조건부 서식의 아이콘 집합을 이용하여 당선인에게 아이콘을 표시합니다.

1 [E4:E8]를 드래그하여 영역을 지정한 후 [홈] 탭의 [스타일] 그룹에서 [조건부 서식]을 클릭하고 [아이콘 집합]의 [기타 규칙]을 클릭합니다.

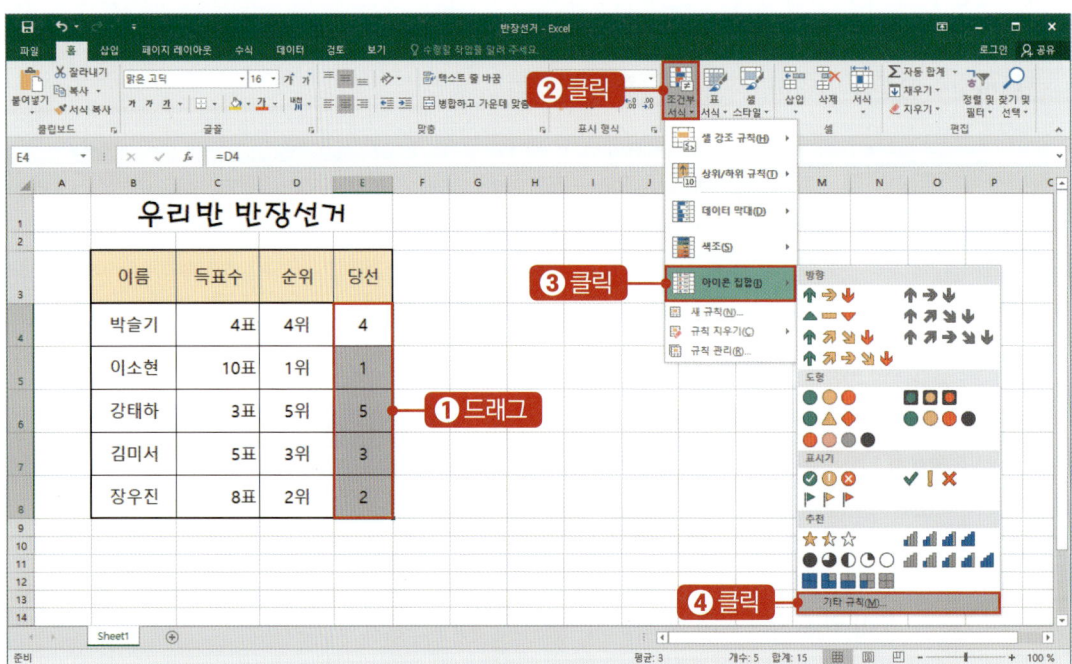

2 [새 서식 규칙] 대화상자에서 다음 규칙에 따라 각 아이콘 표시를 변경하고 [확인]을 클릭합니다.

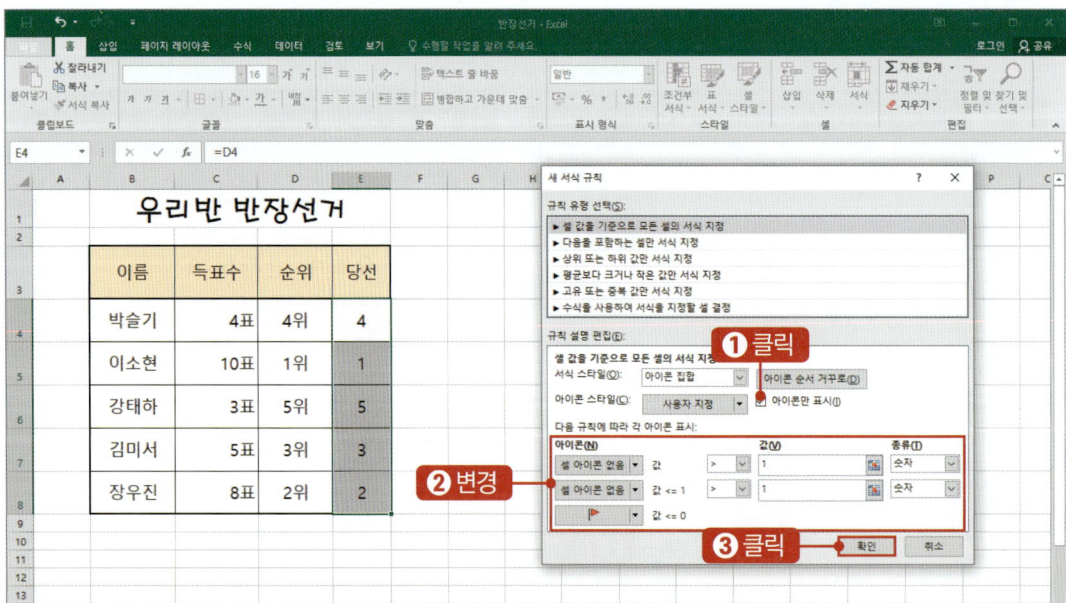

03 원형 차트 만들기

원형 차트를 삽입하여 득표수의 비율을 확인합니다.

① [B3:C8]을 드래그하여 영역을 지정한 후 [삽입] 탭의 [차트] 그룹에서 [원형 또는 도넛형 차트 삽입]의 [2차원 원형]을 클릭하여 차트를 삽입한 후 위치와 크기를 변경합니다.

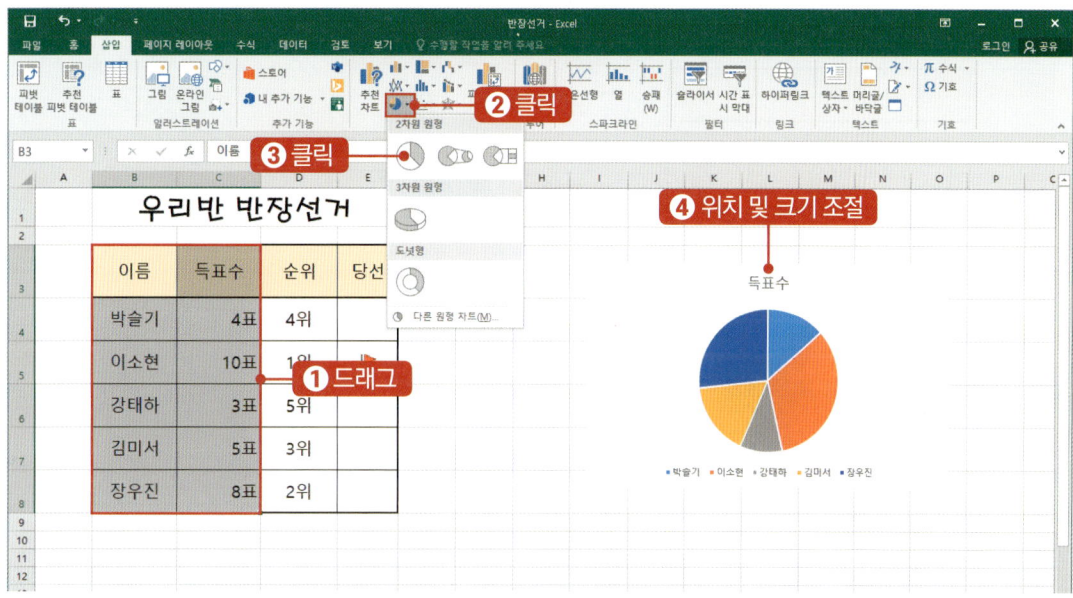

② [차트 도구] - [디자인] 탭의 [차트 스타일] 그룹에서 '스타일 8'로 설정한 후 차트 요소의 '범례' 설정 체크를 해제합니다.

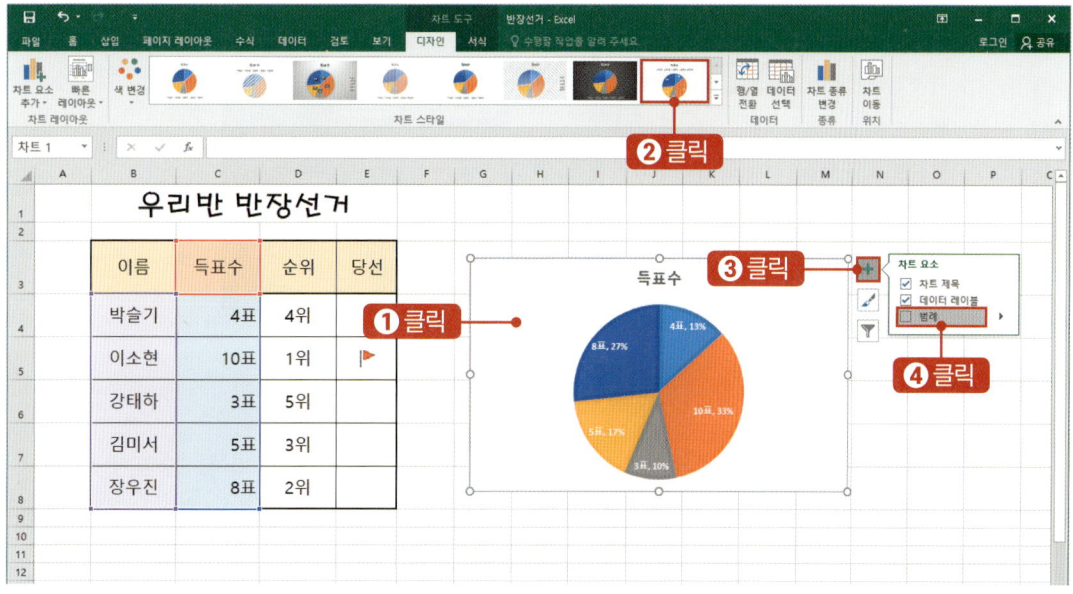

③ '데이터 레이블'을 클릭한 후 마우스 오른쪽 버튼을 클릭하여 [데이터 레이블 서식]을 클릭한 다음 레이블 옵션의 '항목 이름', '값'을 선택하고 구분 기호를 '줄 바꿈', 레이블 위치를 '가운데'로 설정합니다. 그 다음 글꼴 'HY중고딕', 글꼴 크기 '12pt'로 설정합니다.

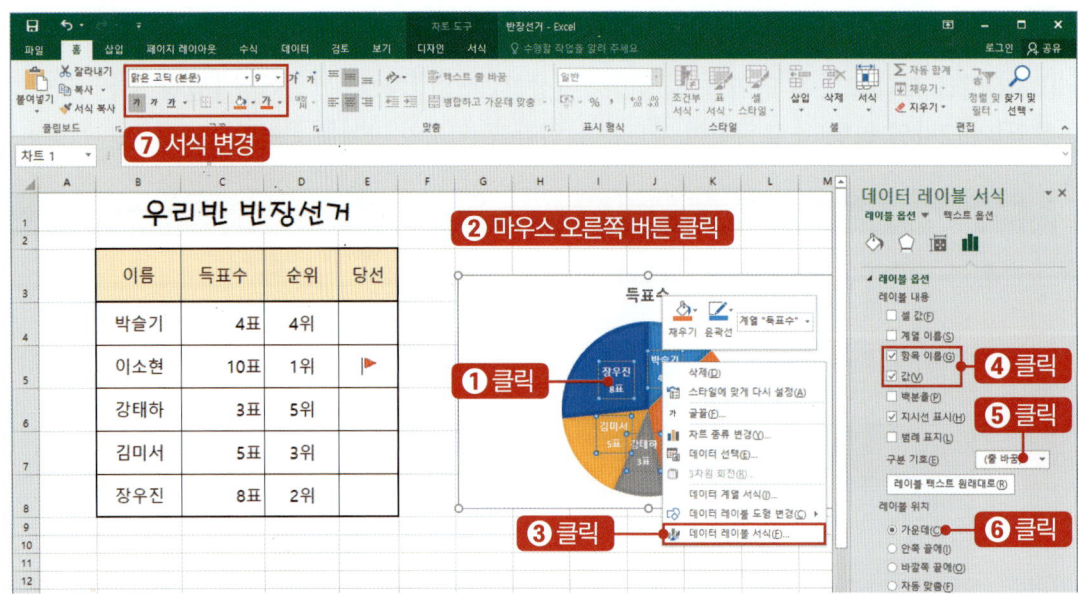

④ '그림 영역'을 드래그하여 차트의 위치를 이동한 후 '차트 영역'을 선택한 다음 [차트 도구] - [서식] 탭의 [도형 스타일] 그룹에서 [도형 채우기]의 [그림]을 클릭한 후 '투표.png' 그림을 선택합니다.

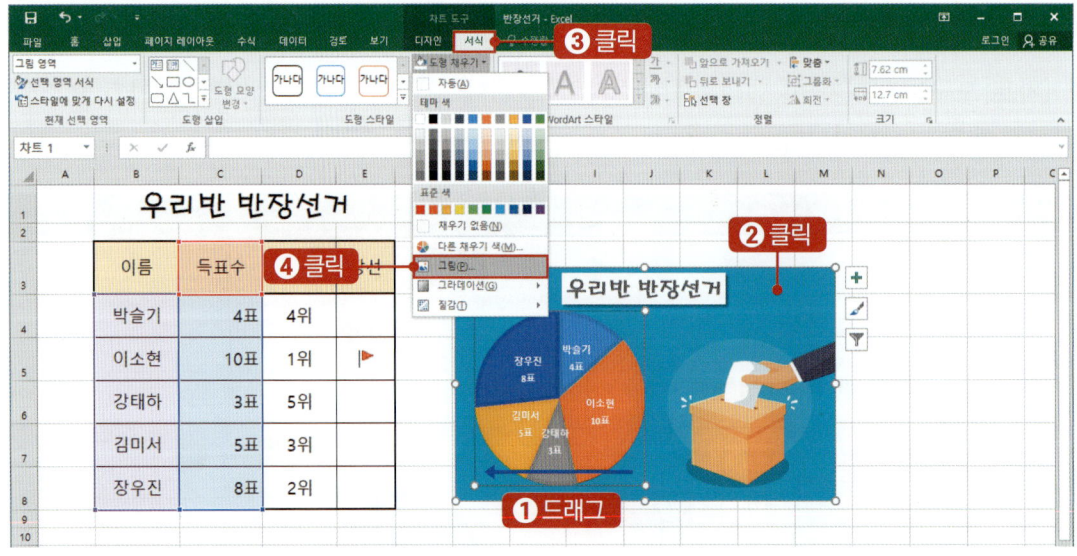

⑤ '차트 제목'을 클릭한 후 도형 채우기를 '흰색, 배경1', 도형 효과의 '그림자'를 '오프셋 대각선 오른쪽 아래', 글꼴을 'HY엽서M', 글꼴 크기를 '20pt', '굵게'로 설정한 다음 '이소현' 요소만 드래그하여 쪼개기 합니다.

실력 쑥쑥! 창의력 쑥쑥!

1 데이터를 입력하고 점수에 따라 순위를 계산하여 다음과 같은 체육대회 점수 순위표를 완성해 보세요.

예제파일 체육대회.png　　**완성파일** 체육대회(완성).xlsx

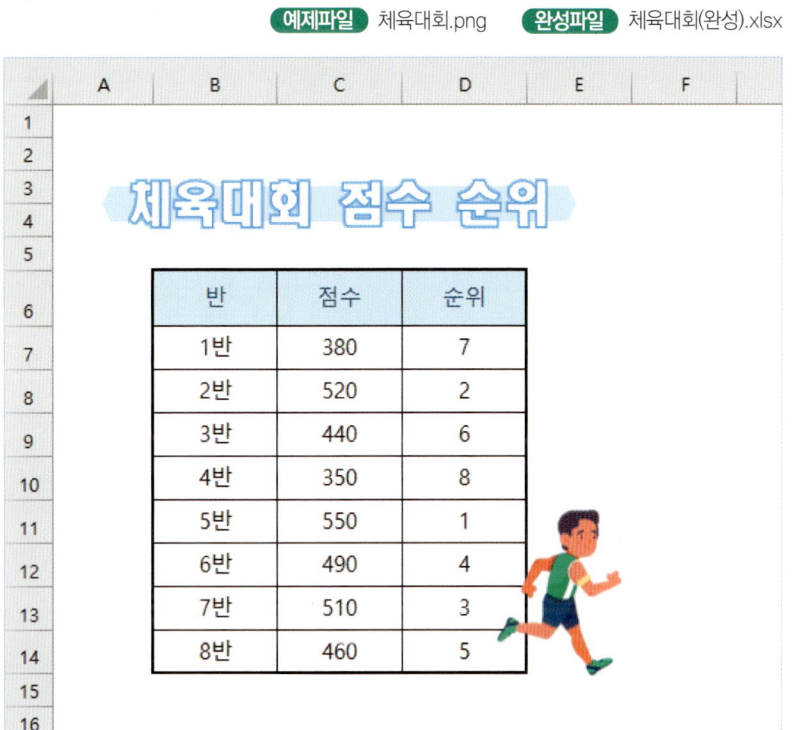

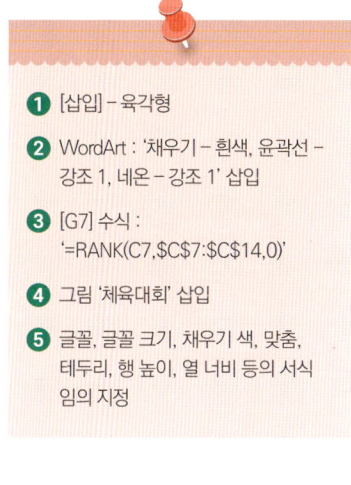

① [삽입] - 육각형
② WordArt : '채우기 - 흰색, 윤곽선 - 강조 1, 네온 - 강조 1' 삽입
③ [G7] 수식 : '=RANK(C7,$C$7:$C$14,0)'
④ 그림 '체육대회' 삽입
⑤ 글꼴, 글꼴 크기, 채우기 색, 맞춤, 테두리, 행 높이, 열 너비 등의 서식 임의 지정

2 데이터를 입력하고 원형 차트를 추가하여 다음과 같은 학생들의 등교 방법 차트를 완성해 보세요.

예제파일 도보.png, 버스.png, 자전거.png　　**완성파일** 등교방법(완성).xlsx

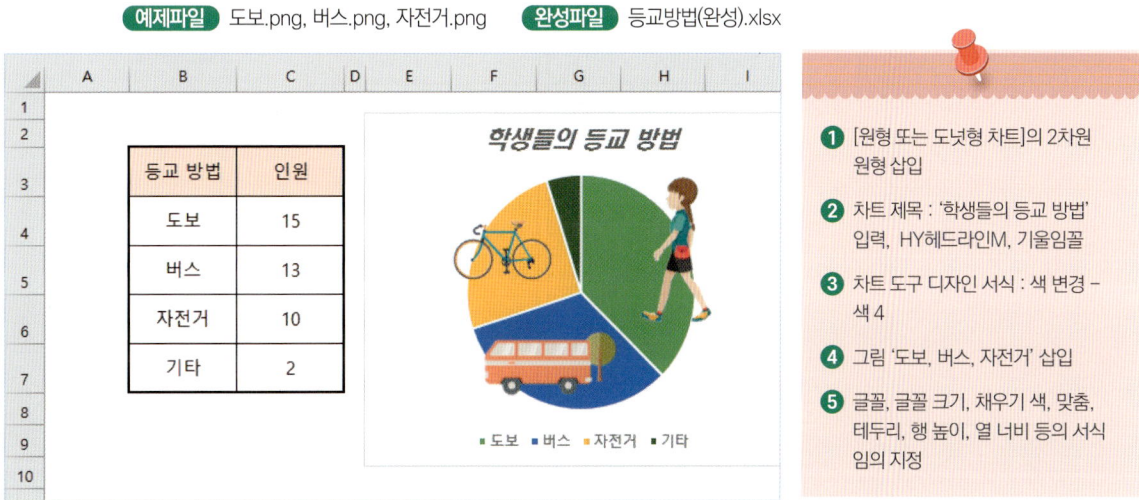

① [원형 또는 도넛형 차트]의 2차원 원형 삽입
② 차트 제목 : '학생들의 등교 방법' 입력, HY헤드라인M, 기울임꼴
③ 차트 도구 디자인 서식 : 색 변경 - 색 4
④ 그림 '도보, 버스, 자전거' 삽입
⑤ 글꼴, 글꼴 크기, 채우기 색, 맞춤, 테두리, 행 높이, 열 너비 등의 서식 임의 지정

체크 리스트 만들기

CHAPTER 17

오늘의 미션
- 기호 삽입 및 서식 설정하기
- 수식을 이용한 조건부 서식 설정하기
- 도형 및 그림 삽입하기

 목적 달성을 위해 일의 진행 상황과 진행 결과를 체크 리스트를 작성하여 확인합니다. 이번 시간에는 엑셀 프로그램의 조건부 서식을 이용하여 새 학기에 학교 갈 준비를 체크하는 체크 리스트를 만들어 봅시다.

작품 미리보기

예제파일 신학기 체크리스트.xlsx, 장식.png, 화살표.png   **완성파일** 신학기 체크리스트(완성).xlsx

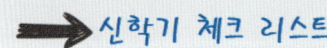

신학기 체크 리스트

✓해야 할일	완료	✓사야 할 항목	완료
배울 과목 교과서 알기		새 운동화	
학기 방과후 확인하기		가방	O
학교 준비물 확인하기		공책	O
반 배정표 확인하기	O	연필, 연필통, 지우개	
담임 선생님 전화번호 알기	O	연필깎이	
반 위치 확인하기		네임펜	
학교 시간표 확인하기	O	딱풀	
시력 검사하기		색종이	
학교 행사 확인하기		가위	
가정 통신문 확인하기	O	자	
급식표 확인하기		컴퍼스	
기상 알람 맞추기		투명 파일	O

01 기호 삽입 및 서식 설정하기

기호를 삽입한 후 채우기 색과 테두리를 설정합니다.

1. Microsoft Office Excel 2016을 실행하여 '신학기 체크리스트.xlsx'파일을 불러온 후 [B4]를 클릭하고 [수식 입력줄]에 입력되어 있는 '해야 할 일' 앞을 클릭하여 커서를 위치시킨 후 [삽입] 탭의 [기호]를 클릭하여 기호를 삽입합니다.

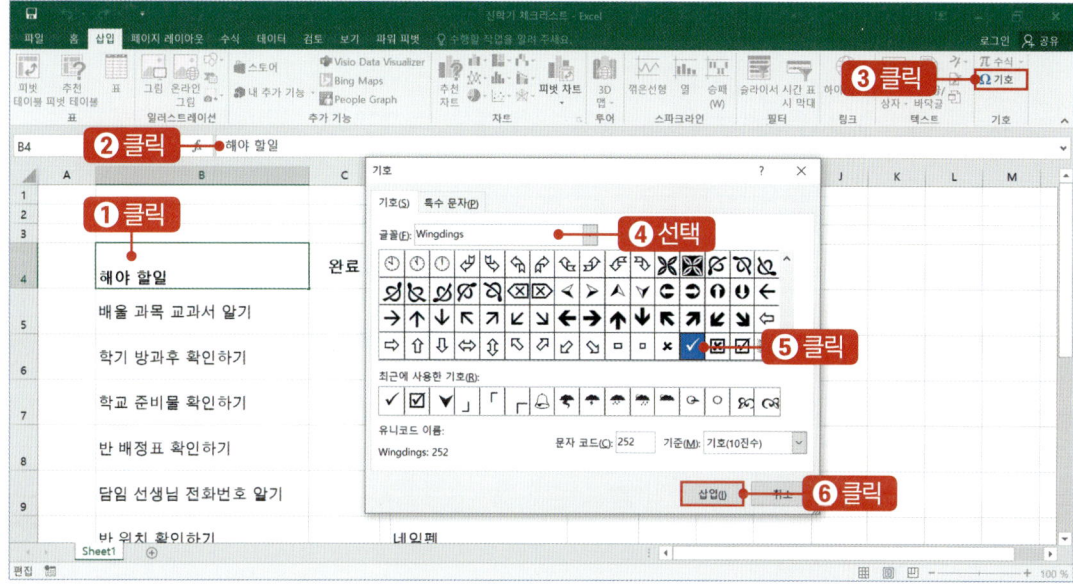

2. [B4:C4], [E4:F4]를 드래그하여 영역을 지정한 후 채우기 색을 '회색 – 25%, 배경 2, 10% 더 어둡게'로 설정하고 [B4:C16], [E4:F16]를 드래그하여 영역을 지정한 후 테두리를 [모든 테두리], [굵은 바깥쪽 테두리]로 설정합니다.

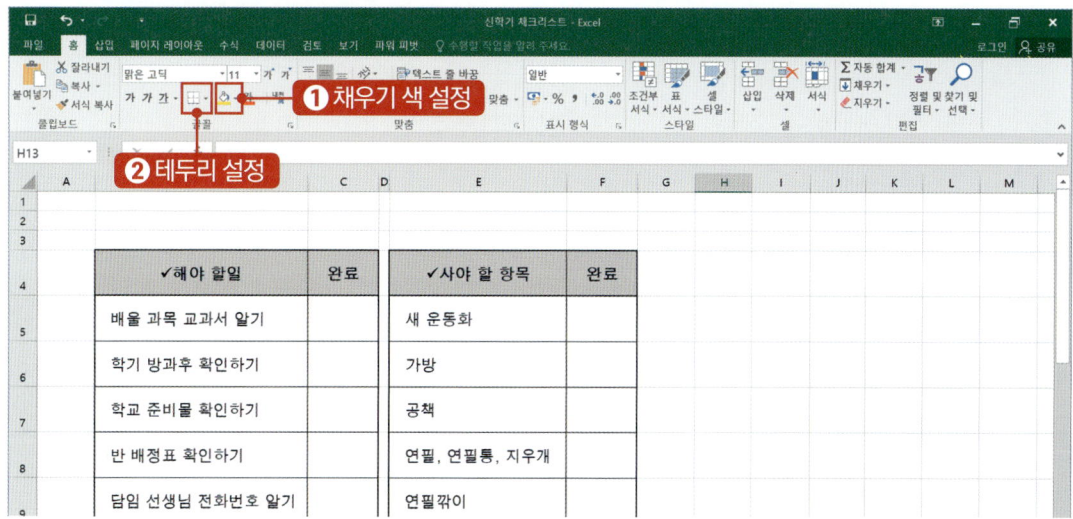

CHAPTER 17 - 체크 리스트 만들기

수식을 이용한 조건부 서식 설정하기

문자열의 개수를 구하는 함수를 이용한 조건부 서식을 설정합니다.

1 조건부 서식을 설정하기 위해 [B5:B16]을 드래그하여 영역을 지정한 후 [홈] 탭의 [스타일] 그룹에서 [조건부 서식]의 [새 규칙]을 클릭합니다.

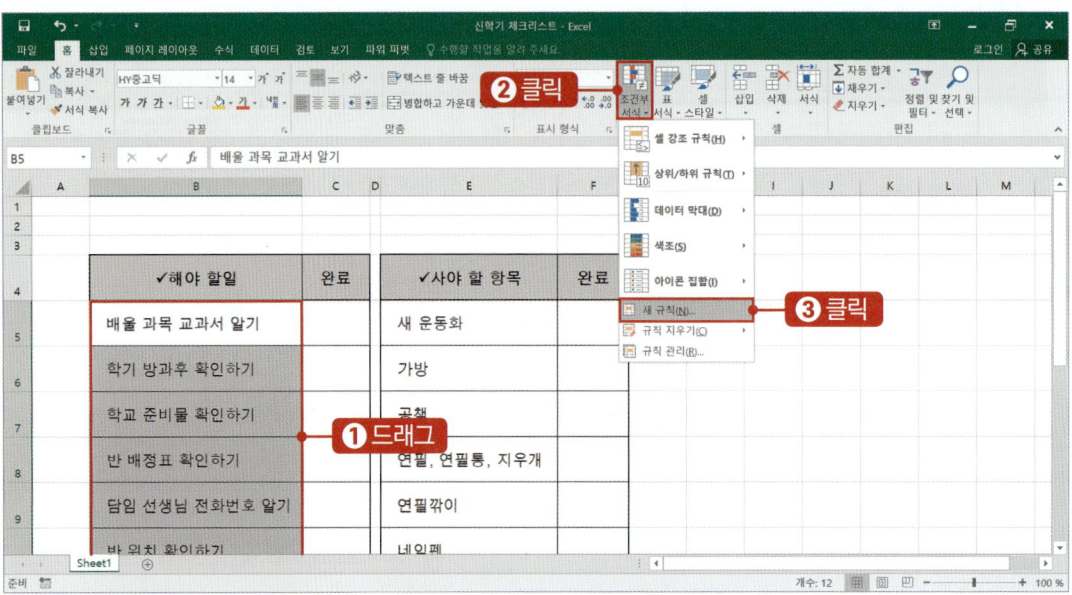

2 [새 서식 규칙] 대화상자가 실행되면 규칙 유형 선택을 '수식을 사용하여 서식을 지정할 셀 결정'으로 선택한 후 다음 수식이 참인 값의 서식 지정의 입력칸에 '=LEN(C5)>0'으로 입력한 다음 [서식]을 클릭합니다.

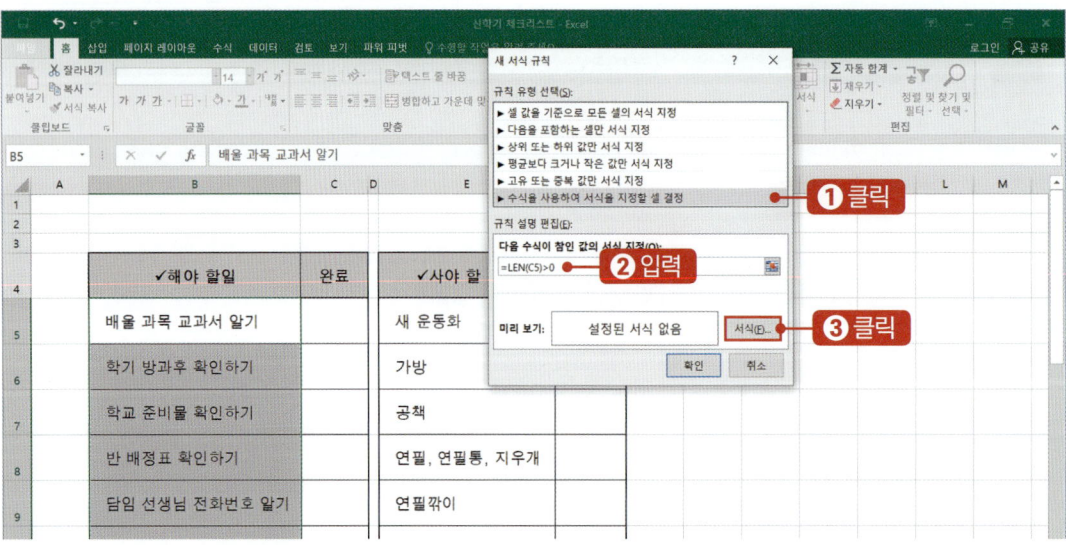

3 [셀 서식] 대화상자에서 효과의 '취소선', 색을 테마 색의 '흰색, 배경 1, 35% 더 어둡게'로 설정하고 [확인]을 클릭합니다.

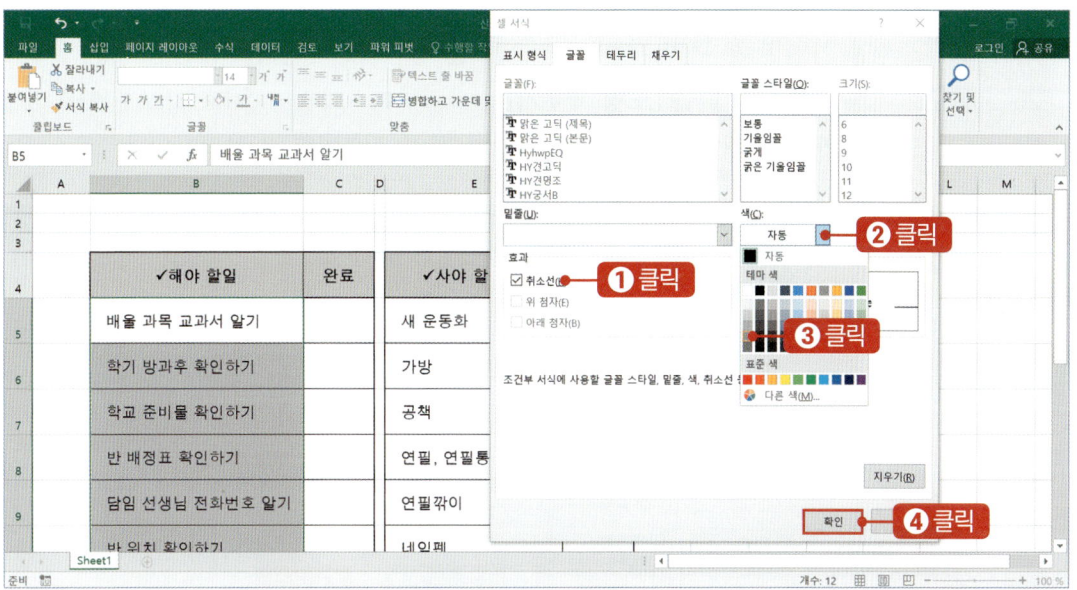

4 ❶ ~ ❸과 같은 방법으로 [E5:E16]을 드래그하여 영역을 지정한 후 조건부 서식을 적용하고 설정된 서식이 적용되었는지 확인합니다.

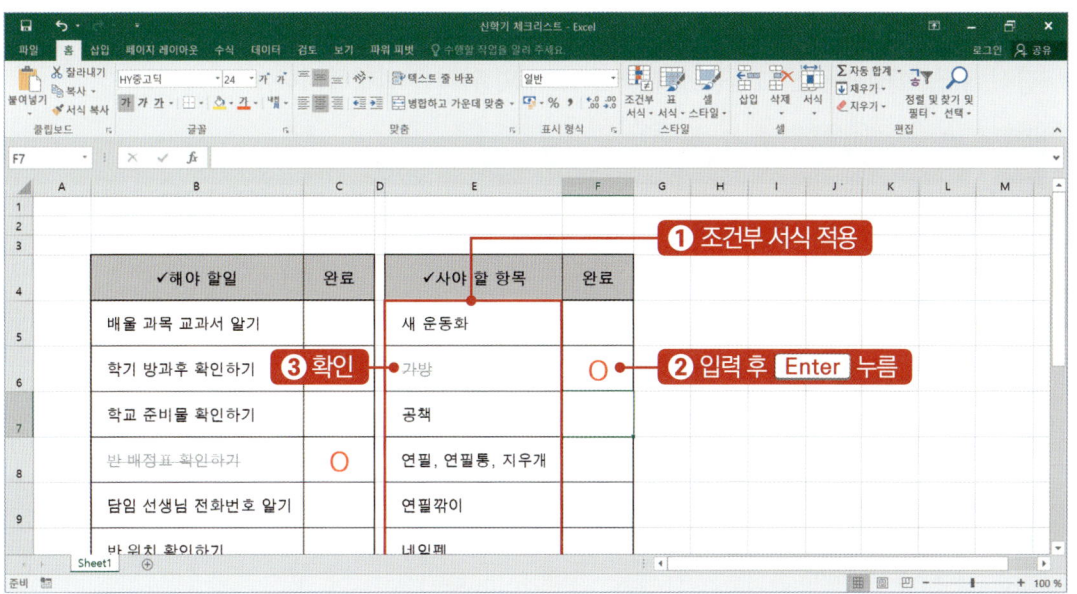

03 도형 및 그림 삽입하기

도형을 삽입하여 도형 효과를 설정하고 그림을 삽입하여 꾸밉니다.

1 '직사각형' 도형을 삽입한 후 '신학기 체크 리스트'를 입력하고 글꼴을 '휴먼편지체', 글자 크기를 '26', '굵게'로 지정합니다. 그 다음 [도형 채우기]를 클릭하여 '회색 – 50%, 강조3, 80% 더 밝게'를 선택하고, [도형 효과]를 클릭하여 [부드러운 가장자리]의 '5 포인트'로 설정합니다.

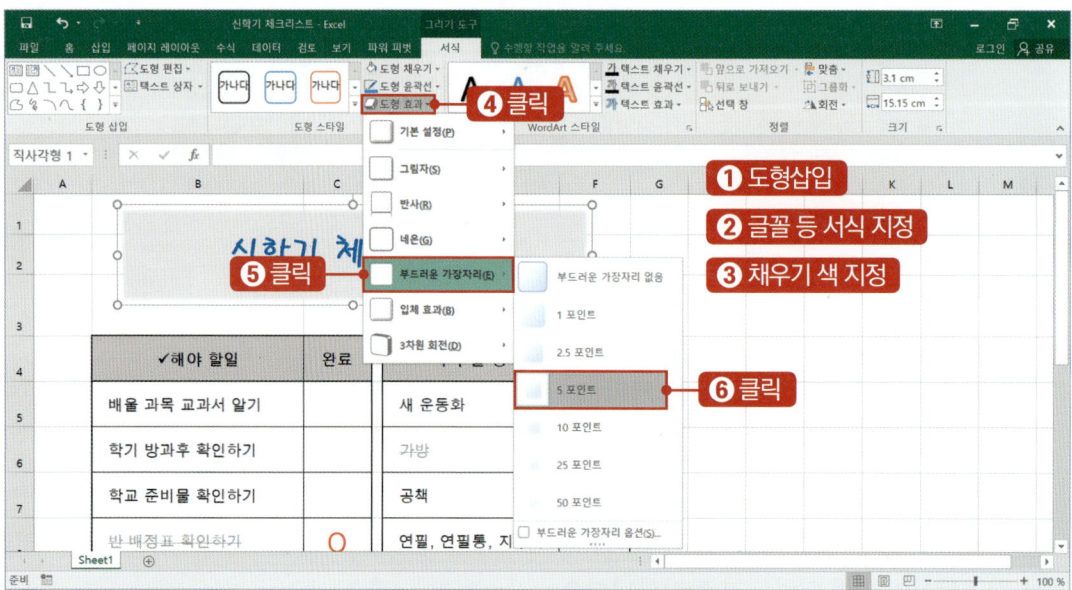

2 '장식.png', '화살표.png' 그림을 삽입한 후 크기 및 위치를 변경합니다.

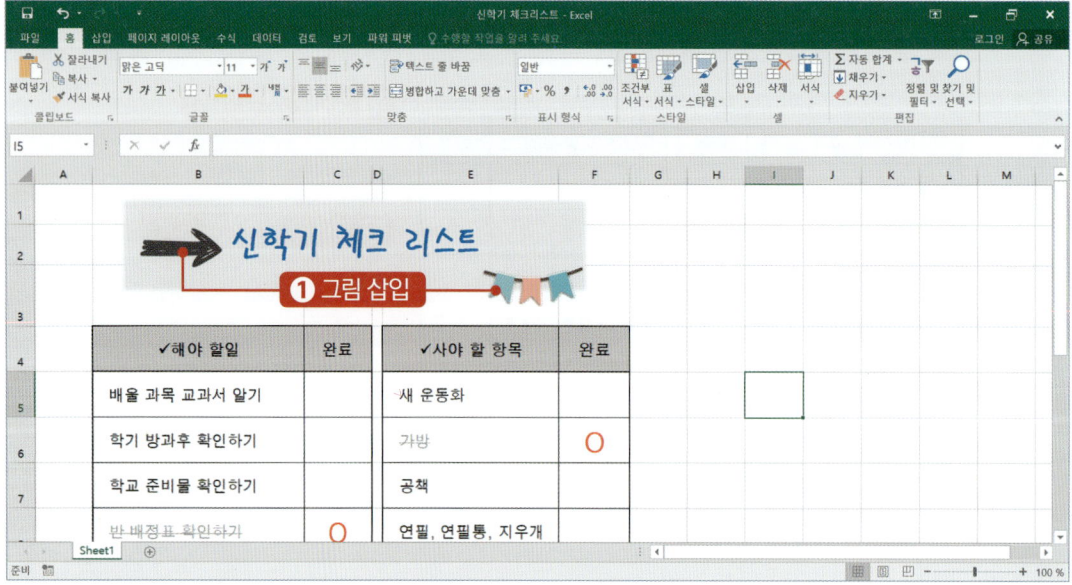

실력 쑥쑥! 창의력 쑥쑥!

1 데이터를 입력하고 수식을 이용한 조건부 서식을 사용하여 다음과 같은 방학 숙제 체크리스트를 완성해 보세요.

예제파일 – 완성파일 방학숙제(완성).xlsx

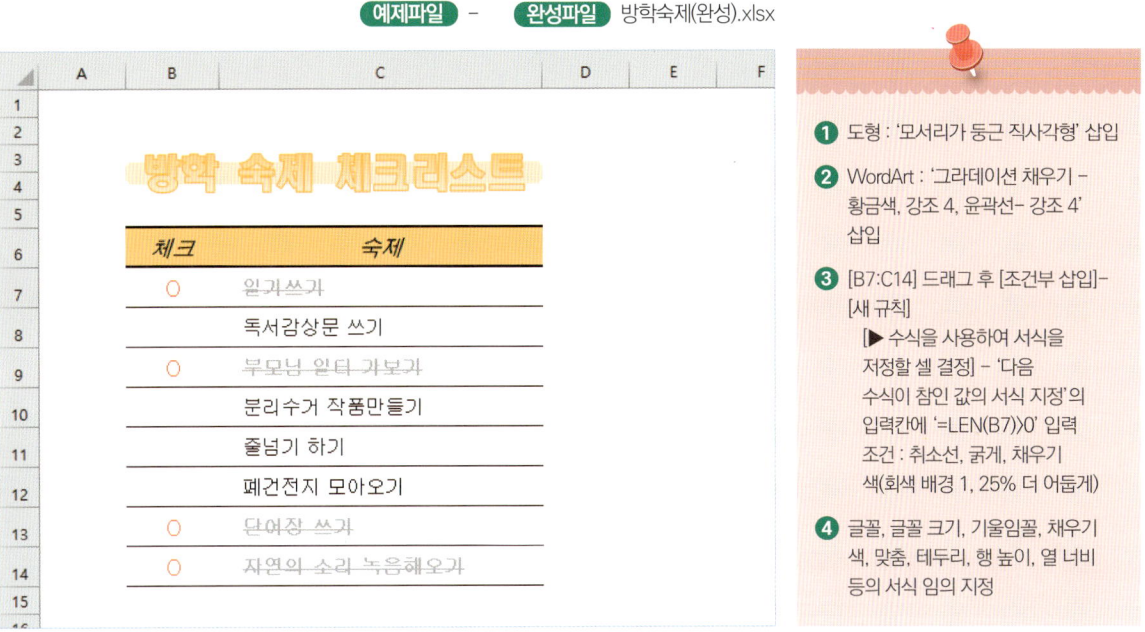

❶ 도형 : '모서리가 둥근 직사각형' 삽입
❷ WordArt : '그라데이션 채우기 – 황금색, 강조 4, 윤곽선– 강조 4' 삽입
❸ [B7:C14] 드래그 후 [조건부 삽입]-[새 규칙]
  ▶ 수식을 사용하여 서식을 저장할 셀 결정] – '다음 수식이 참인 값의 서식 지정'의 입력칸에 '=LEN(B7)>0' 입력
  조건 : 취소선, 굵게, 채우기 색(회색 배경 1, 25% 더 어둡게)
❹ 글꼴, 글꼴 크기, 기울임꼴, 채우기 색, 맞춤, 테두리, 행 높이, 열 너비 등의 서식 임의 지정

2 데이터를 입력하고 수식을 이용한 조건부 서식을 사용하여 다음과 같은 반려묘 입양 준비 품목 체크리스트를 완성해 보세요.

예제파일 – 완성파일 반려묘(완성).xlsx

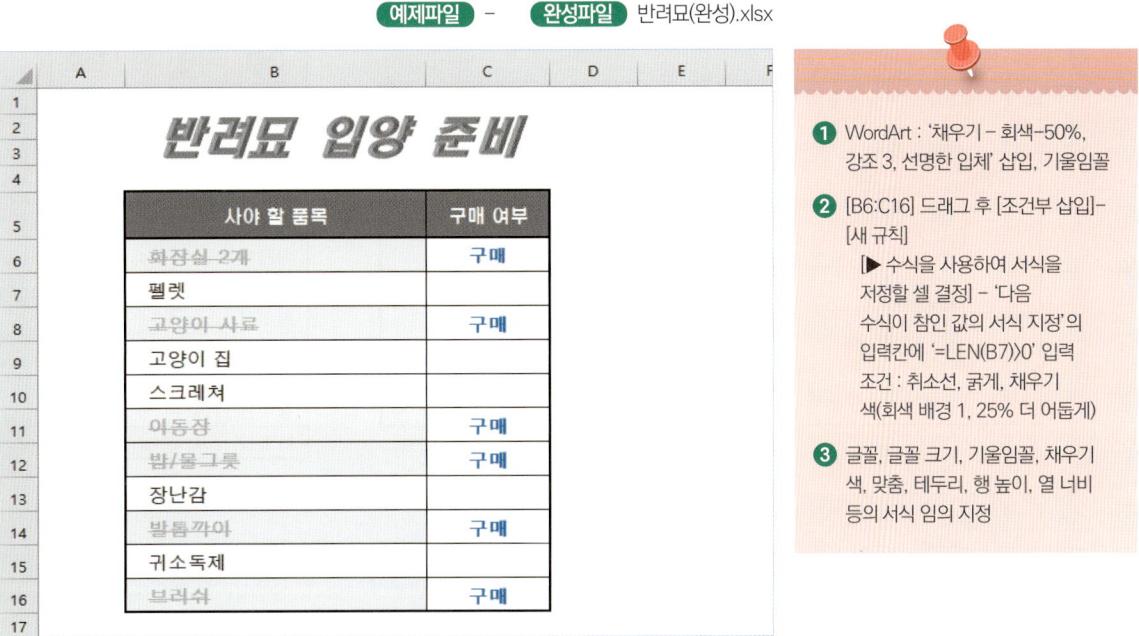

❶ WordArt : '채우기 – 회색–50%, 강조 3, 선명한 입체' 삽입, 기울임꼴
❷ [B6:C16] 드래그 후 [조건부 삽입]-[새 규칙]
  ▶ 수식을 사용하여 서식을 저장할 셀 결정] – '다음 수식이 참인 값의 서식 지정'의 입력칸에 '=LEN(B7)>0' 입력
  조건 : 취소선, 굵게, 채우기 색(회색 배경 1, 25% 더 어둡게)
❸ 글꼴, 글꼴 크기, 기울임꼴, 채우기 색, 맞춤, 테두리, 행 높이, 열 너비 등의 서식 임의 지정

CHAPTER 17 - **체크 리스트 만들기**

도서 대출증 만들기

CHAPTER 18

오늘의 미션
- 서식 설정하기
- 데이터 유효성 검사
- VLOOKUP 함수 사용하기

도서부에서 **도서 대출증**을 만들려고 합니다. 엑셀 함수를 이용하여 이름을 선택하면 학년, 반, 번호가 자동으로 입력되는 도서 대출증을 만들어 봅시다.

작품 미리보기

예제파일 도서대출증.xlsx, 바코드.png, 사진.png, 장식.png   **완성파일** 도서대출증(완성).xlsx

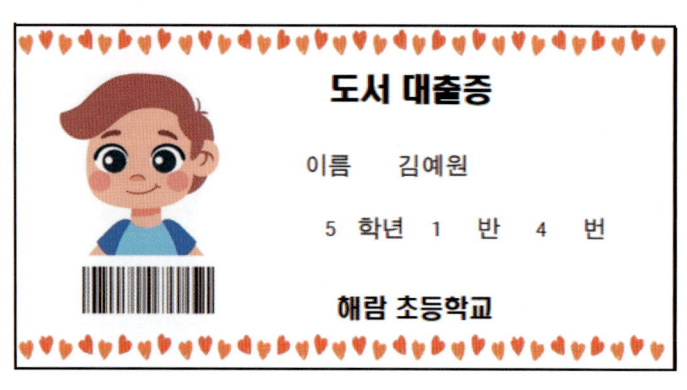

이름	학년	반	번호
이혜린	4	3	18
정서준	4	6	19
정아린	4	7	21
김민준	5	1	2
김예원	5	1	4
한지후	5	4	26
강하준	5	8	1
김현서	5	8	4
정유나	6	4	22
이서진	6	5	17
강주원	6	6	3
이도윤	6	6	16

서식 설정하기

입력된 텍스트의 글꼴 및 글꼴 크기 등을 변경하여 서식을 설정합니다.

1 Microsoft Office Excel 2016을 실행하여 '도서대출증.xlsx' 파일을 불러온 후 [E5:J6], [E12:J13]을 각각 드래그하여 영역을 지정한 후 '병합하고 가운데 맞춤'을 클릭합니다. 그 다음 '도서 대출증', '해람 초등학교'를 각각 입력하고 [E5]는 글꼴을 'HY헤드라인M', 글꼴 크기를 '20pt', '굵게'로 설정하고 [E12]는 글꼴을 'HY헤드라인M', 글꼴 크기를 '16pt'으로 설정합니다.

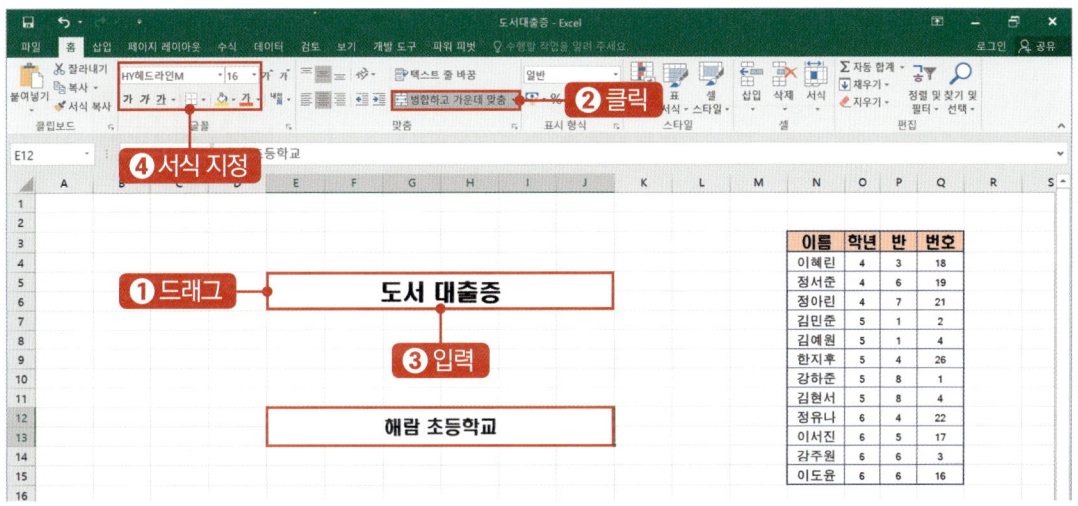

2 [F7:F8], [G7:I8], [F9:F10], [G9:G10], [H9:H10], [I9:I10], [J9:J10], [K9:K10]을 각각 드래그하여 영역을 지정한 후 [병합하고 가운데 맞춤]을 설정하고 글꼴을 '문체부 돋움체', 글꼴 크기를 '16pt'로 설정합니다. 그 다음 [B4:L14]를 드래그하여 영역을 지정한 후 [굵은 바깥쪽 테두리]를 지정합니다.

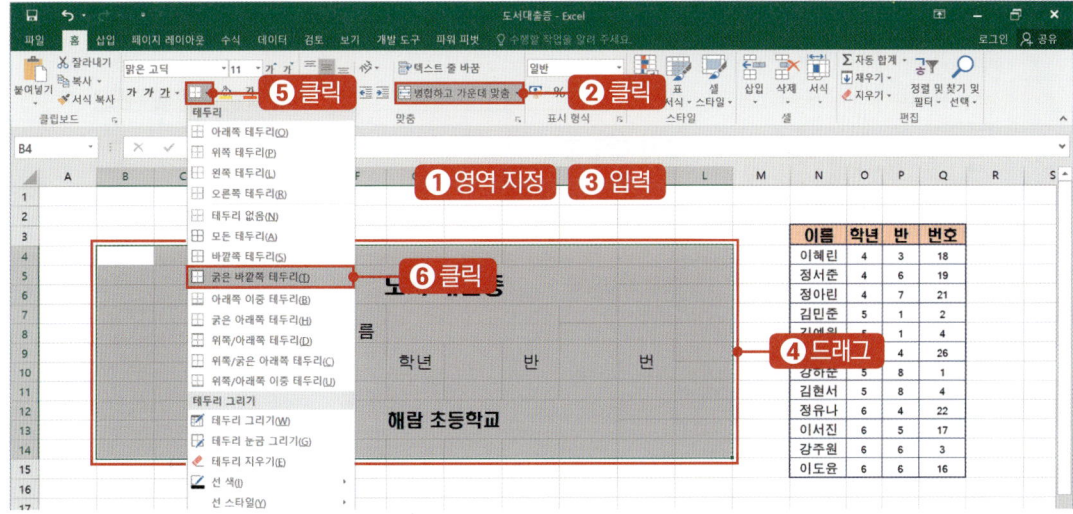

CHAPTER 18 - **도서 대출증 만들기** 111

02 데이터 유효성 검사

데이터 유효성 검사를 설정하여 이름이 표시되도록 합니다.

1 [G7]을 클릭한 후 [데이터] 탭의 [데이터 도구] 그룹에서 [데이터 유효성 검사]를 클릭합니다.

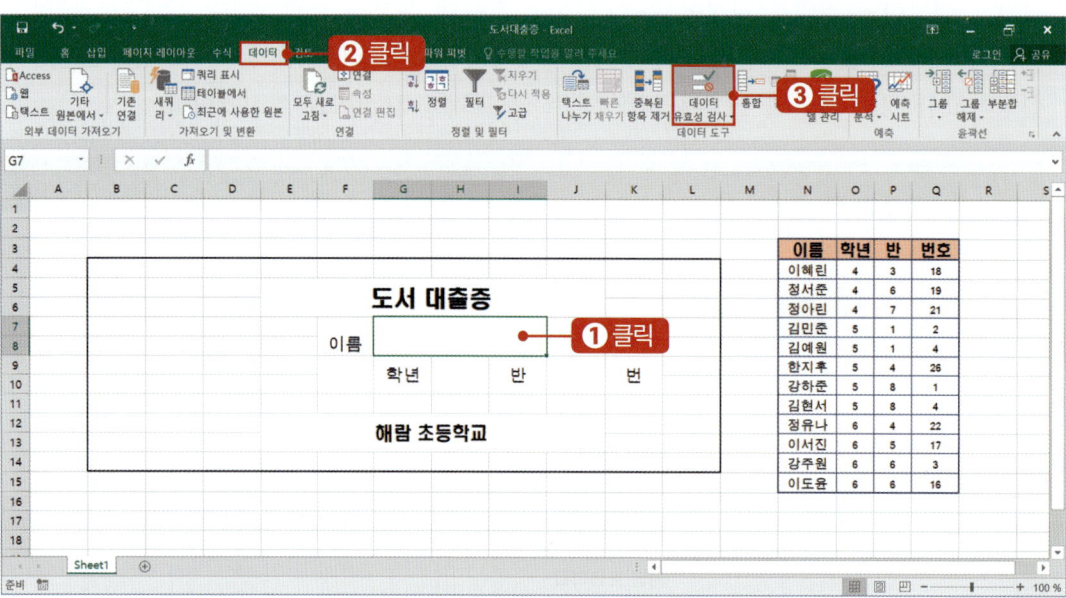

2 [데이터 유효성] 대화상자가 실행되면 [설정] 탭의 제한 대상의 드롭다운 버튼을 클릭한 후 '목록'을 선택합니다.

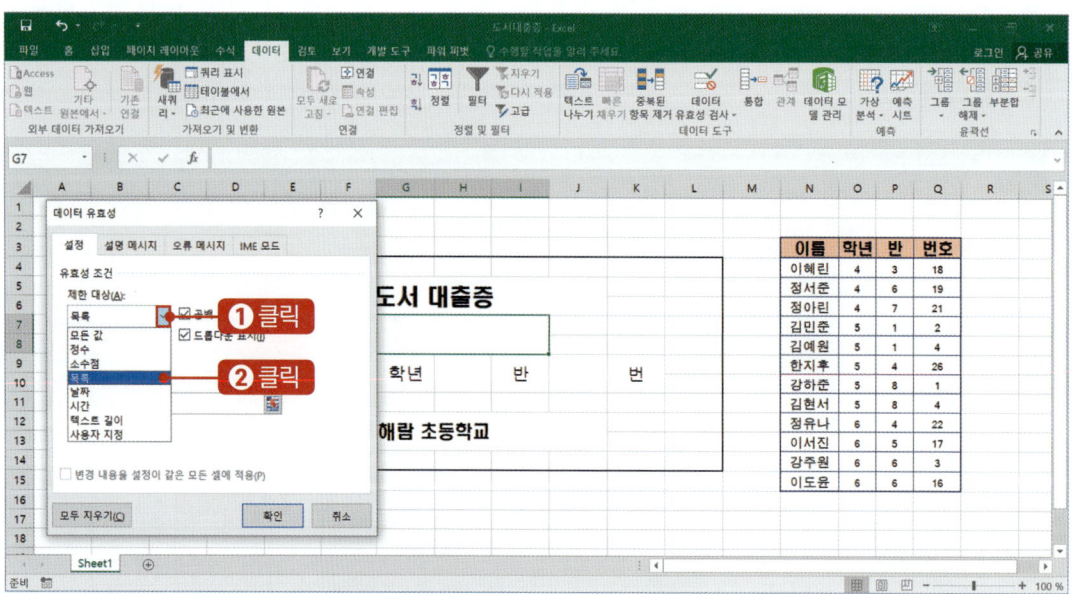

3 원본의 입력칸을 클릭하고 [N4:N15]를 드래그하여 '=$N$4:$N$15'를 입력하고 [확인]을 클릭합니다.

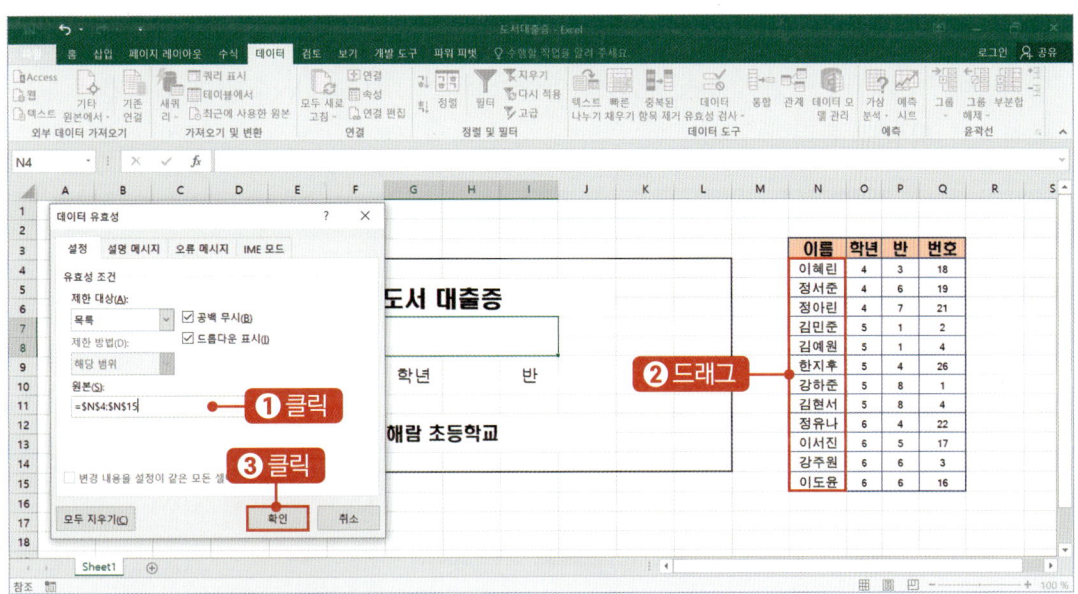

4 [G7]의 드롭다운 버튼을 클릭하여 목록을 확인합니다.

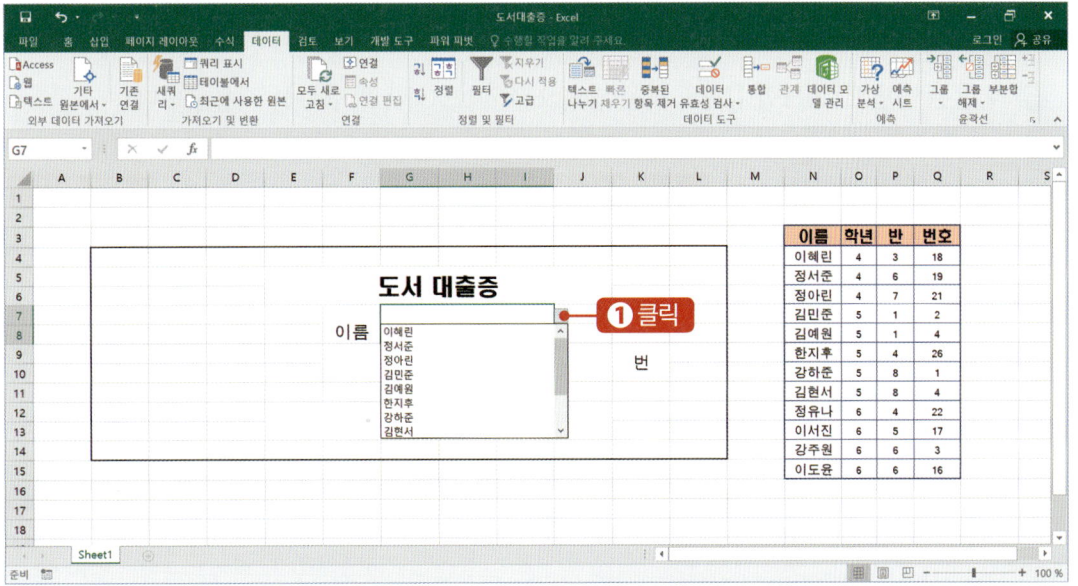

03 VLOOKUP 함수 사용하기

VLOOKUP 함수를 이용하여 이름을 선택하면 자동으로 학년, 반, 번호가 입력되도록 합니다.

① [F9]를 클릭한 후 [수식] 탭의 [함수 라이브러리] 그룹에서 [찾기/참조 영역]의 [VLOOKUP]을 클릭합니다. [함수 인수] 대화상자가 나오면 Lookup_value의 입력칸에 'G7', Table_array의 입력칸에 'N4:Q15', Col_index_num의 입력칸에 '2', Range_lookup의 입력칸에 'FALSE'를 입력하고 [확인]을 클릭합니다.

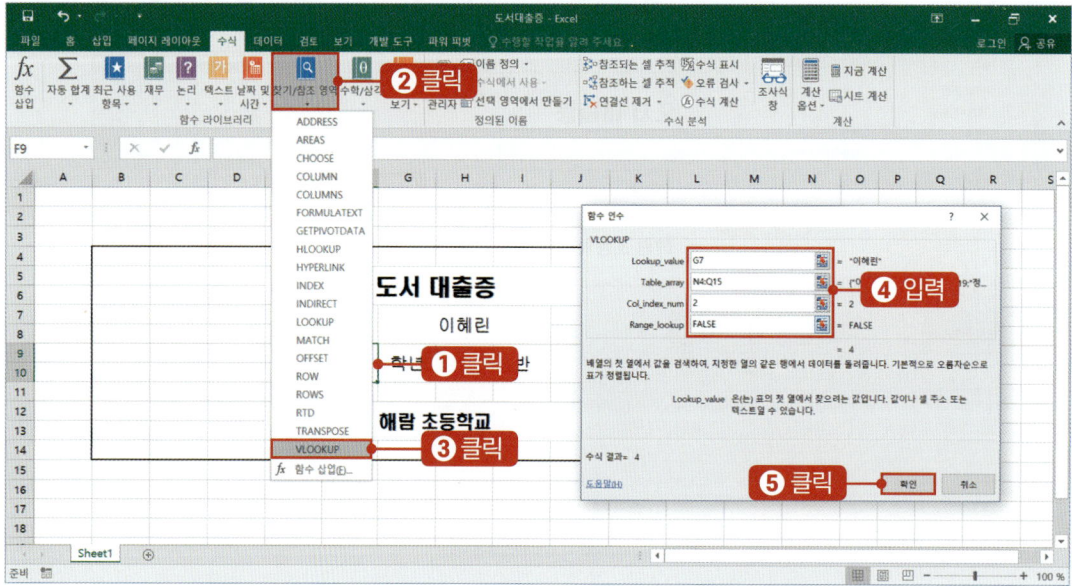

② ① 과 같은 방법으로 [H9], [J9]도 같은 방법으로 'VLOOKUP' 함수를 적용합니다.

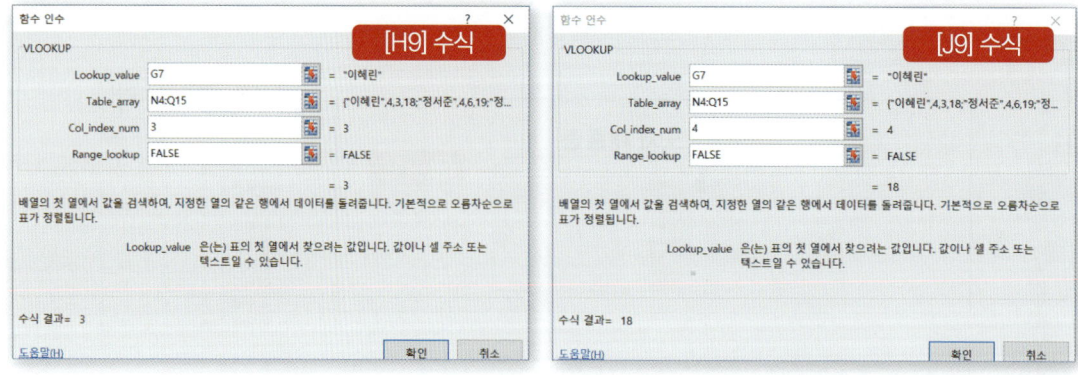

③ '바코드.png', '사진.png', '장식.png' 그림을 삽입한 후 위치와 크기를 변경한 다음 열 너비를 조절합니다.

실력 쑥쑥! 창의력 쑥쑥!

1 점수에 해당하는 상품이 표시되도록 VLOOKUP 함수를 사용하여 다음과 같은 양궁대회 상품표를 완성해 보세요.

예제파일: 양궁.xlsx 완성파일: 양궁(완성).xlsx

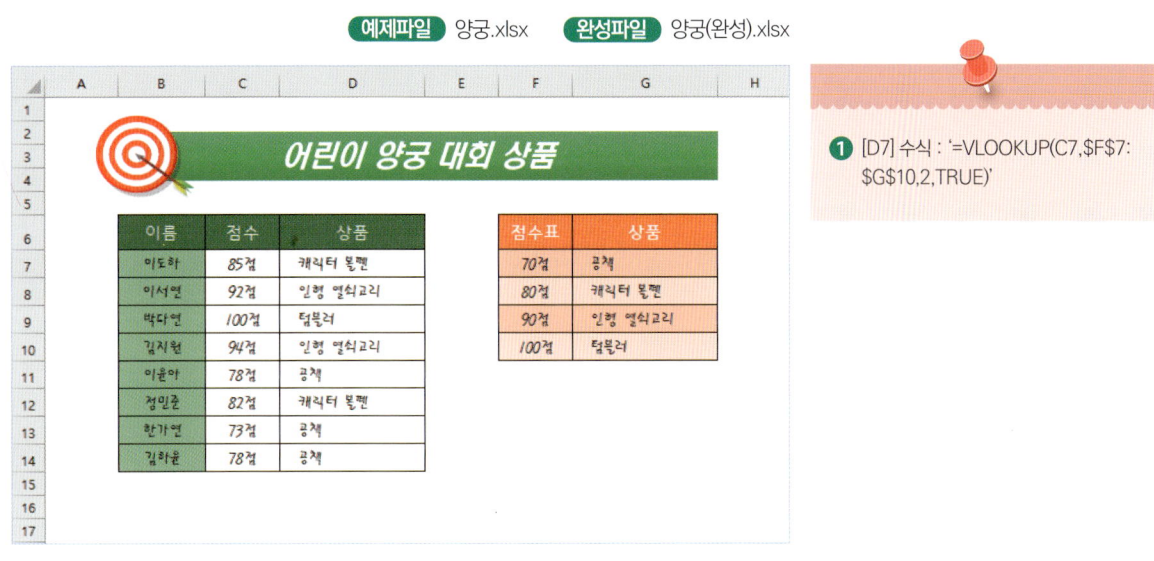

❶ [D7] 수식 : '=VLOOKUP(C7,$F$7:$G$10,2,TRUE)'

2 식품명에 따른 유통기한이 표시되도록 데이터 유효성 검사와 VLOOKUP 함수를 이용하여 다음과 같은 카페 유통기한을 완성해 보세요.

예제파일: 유통기한.xlsx 완성파일: 유통기한(완성).xlsx

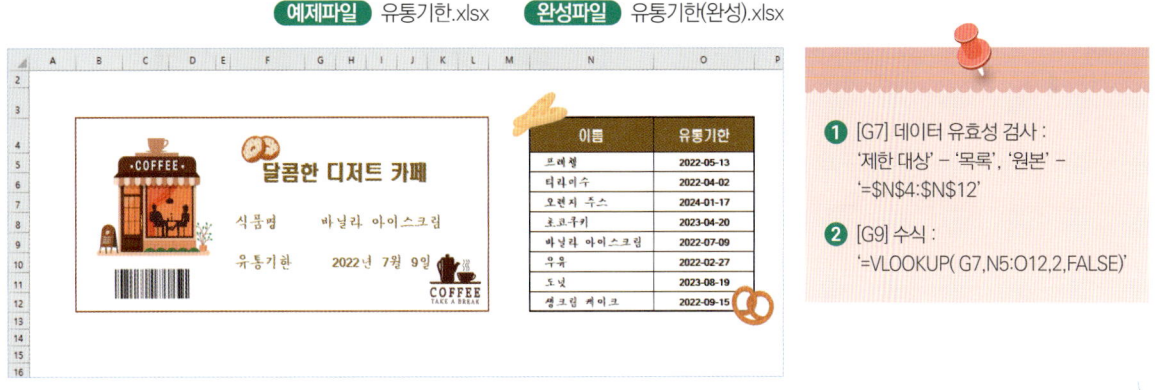

❶ [G7] 데이터 유효성 검사 : '제한 대상' – '목록', '원본' – '=$N$4:$N$12'

❷ [G9] 수식 : '=VLOOKUP(G7,N5:O12,2,FALSE)'

CHAPTER 19

여행 계획표 만들기

오늘의 미션
- 도형 안에 그림 채우기
- 새 시트 추가하기
- 하이퍼링크 설정하기

여행을 위해 여행 일정, 이동 방법, 비용 및 식사 등을 미리 계획합니다. 이번 시간에는 엑셀 프로그램을 이용하여 일자별 여행 계획과 하이퍼링크로 일자별 여행일정을 확인할 수 있는 예행 계획표를 만들어 봅시다.

작품 미리보기

예제파일 독일1~6.png, 오스트리아1~6.png, 이탈리아1~6.png, 장식1~15.png, 체코1~6.png, 프랑스1~6.png, 세계여행.xlsx

완성파일 세계여행(완성).xlsx

'지도' 시트

'1~5일차' 시트

01 도형 안에 그림 채우기

도형 채우기를 이용하여 도형 안에 그림을 삽입합니다.

1 Microsoft Office Excel 2016을 실행하여 '세계여행.xlsx'을 불러온 후 **[삽입]** 탭의 **[일러스트레이션]**의 **[도형]**을 클릭하여 '설명선 2' 도형을 삽입한 후 '1일차 프랑스'를 입력합니다. 그 다음 도형 채우기를 '흰색, 배경1', 도형 윤곽선을 '검정, 텍스트1', 글꼴을 'HY중고딕'으로 지정합니다.

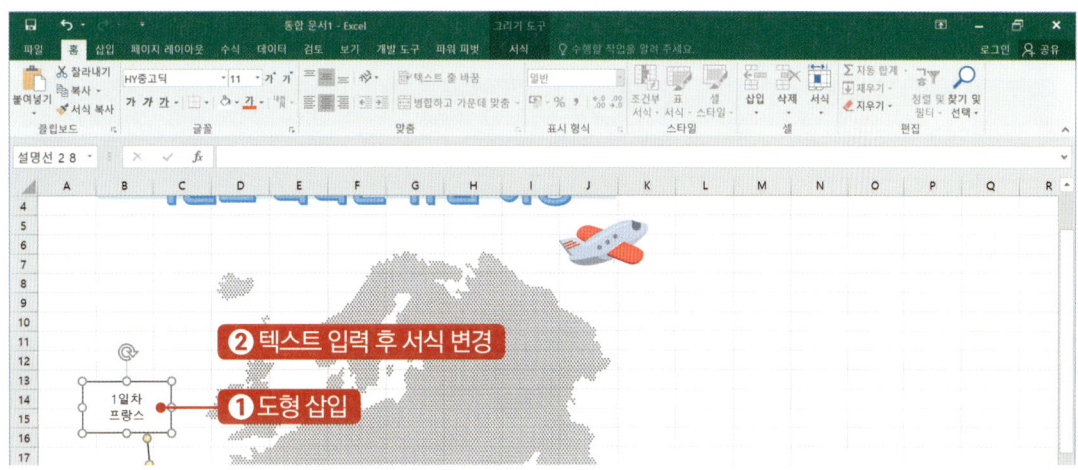

TIP '설명선' 도형의 노란색 조절점을 드래그하여 지시선의 모양을 변경할 수 있어요.

2 **[삽입]** 탭의 **[일러스트레이션]**의 **[도형]**을 클릭하여 '타원' 도형을 삽입하고 **[도형 채우기]**의 **[그림]**을 클릭하여 '프랑스6.png' 그림을 도형에 채우고 도형 윤곽선을 '검정, 텍스트1'로 지정 합니다.

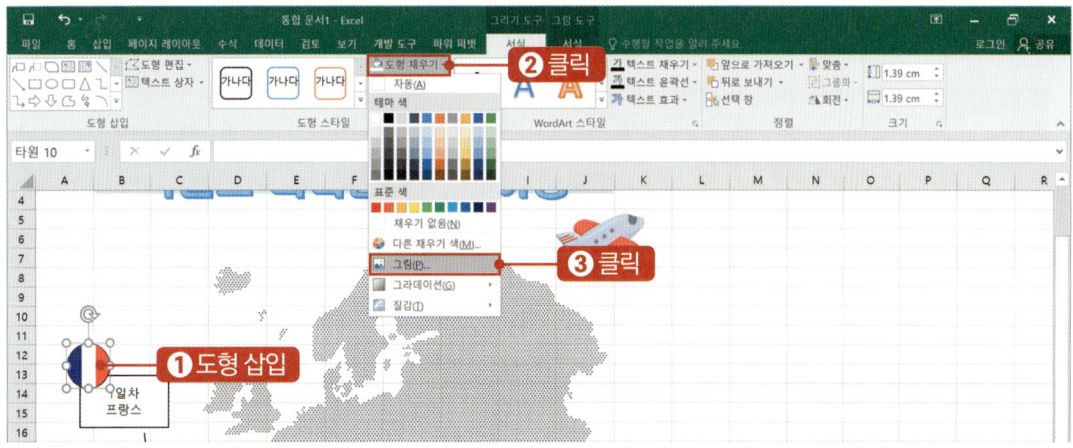

3 ❶ ~ ❷ 와 같은 방법으로 '독일', '체코', '오스트리아', '이탈리아'도 '설명선'과 '타원'을 추가하여 꾸밉니다.

02 새 시트 추가하기

새 시트를 추가하여 일자별 여행 일정을 작성합니다.

1 '⊕(새 시트)' 클릭하여 시트를 추가한 후 [Sheet1]을 더블클릭하여 [지도]로, [Sheet2]를 더블클릭하여 [1일차]로 시트 이름을 변경합니다. 그 다음 [삽입] 탭의 [일러스트레이션] 그룹에서 [도형]을 클릭하여 '대각선 방향의 모서리가 잘린 사각형'을 클릭하여 삽입하고 '파랑, 강조 1, 80% 더 밝게', '윤곽선 없음'을 설정합니다.

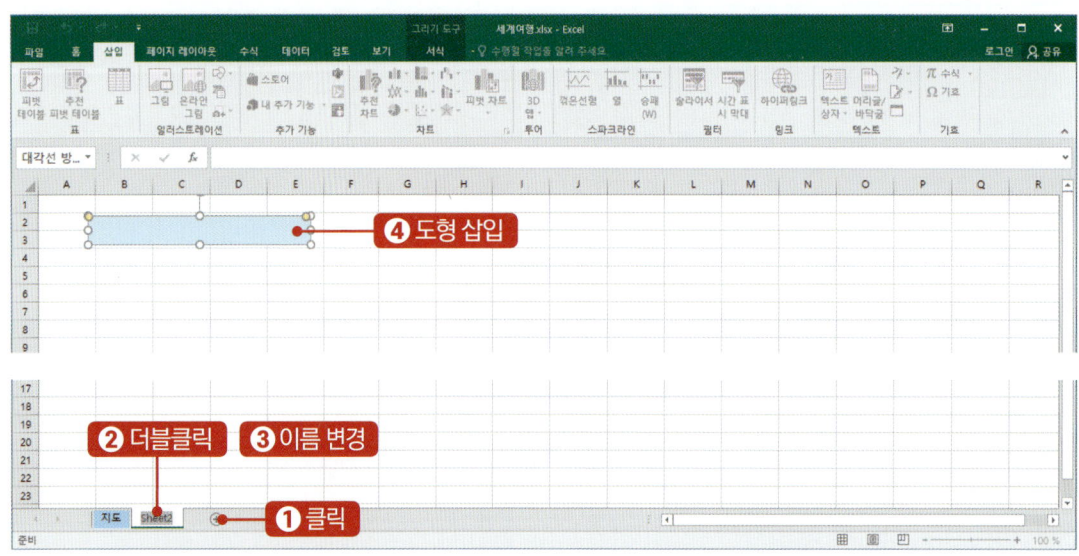

2 [삽입] 탭의 [텍스트] 그룹에서 [WordArt]를 클릭하여 '무늬 채우기 - 파랑, 강조 1, 50%, 진한 그림자 - 강조 1'을 선택하여 삽입한 다음 '프랑스'를 입력합니다. 그 다음 [B6:E15]을 드래그하여 영역을 지정한 후 '굵은 바깥쪽 테두리'로 설정합니다.

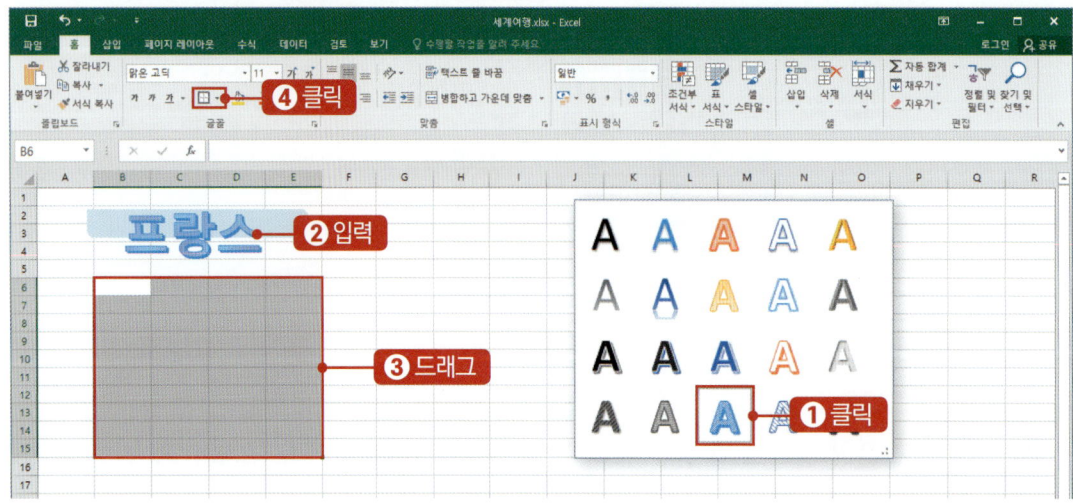

3 [B13:E13], [B14:E15]를 드래그하여 영역을 지정하고 '병합하고 가운데 맞춤'을 클릭한 후 [B13]에는 '아침 - 그라탕'을 입력하고 글꼴을 'HY견고딕', '굵게', '왼쪽(들여쓰기)'를 '1'로 지정합니다. 그 다음 [B14]에는 '오븐에~음식이다'를 입력하고 '글꼴'을 'HY그래픽M', '왼쪽(들여쓰기)'를 '1', '텍스트 줄 바꿈'을 지정합니다.

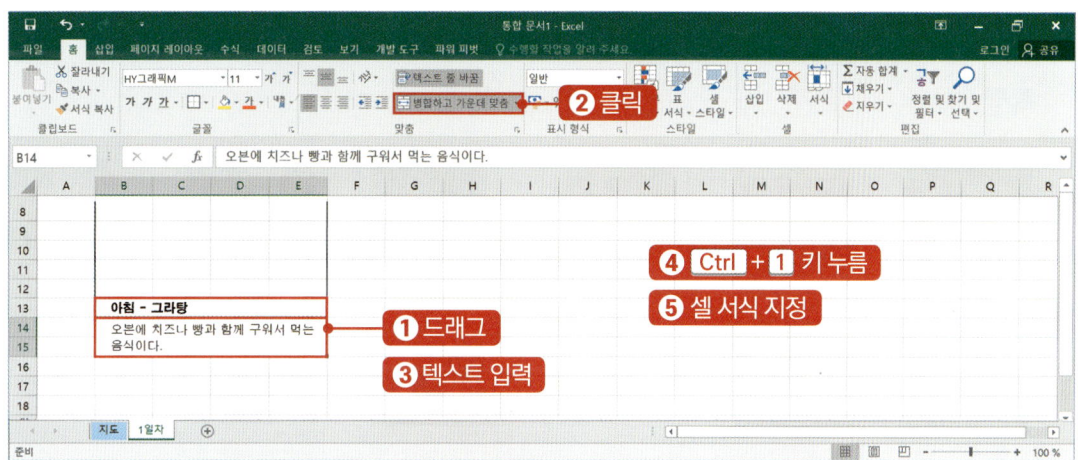

 왼쪽(들여쓰기)'와 '텍스트 줄 바꿈'은 **[셀 서식]** 대화상자의 **[맞춤]** 탭에서 지정할 수 있어요.

4 ③과 같은 방법으로 테두리를 지정하고 병합하여 [G13]에 '에펠탑', [G14]에 '파리의~수 있다.', [L12]에 '점심 키쉬', [L13]에 '계란~타르트이다.', [B25]에 '루브르 박물관', [B26]에 '세계에서~전시중이다.', [G25]에 '저녁 - 꼬코뱅', [G26]에 '닭고기를~음식이다.'를 입력하고 장식 그림을 삽입하여 프랑스 일정을 완성합니다.

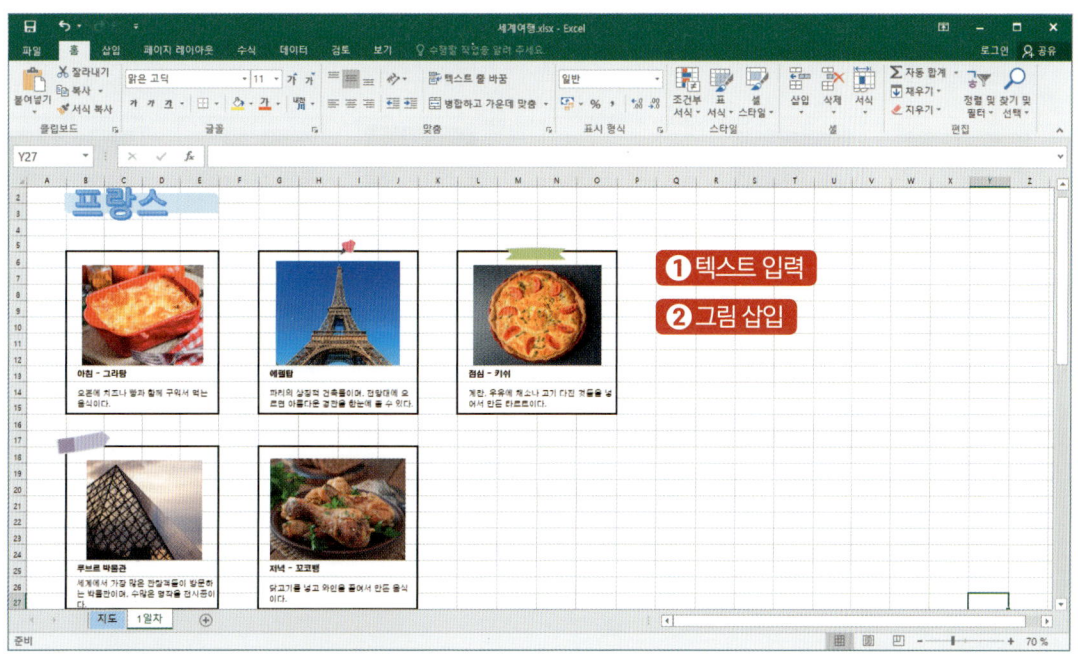

CHAPTER 19 - **여행 계획표 만들기**

5 시트를 추가하여 [2일차]로 이름을 변경하고 [2일차] 시트에 '독일' 일정을 작성합니다. 이어 시트를 추가하여 [3일차]로 이름을 변경하고 [3일차] 시트에 '체코' 일정을 추가하여 작성합니다.

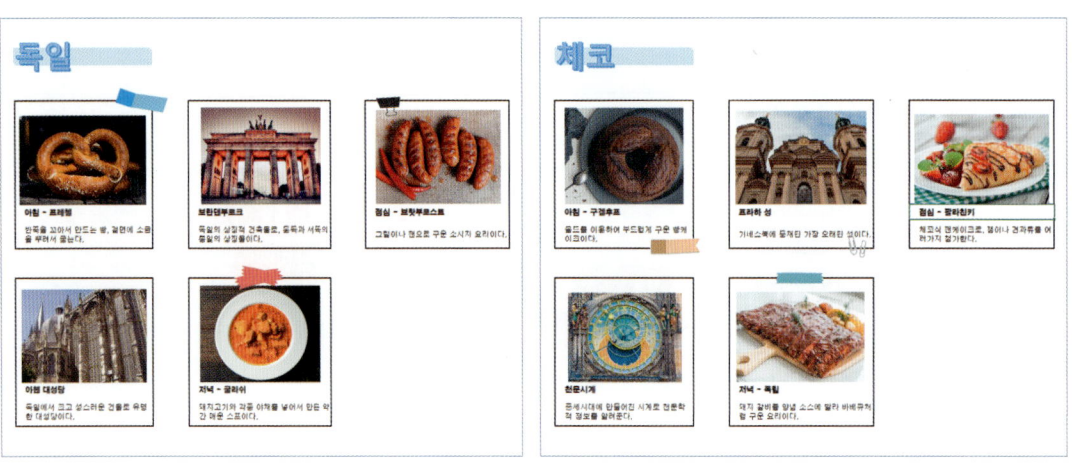

6 시트를 추가하여 [4일차]로 이름을 변경하고 [4일차] 시트에 '오스트리아' 일정을 작성합니다. 이어 시트를 추가하여 [5일차]로 이름을 변경하고 [5일차] 시트에 '이탈리아' 일정을 추가하여 작성합니다.

7 [1일차] 시트에 '모서리가 둥근 직사각형' 도형을 삽입하고 '지도 보기'를 입력한 다음 글꼴을 'HY헤드라인M', 도형 채우기를 '연한 녹색', 도형 윤곽선을 '윤곽선 없음', 도형 효과를 기본 설정의 '기본 설정 8'로 지정합니다.

8 [1일차]의 '지도 보기' 도형을 선택하고 Ctrl + C 키를 눌러 복사하고 [2일차]~[5일차] 시트에 복사한 도형을 각각 Ctrl + V 키를 눌러 붙여넣기 합니다.

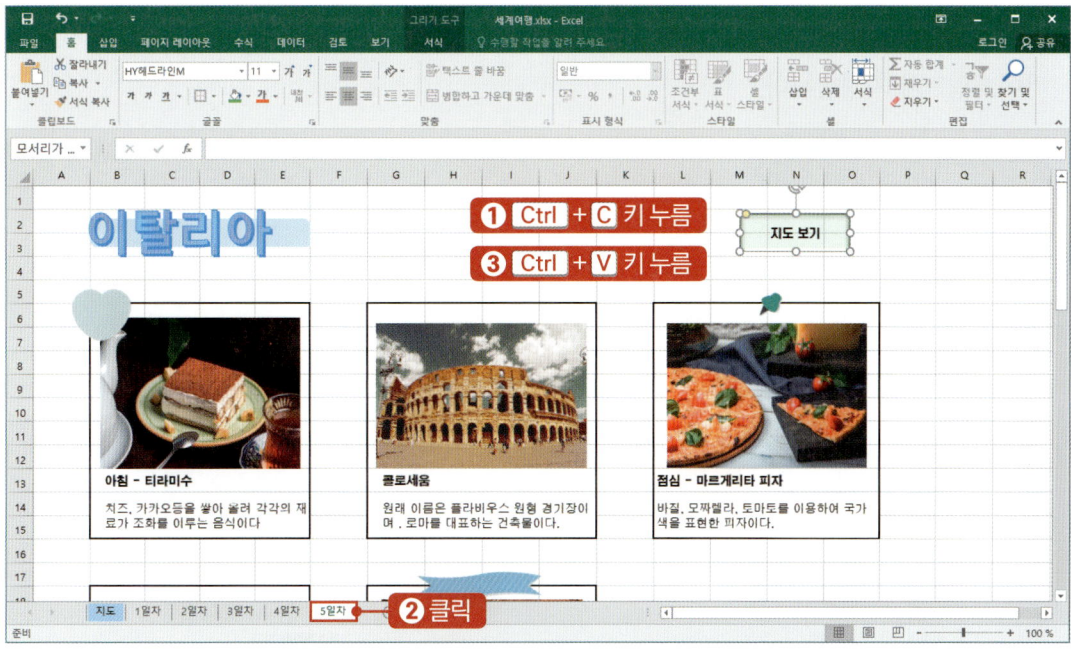

03 하이퍼링크 설정하기

도형을 클릭하면 일자별 여행일정으로 연결되도록 하이퍼링크를 지정합니다.

1 [지도] 시트를 클릭한 후 '1일차 프랑스'가 입력된 도형을 선택한 다음 [삽입] 탭의 [링크] 그룹에서 [하이퍼링크]를 클릭합니다. [하이퍼링크 삽입] 대화상자가 실행되면 [현재 문서]를 클릭하고 이 문서에서 위치 선택의 '1일차'를 클릭한 후 [확인]을 클릭합니다. 같은 방법으로 '2일차 독일' 도형은 [2일차] 시트로 … '5일차 이탈리아' 도형은 [5일차] 시트로 하이퍼링크를 지정합니다.

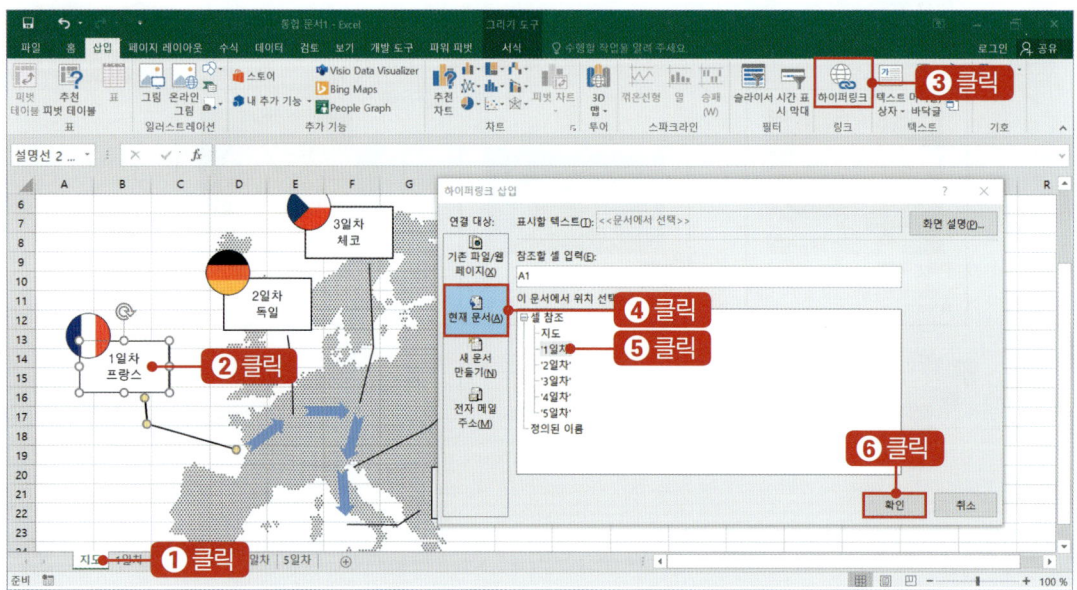

2 '지도 보기' 도형을 클릭하면 [지도] 시트로 연결되도록 [1~5일차] 시트의 '지도 보기' 도형에 각각 하이퍼링크를 지정합니다.

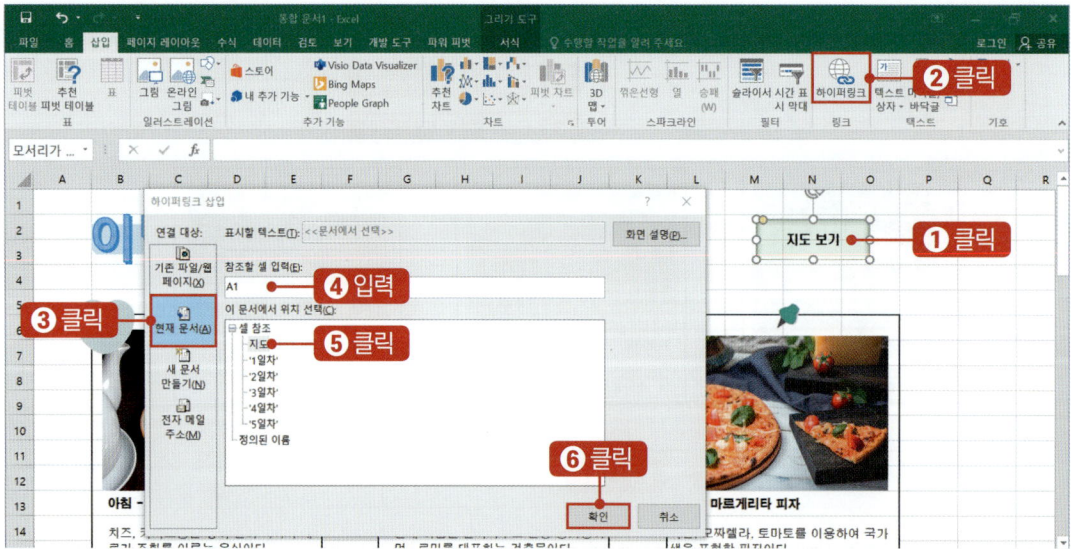

실력 쑥쑥! 창의력 쑥쑥!

1 계절 시트로 하이퍼링크를 연결하여 다음과 같은 계절별 제철 과일 안내 시트를 완성해 보세요.

예제파일 봄1.png, 여름1.png, 가을1.png, 겨울1.png, 계절별과일.xlsx
완성파일 계절별과일(완성).xlsx

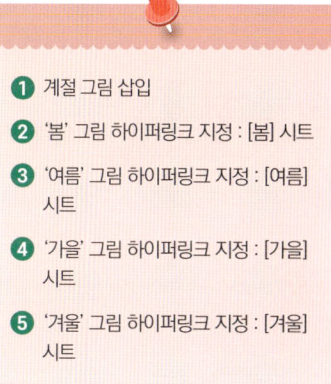

1. 계절 그림 삽입
2. '봄' 그림 하이퍼링크 지정 : [봄] 시트
3. '여름' 그림 하이퍼링크 지정 : [여름] 시트
4. '가을' 그림 하이퍼링크 지정 : [가을] 시트
5. '겨울' 그림 하이퍼링크 지정 : [겨울] 시트

CHAPTER 19 - 여행 계획표 만들기

CHAPTER 20 낱말 퀴즈 만들기

오늘의 미션
- ✓ 텍스트 상자 삽입하기
- ✓ 메모 삽입하기
- ✓ 메모 서식 설정하기

낱말 퀴즈를 만들어 보려고 합니다. 엑셀 프로그램을 이용하여 낱말 퀴즈를 만들고 메모를 삽입하여 힌트를 입력해 봅시다.

작품 미리보기

예제파일 낱말퀴즈.xlsx   **완성파일** 낱말퀴즈(완성).xlsx

가로 문제
1. 지표면으로부터 1.5m 정도의 높이에 있는 대기의 온도
3. 물건을 넣어 들거나 메고 다닐 수 있게 만든 용구
5. 포유류 고래목에 속하는 중소형 고래의 총칭
7. 체조, 운동 경기, 놀이 따위를 할 수 있도록 여러 가지 기구나 설비를 갖춘 넓은 마당
10. 콜라나무의 종자와 코카의 잎을 주원료로 사용하여 만드는 청량음료
11. 부피가 매우 큰 돌
12. 몸은 가늘고 길며 몹시 미끄럽고 수염이 긴 물고기

세로 문제
2. 우리나라 고유의 전통 난방 방식
4. 여름·겨울 및 학기말에 실시하는 학교의 휴가
6. 고춧가루를 넣어 섞어서 만든 붉은 빛깔의 매운 장
8. 동그랗게 생긴 모양
9. 질긴 무명으로 만든 푸른색 바지
13. 아랫사람의 잘못을 꾸짖는 말

 **텍스트 상자 삽입하기**

가로 세로 낱말 퀴즈 문제 번호를 삽입하기 위해 텍스트 상자를 삽입합니다.

1 Microsoft Office Excel 2016을 실행하여 '낱말퀴즈.xlsx' 파일을 불러옵니다. **[B4:G11]** 영역에 데이터를 입력한 후 **[모든 테두리]**와 **[굵은 바깥쪽 테두리]**로 차례대로 클릭하여 지정하고 텍스트가 입력되지 않은 셀의 채우기 색을 '검정, 텍스트1, 50% 더 밝게'로 지정합니다.

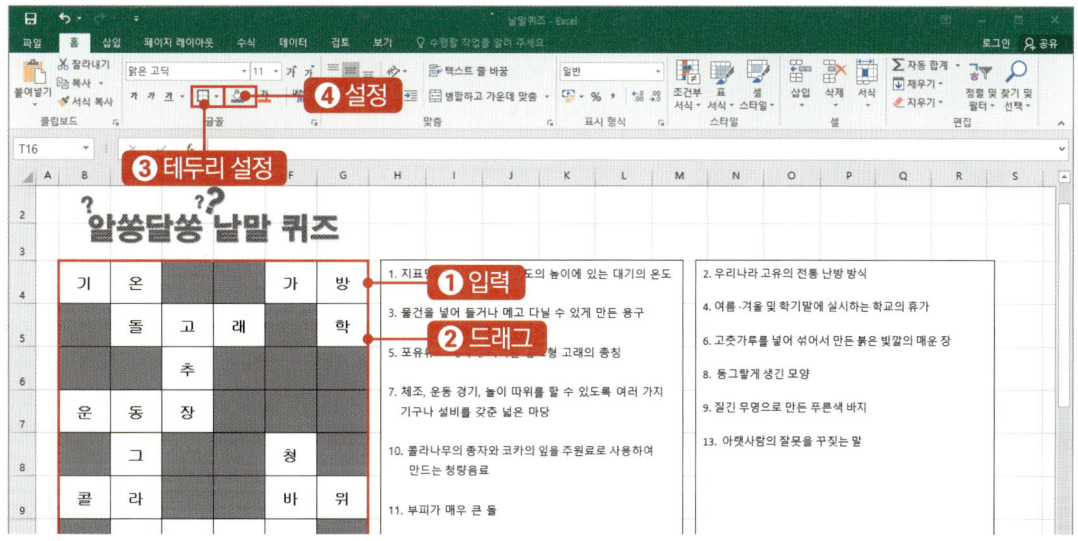

2 **[삽입]** 탭의 **[일러스트레이션]** 그룹에서 **[도형]**의 '텍스트 상자'를 클릭한 다음 빈 공간을 클릭하여 텍스트 상자를 삽입한 후 '1'을 입력합니다.

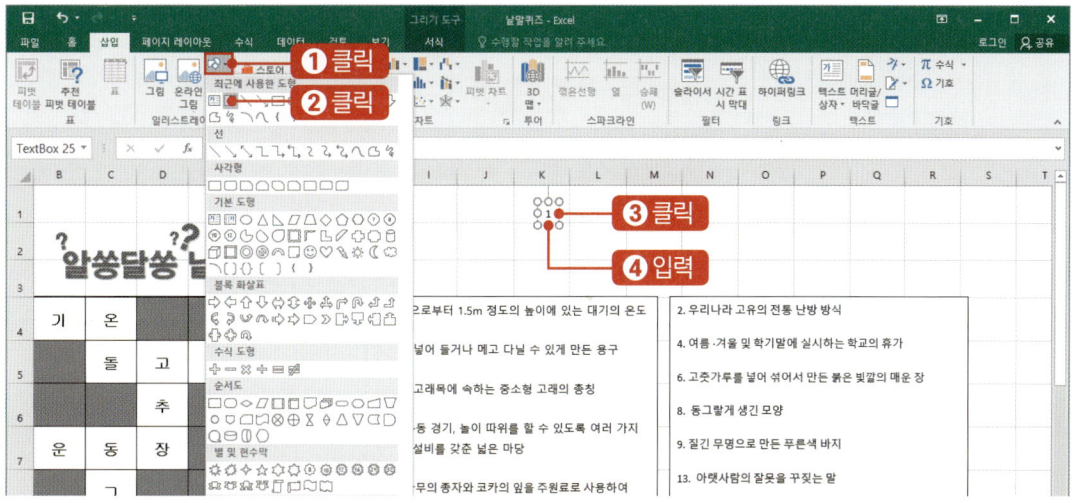

 텍스트 상자를 선택하고 **클릭하여 삽입하면** 크기가 자동으로 조절되고, **드래그하여 삽입하면** 고정된 크기로 텍스트를 입력할 수 있어요.

CHAPTER 20 - **낱말 퀴즈 만들기** 125

③ 입력한 텍스트 상자를 Ctrl 키를 누른 상태로 드래그하여 복사하고 번호를 수정하여 각각의 텍스트를 수정합니다.

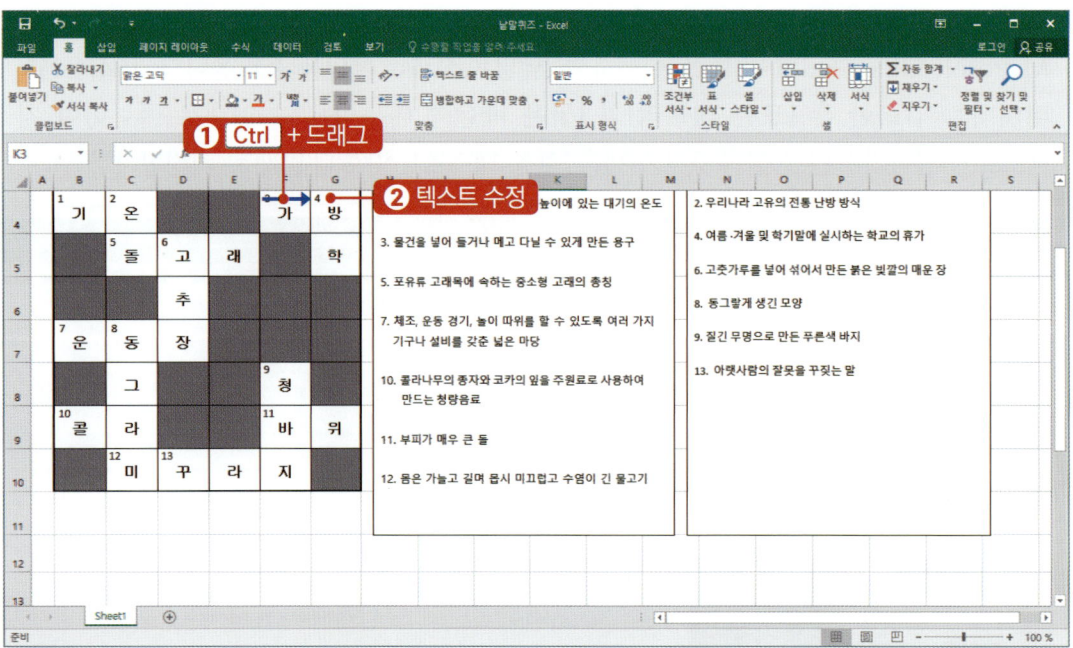

④ '모서리가 둥근 직사각형' 도형을 삽입한 후 '가로 문제', '세로 문제'를 입력한 다음 글꼴을 'HY중고딕', 글꼴 크기를 '18pt', '굵게', 도형 채우기를 '흰색, 배경1, 5% 더 어둡게', 도형 윤곽선을 '검정, 텍스트1'를 지정하고 [도형 효과]의 [그림자]를 클릭하여 바깥쪽의 '오프셋 대각선 오른쪽 아래'를 클릭합니다.

02 메모 삽입하기

낱말 퀴즈의 힌트를 보여주기 위해 메모를 삽입합니다.

1 [F4]를 클릭한 후 [검토] 탭의 [메모] 그룹에서 [새 메모]를 클릭합니다.

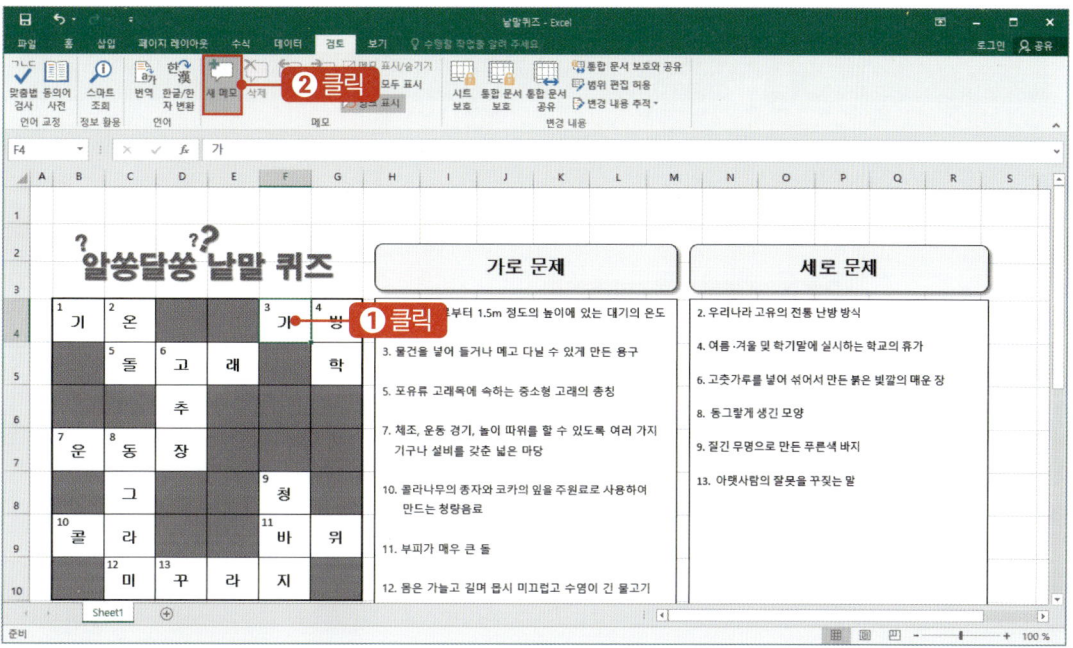

2 생성된 메모에 '가죽이나 천으로 만든다.'를 입력합니다.

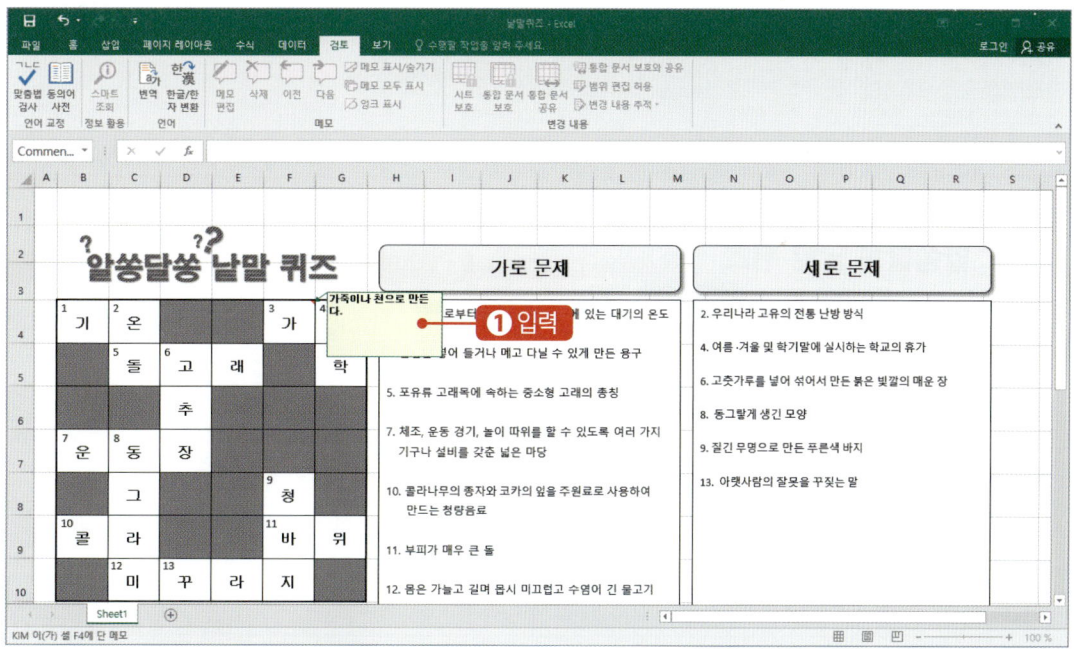

03 메모 서식 설정하기

삽입한 메모의 메모 서식을 설정합니다.

① 삽입한 메모의 테두리를 클릭한 후 마우스 오른쪽 버튼을 클릭합니다. 실행된 [바로 가기 메뉴]에서 [메모 서식]을 클릭합니다.

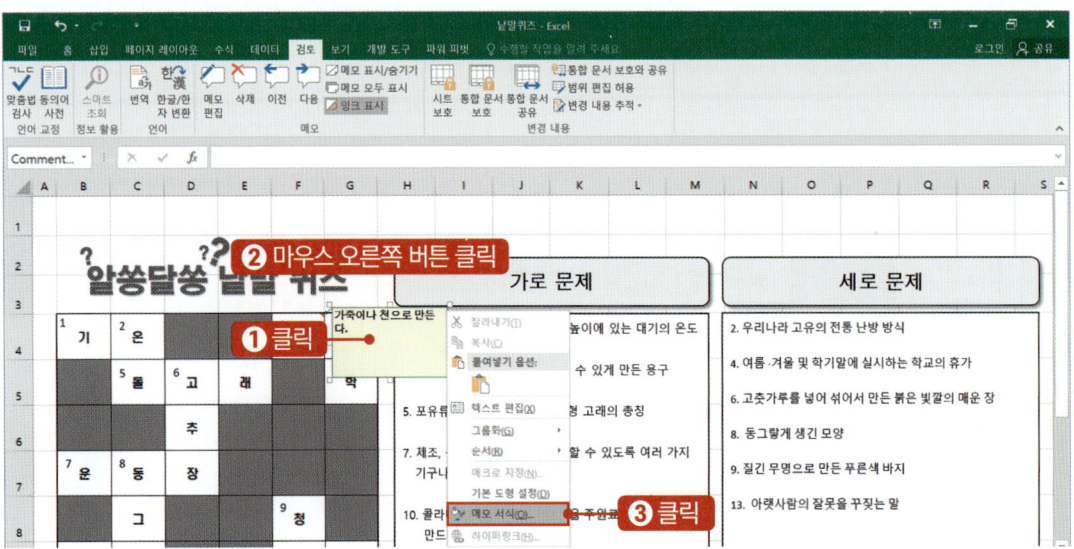

② [메모 서식] 대화상자에서 [맞춤] 탭을 클릭하여 '자동 크기'를 클릭한 다음 [색 및 선] 탭을 클릭하여 채우기의 색을 '연한녹색'으로 지정하고 [확인]을 클릭합니다.

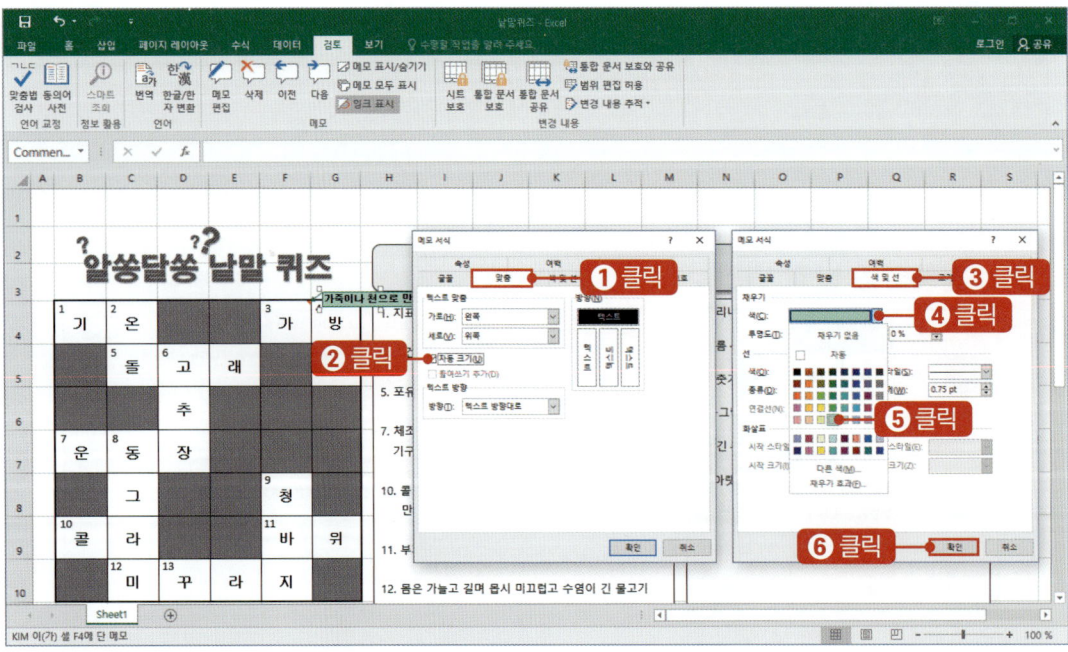

실력 쑥쑥! 창의력 쑥쑥!

1 메모를 삽입하여 다음과 같은 단계별 힌트 퀴즈의 문제1을 완성해 보세요.

- ❶ [D4] 메모 : '속은 검정색이에요.'
- ❷ [E4] 메모 : '종이와 친해요.'
- ❸ [F4] 메모 : '수업 시간에 꼭 필요한 학용품이에요.'
- ❹ [G4] 메모 : '겉은 나무로 되어있어요.'
- ❺ [H4] 메모 : '이것으로 글씨를 쓸 수 있어요'
- ❻ [I4] 메모 : '연필'

2 문제2~문제5 퀴즈를 메모를 삽입하여 다음과 같은 단계별 힌트 퀴즈를 완성해 보세요.

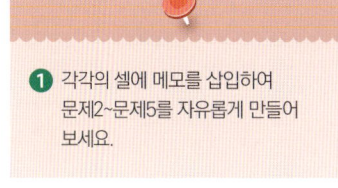

- ❶ 각각의 셀에 메모를 삽입하여 문제2~문제5를 자유롭게 만들어 보세요.

CHAPTER 21 주소록으로 나이와 성별 맞히기

오늘의 미션
- IF함수로 성별 확인하기
- TODAY, YEAR, LEFT 함수로 나이 계산하기
- MID 함수와 & 연산자로 생일 입력하기
- 표 서식 설정 후 범위로 변환하기

주민등록번호는 대한민국에 거주하는 모든 국민에게 발급하는 국민식별번호입니다. 주민등록번호의 일부로 성별, 나이, 생년월일을 알 수 있습니다. 이번 시간에는 엑셀 프로그램의 함수를 이용하여 주소록에 입력된 주민번호로 성별과 나이, 생년월일을 알아 봅시다.

작품 미리보기

예제파일 주소록.xlsx   **완성파일** 주소록(완성).xlsx

봉사 활동 참여 학생 주소록

이름	주민등록번호	전화번호	성별	나이	생년월일
정하윤	061209-4******	010-9533-0963	여	14세	12월 09일
한소원	111013-4******	010-8277-8944	여	9세	10월 13일
박윤상	030315-3******	010-3041-3130	남	17세	03월 15일
양예지	021213-4******	010-9709-1381	여	18세	12월 13일
박성훈	050605-3******	010-2361-8323	남	15세	06월 05일
이은비	100712-4******	010-7648-9258	여	10세	07월 12일
한지원	040826-3******	010-2525-7047	남	16세	08월 26일
이성현	071112-3******	010-1443-0494	남	13세	11월 12일
이소연	020908-4******	010-2625-0984	여	18세	09월 08일
박준우	080101-3******	010-4491-8705	남	12세	01월 01일
김미나	071108-4******	010-1114-9110	여	13세	11월 08일
이유빈	080626-4******	010-5492-9848	여	12세	06월 26일
한정후	020110-3******	010-4465-9167	남	18세	01월 10일
김민서	120403-4******	010-8530-8839	여	8세	04월 03일
박재현	111230-3******	010-7669-8789	남	9세	12월 30일
이서연	020406-4******	010-9364-9768	여	18세	04월 06일
김준형	080623-3******	010-1531-5497	남	12세	06월 23일
이은서	070727-4******	010-3864-8505	여	13세	07월 27일
한가람	040827-4******	010-1321-9170	여	16세	08월 27일
김미주	060301-4******	010-4175-2507	여	14세	03월 01일
이성민	100618-3******	010-9276-5470	남	10세	06월 18일
한지훈	050407-3******	010-5368-4461	남	15세	04월 07일

01 IF 함수로 성별 확인하기

IF 함수를 이용하여 성별을 확인합니다.

1 Microsoft Office Excel 2016을 실행하여 '주소록.xlsx'파일을 불러옵니다. **[E4]**를 클릭한 후 **[수식]** 탭의 **[함수 라이브러리]** 그룹에서 **[논리]**의 **[IF]**를 클릭합니다.

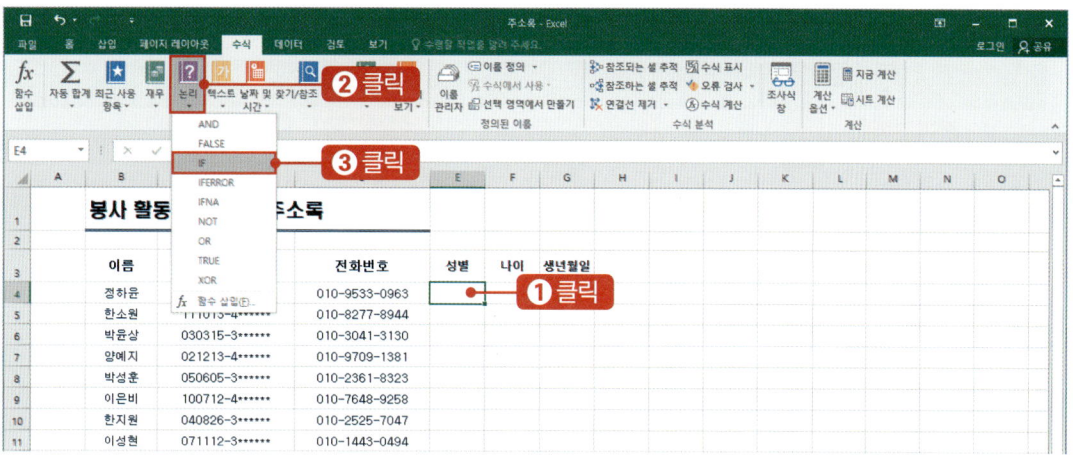

2 **[함수 인수]** 대화상자가 나오면 Logical_test의 입력칸에 'MID(C4,8,1)="3"'를 입력하고 Value_if_true입력칸에 "남"을 입력, Value_if_false의 입력칸에 "여"를 입력하고 **[확인]**을 클릭합니다.

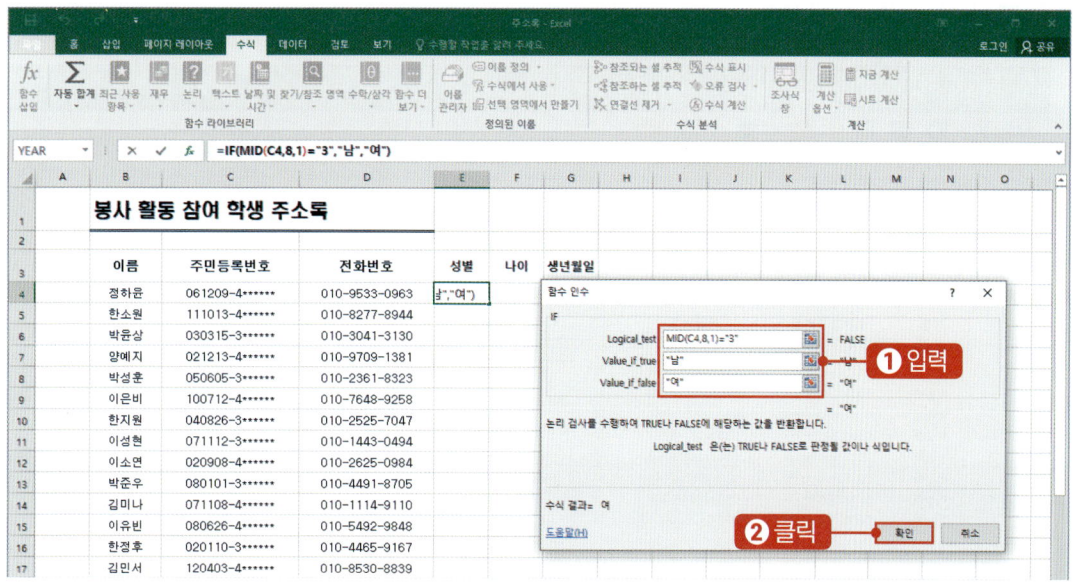

3 **[E4]**의 채우기 핸들을 **[E25]**까지 드래그하여 자동 채우기를 합니다.

CHAPTER 21 - 주소록으로 나이와 성별 맞히기

TODAY, YEAR, LEFT 함수로 나이 계산하기

주민등록번호를 일부를 추출하여 학생의 나이를 계산합니다.

1 [F4]를 클릭한 후 [수식] 탭의 [함수 라이브러리] 그룹에서 [날짜 및 시간]의 [YEAR] 함수를 클릭한 다음 YEAR [함수 인수] 대화상자 Serial_number의 입력칸에 'TODAY()'를 입력하고 [확인]을 클릭합니다.

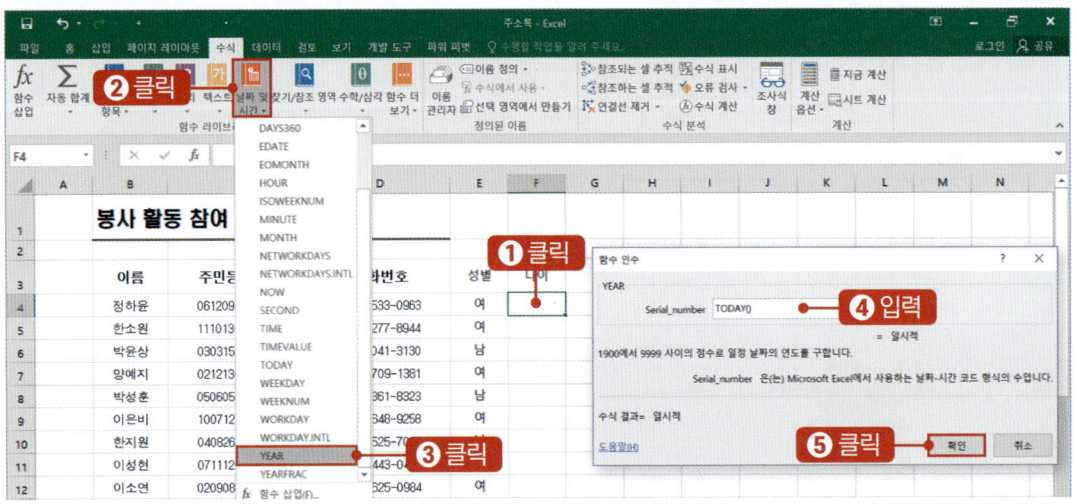

2 [F4]의 [수식 입력줄]에 입력된 수식의 마지막을 클릭하고 '-(2000+LEFT(C4,2))'를 추가로 입력한 다음 Enter 를 누릅니다.

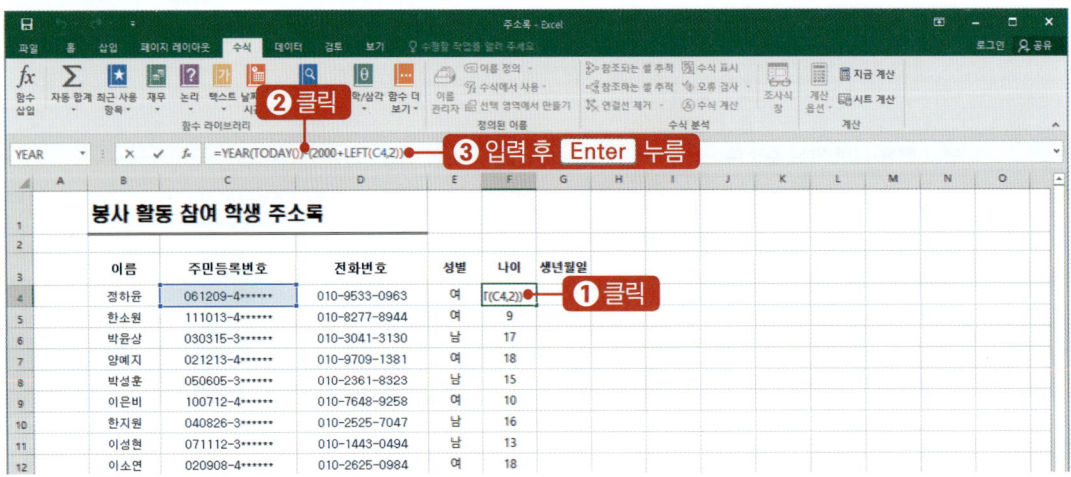

3 [F4]의 채우기 핸들을 [F25]까지 드래그하여 자동 채우기를 합니다.

03 MID 함수와 & 연산자로 생일 입력하기

주민등록번호를 이용하여 MID 함수와 & 연산자로 생일을 입력합니다.

1 [G4]를 클릭한 다음 [수식] 탭의 [함수 라이브러리] 그룹의 [텍스트]를 클릭하고 [MID]를 선택합니다. MID [함수 인수] 대화상자가 실행되면 Text의 입력칸에 'C4', Start_num의 입력칸에 '3', Num_chars의 입력칸에 '2'를 입력하고 [확인]을 클릭합니다.

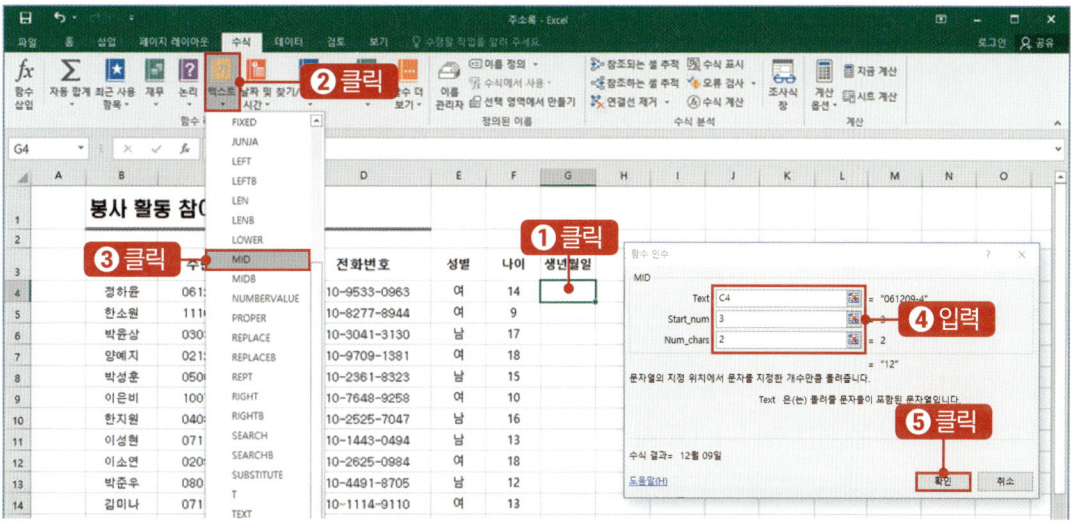

2 [G4]의 [수식 입력줄]에 입력된 수식의 마지막을 클릭한 후 '&"월 "&MID(C4,5,2)&"일"'을 추가로 입력하고 Enter 를 누릅니다. 그 다음 [G4]의 채우기 핸들을 [G25]까지 드래그하여 자동 채우기를 합니다.

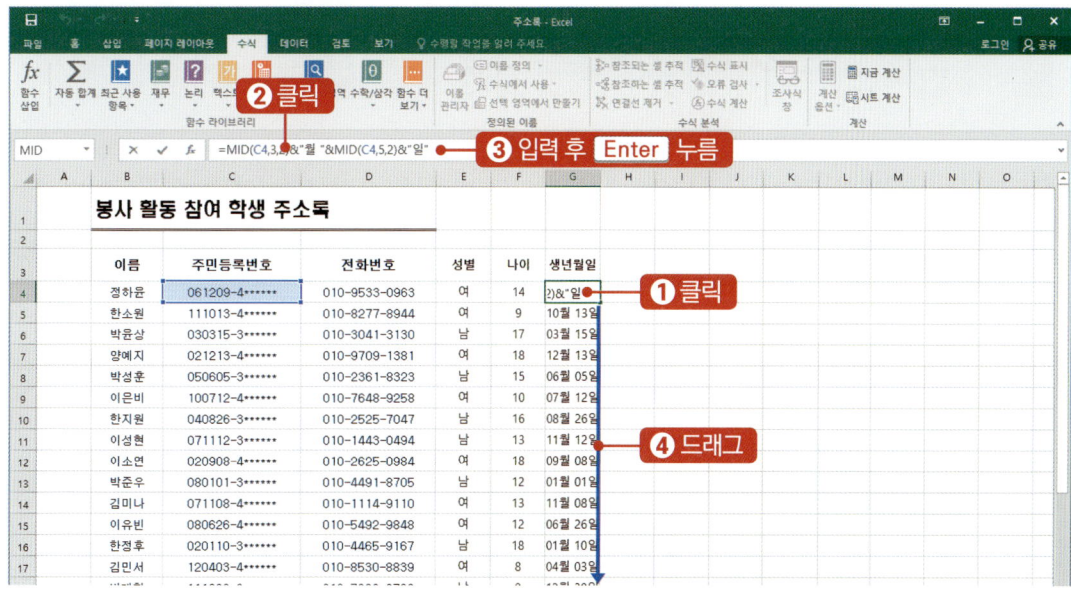

04 표 서식 설정 후 범위로 변환하기

표 서식을 설정하고 범위로 변환합니다.

1 [B1:G1]을 드래그하여 영역을 지정한 후 병합하고 [셀 서식]을 실행하여 '아래쪽 이중 테두리'를 설정합니다. 그 다음 [F4:F25]의 표시 형식을 'G/표준"세"'로 변경합니다.

2 [B3:G25]를 드래그하여 영역을 지정한 후 [홈] 탭의 [스타일] 그룹에서 [표 서식]을 클릭한 다음 '표 스타일 밝게 14'를 선택합니다. [표 서식] 대화상자의 데이터 범위를 확인한 후 [확인]을 클릭합니다.

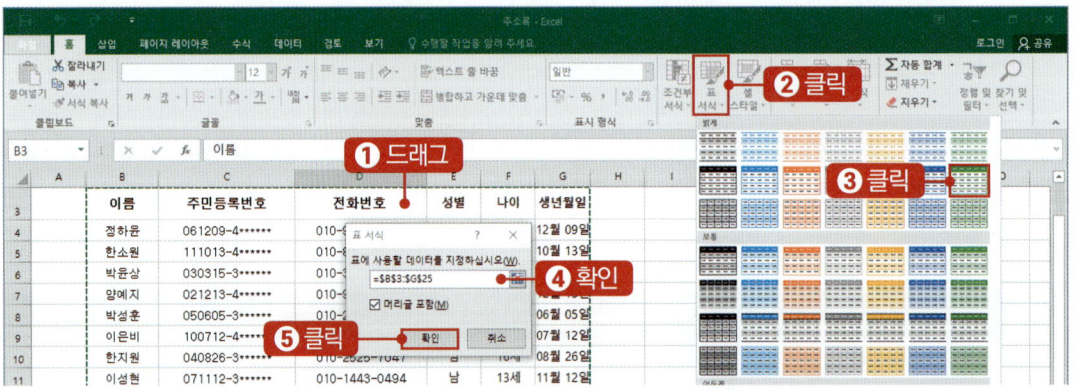

3 [표 도구] - [디자인] 탭의 [도구] 그룹에서 [범위로 변환]을 클릭한 후 [예]를 클릭합니다.

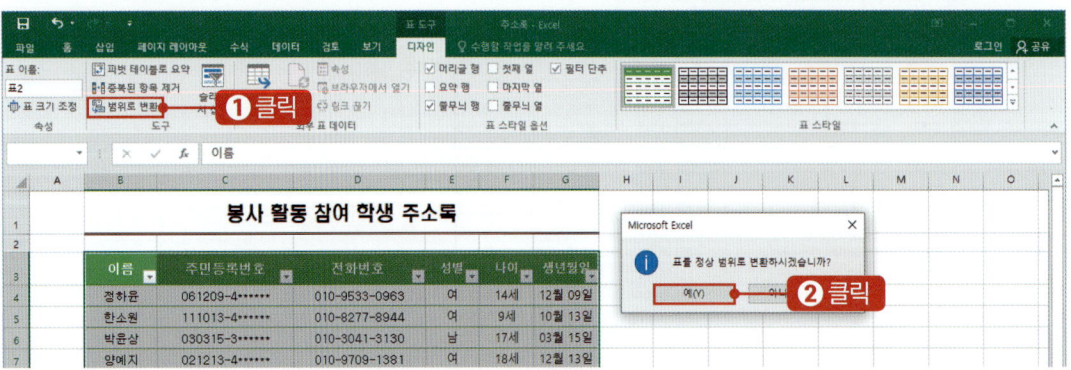

실력 쑥쑥! 창의력 쑥쑥!

1 YEAR 함수로 행사일을 기준 나이와 LEFT 함수로 참가지역을 계산하여 다음과 같은 물로켓 대회 참가자표를 완성해 보세요.

예제파일: 물로켓.xlsx   완성파일: 물로켓(완성).xlsx

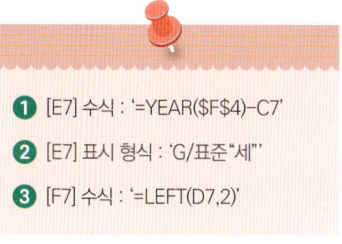

① [E7] 수식 : '=YEAR($F$4)-C7'
② [E7] 표시 형식 : 'G/표준"세"'
③ [F7] 수식 : '=LEFT(D7,2)'

2 학년, 반, 번호(코드번호의 1번째 숫자로 학년, 2번째 숫자로 반, 3~4번째 숫자로 번호)와 합격여부(타자결과의 값이 100이상이면 합격, 그렇지 않으면 재시험)를 계산하여 다음과 같은 타자 시험 결과표를 완성해 보세요.

예제파일: 타자시험.xlsx   완성파일: 타자시험(완성).xlsx

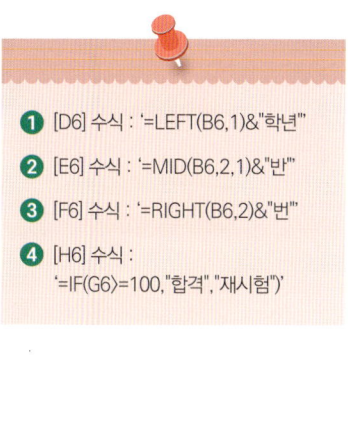

① [D6] 수식 : '=LEFT(B6,1)&"학년"'
② [E6] 수식 : '=MID(B6,2,1)&"반"'
③ [F6] 수식 : '=RIGHT(B6,2)&"번"'
④ [H6] 수식 : '=IF(G6>=100,"합격","재시험")'

CHAPTER 22 대피 요령 안내서 만들기

오늘의 미션
- 도형과 WordArt 삽입하기
- SmartArt 그래픽 삽입하기
- 하이퍼링크 연결하기

 지진이 발생했을 때, 화재가 발생했을 때 등 대피 요령을 알면 안전하게 대피할 수 있습니다. 이번 시간에는 엑셀 프로그램의 스마트아트를 이용하여 **재난 별 대피 요령**을 만들어 봅시다.

작품 미리보기

예제파일 지진.png, 태풍.png, 화재.png　　**완성파일** 재난대피요령(완성).xlsx

지진 발생 시
탁자 아래에 들어가 몸을 보호합니다. 흔들림이 멈추면 가스와 전깃불을 차단하고 문을 열어 출구를 확보한 후, 밖으로 나갑니다.

화재 발생 시
비상 소집후, 대피 방법을 결정하여 신속히 대피합니다. 대피 후에는 119에 신고하고 인원을 확인합니다.

태풍 발생 시
위험지역은 접근하지 말고, 즉시 안전한 지역으로 주변에 있는 사람들과 함께 대피합니다.

도형과 WordArt 삽입하기

도형과 WordArt를 삽입한 후 도형 스타일과 WordArt 스타일을 변경합니다.

① Microsoft Office Excel 2016을 실행한 다음 '재난대피요령.xlsx'파일을 불러옵니다. **[삽입]** 탭의 **[일러스트레이션]** 그룹에서 **[도형]**을 클릭하여 사각형의 '평행 사변형' 도형을 삽입하고 삽입한 '평행 사변형'을 클릭한 후 도형 채우기를 '주황, 강조2, 60% 더 밝게', 도형 윤곽선을 '윤곽선 없음'으로 지정합니다.

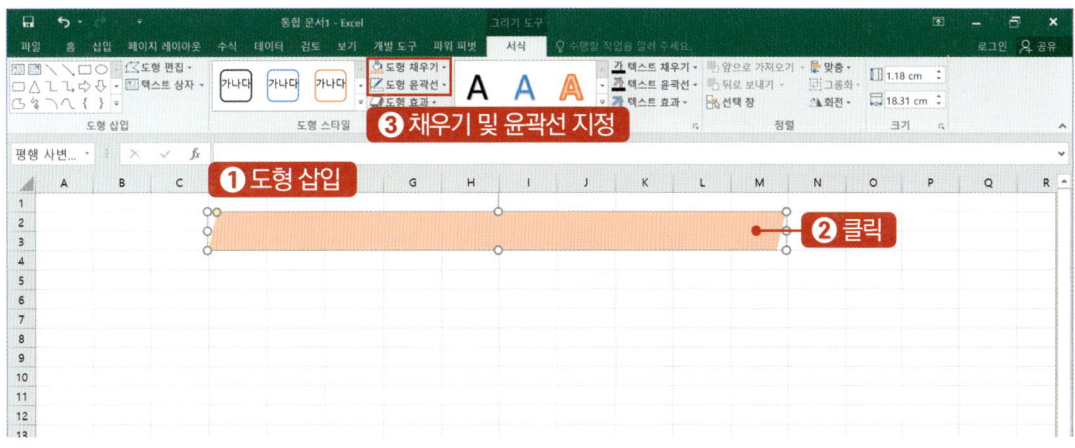

② **[삽입]** 탭의 **[텍스트]** 그룹에서 **[WordArt]**를 클릭하여 '재난 별 대피 요령'을 입력한 다음 글꼴을 'HY헤드라인M', 글꼴 크기를 '40pt'으로 지정합니다. 그 다음 텍스트 채우기를 '주황, 강조2, 25% 더 어둡게', 텍스트 윤곽선을 '주황, 강조2, 50% 더 어둡게'를 지정합니다.

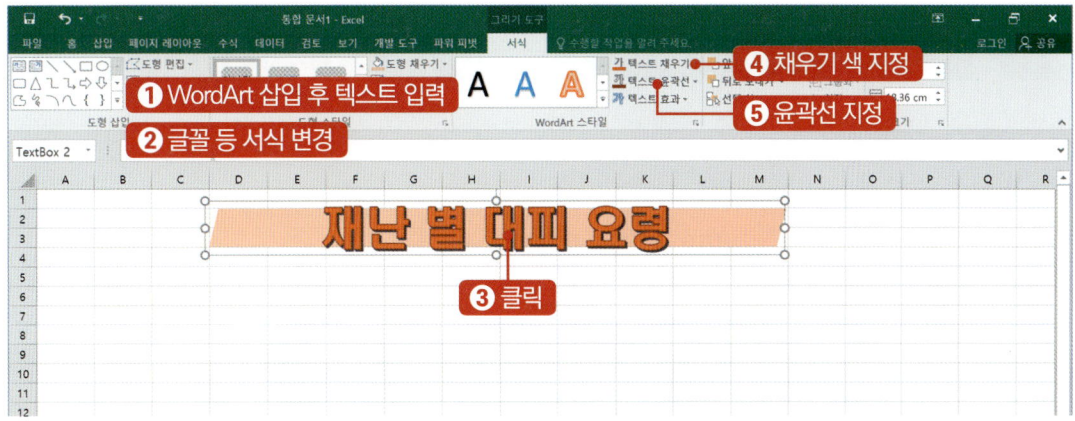

TIP   WordArt를 삽입할 때 임의의 스타일을 선택하여 삽입한 후 WordArt 스타일을 변경하여 적용할 수 있어요.

02 SmartArt 그래픽 삽입하기

SmartArt 그래픽을 이용하여 정보와 아이디어를 시각적으로 표현합니다.

1 [삽입] 탭의 [일러스트레이션] 그룹에서 [SmartArt 그래픽]를 클릭합니다. [SmartArt 그래픽 선택] 대화상자가 실행되면 [목록형]을 클릭하고 [세로 그림 목록형]을 선택하고 [확인]을 클릭합니다.

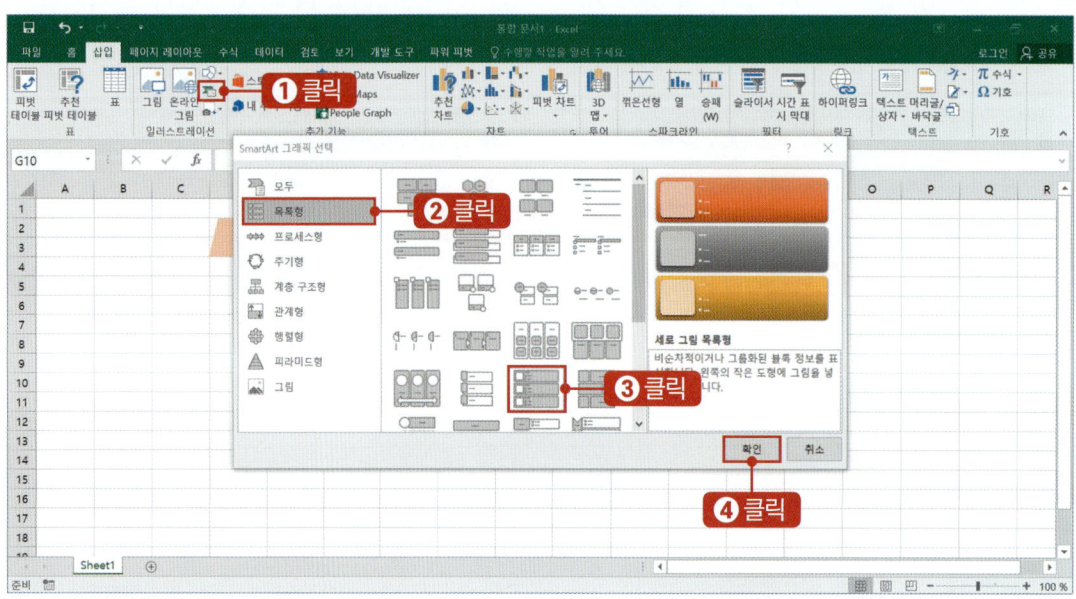

2 각각의 도형에 텍스트를 입력합니다. 입력한 텍스트 중 '지진 발생 시', '화재 발생 시', '태풍 발생 시'의 글꼴은 'HY헤드라인M', 글꼴 크기는 '14pt'로 지정하고 나머지 텍스트의 글꼴은 'HY그래픽M', 글꼴 크기는 '13pt'으로 각각 설정합니다.

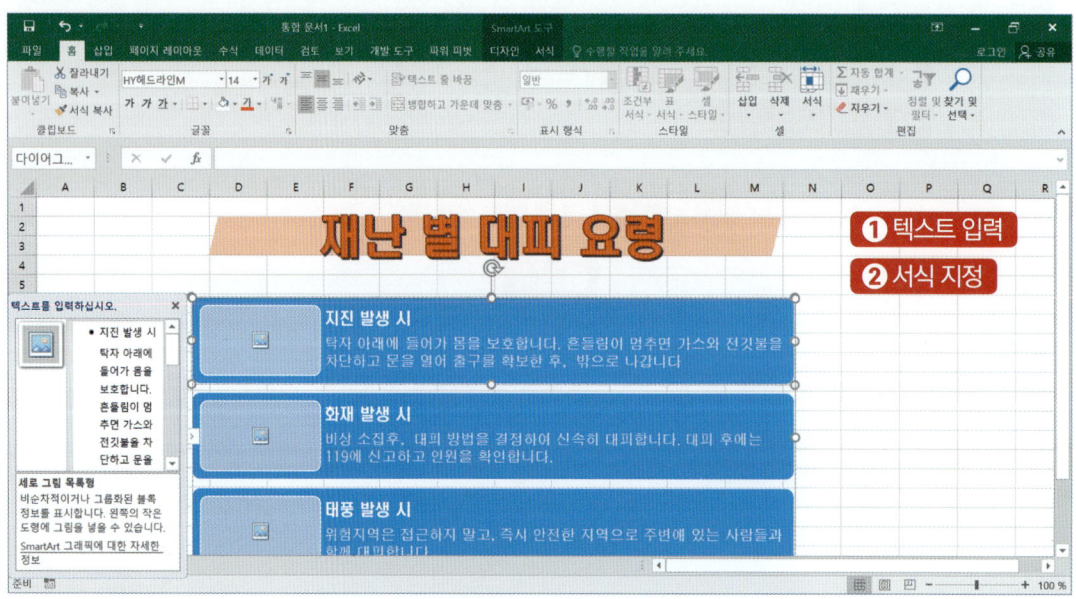

3 아이콘을 클릭하여 '지진.png', '화재.png', '태풍.png' 그림을 차례로 삽입합니다.

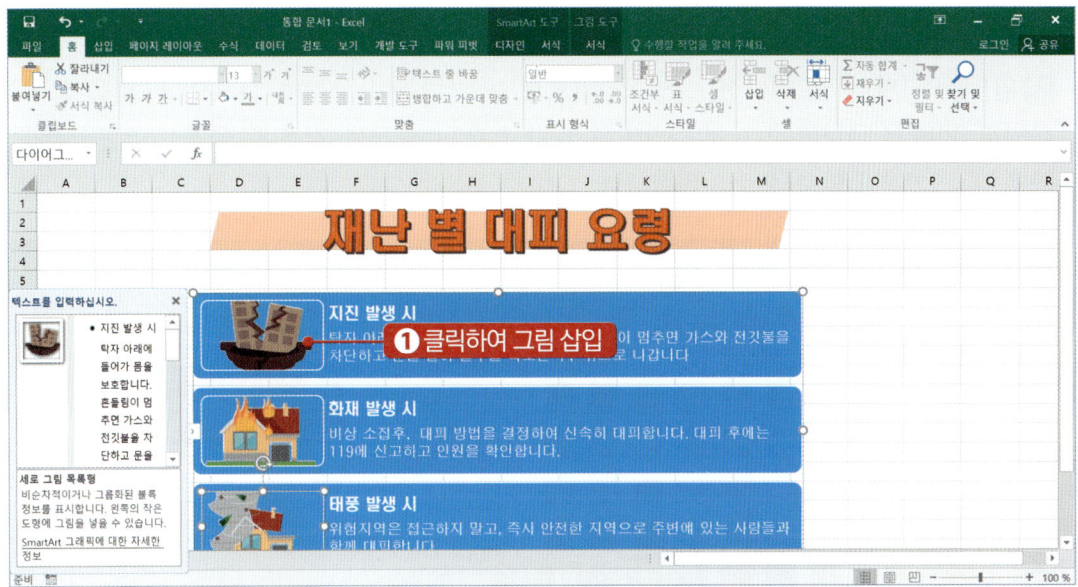

4 Ctrl 키를 누른 상태로 도형을 클릭하여 선택한 후 [SmartArt 도구] - [서식] 탭의 [도형 스타일] 그룹에서 도형 스타일을 클릭하여 '색 윤곽선 - 주황, 강조2'를 선택합니다.

하이퍼링크 연결하기

도형을 추가하여 자세한 설명이 적혀 있는 sheet로 하이퍼링크를 연결합니다.

1 [삽입] 탭의 [일러스트레이션] 그룹에서 [도형]을 클릭하여 사각형의 '빗면' 도형을 삽입합니다. 삽입한 '빗면'을 클릭한 후 도형 스타일을 '강한 효과 – 황금색, 강조 4', 글꼴 크기를 '14pt', '굵게', 가로 세로 [가운데 맞춤]으로 지정합니다.

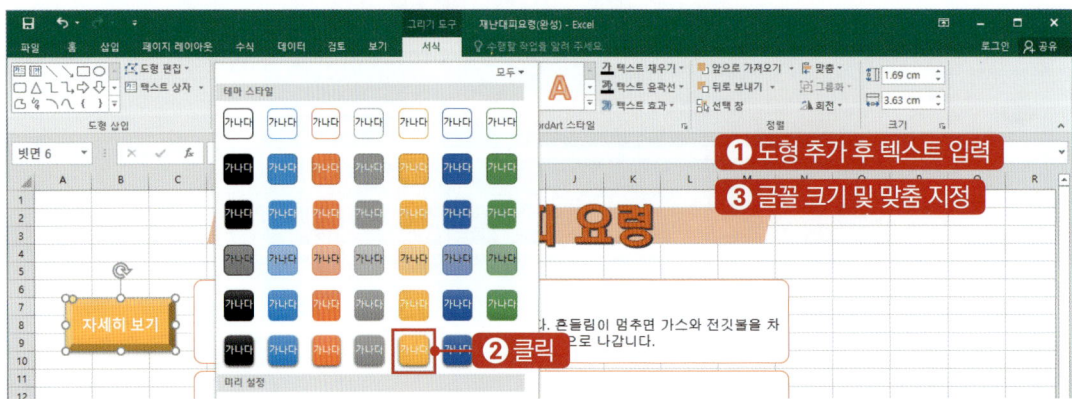

2 삽입된 도형을 선택하고 마우스 오른쪽 버튼을 클릭하여 [하이퍼링크]를 클릭합니다. [하이퍼링크 삽입] 대화상자가 실행되면 [현재 문서]를 클릭한 후 참조할 셀 입력의 입력칸에 'A1'을 입력하고 이 문서에서 위치 선택의 '지진시 대피요령'를 클릭하고 [확인]을 클릭합니다.

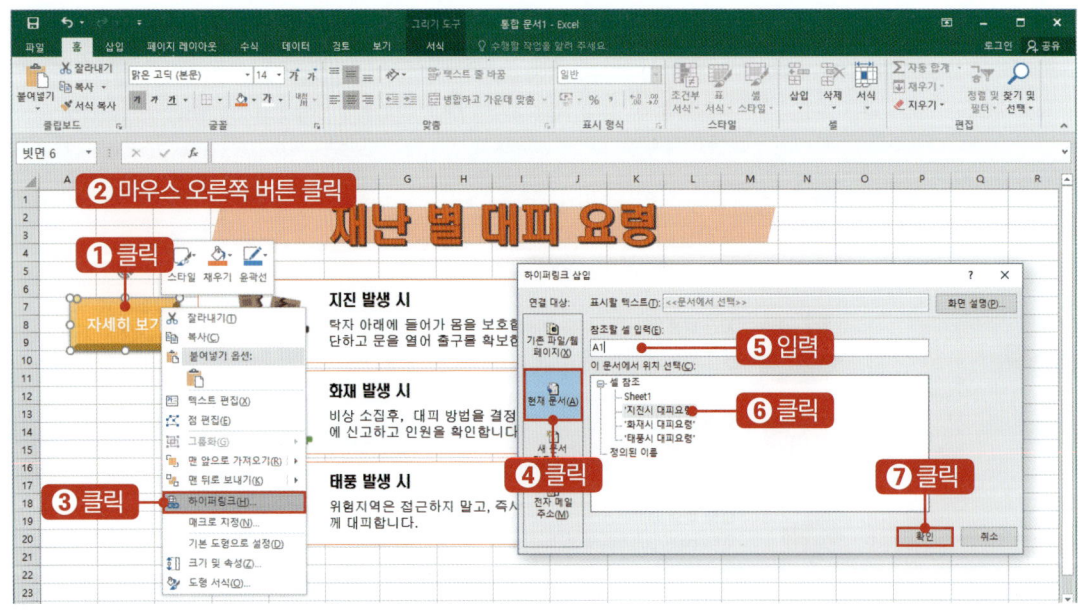

3 ①~② 와 같은 방법으로 '화재 발생 시'와 '태풍 발생 시'에 해당하는 도형을 만들고 하이퍼링크를 연결합니다.

실력 쑥쑥! 창의력 쑥쑥!

1 SmartArt 그래픽을 삽입하여 다음과 같은 그래픽을 완성해 보세요.

예제파일 물의순환.png   완성파일 물의순환(완성).xlsx

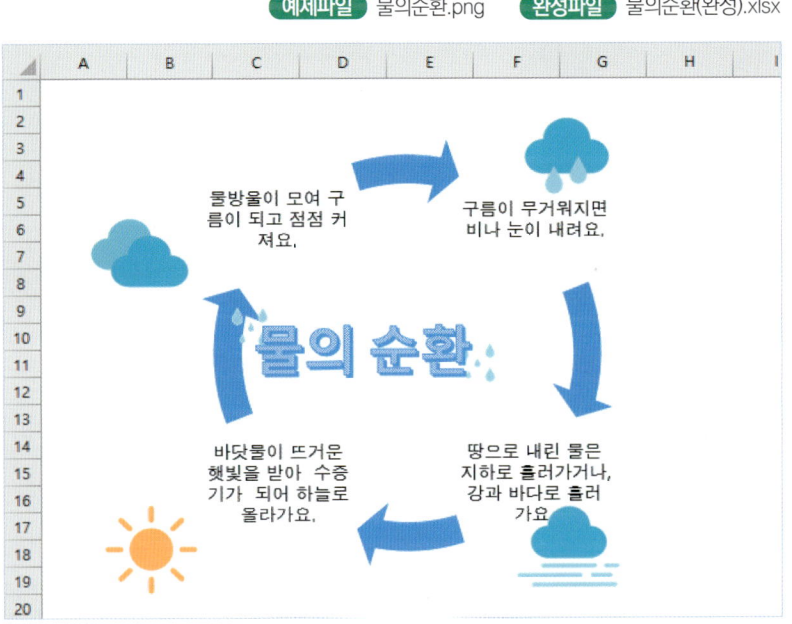

① SmartArt 그래픽 : '텍스트 주기형' 삽입, 색 변경(색 채우기 – 강조 1)
② WordArt : '무늬 채우기 – 파랑, 강조 1, 50%, 진한 그림자 – 강조 1' 삽입
③ 그림 '물의순환' 삽입 후 투명한 색 설정 및 자르기
④ 글꼴, 글꼴 크기 등의 서식 임의 지정

2 SmartArt 그래픽을 삽입하여 다음과 같은 그래픽을 완성해 보세요.

예제파일 도넛.png, 조각피자.png, 핫도그.png, 햄버거.png   완성파일 메뉴판(완성).xlsx

① SmartArt 그래픽 : '그림 설명 목록형' 삽입, 색 변경(색 윤곽 – 강조 1)
② WordArt : '무늬 채우기 – 파랑, 강조 1, 50%, 진한 그림자 – 강조 1' 삽입
③ 음식 그림 삽입
④ 글꼴, 글꼴 크기 등의 서식 임의 지정

CHAPTER 22 - 대피 요령 안내서 만들기

별점 표시로 평가하기

CHAPTER 23

오늘의 미션
- 데이터를 입력하고 서식 설정하기
- AVERAGE 함수로 평균 계산하기
- REPT 함수와 INT 함수로 "★"점 표시하기
- & 연산자로 함수 연결하여 "☆"점 표시하기

영화나 음식점 등을 선택할 때 **별점 평가**를 참고하여 선택합니다. 이번 시간에는 엑셀 프로그램의 함수를 이용하여 평가 점수에 따른 별점을 표시해 봅시다.

 작품 미리보기

 예제파일 음식점평가1~4.png   완성파일 음식점평가(완성).xlsx

우리 동네 음식점 평가

	맛	가격	위생	분위기	서비스	평균 점수	별점
바삭한 돈까스	4점	2점	4점	3점	5점	3.6점	★★★☆
옛날 떡볶이	3점	4점	4점	5점	2점	3.6점	★★★☆
달콤 생크림와플	4점	4점	5점	3점	3점	3.8점	★★★☆
중화반점	2점	2점	4점	2점	2점	2.4점	★★
피자월드	5점	3점	5점	3점	2점	3.6점	★★★☆
브레드 베이커리	4점	3점	5점	4점	4점	4.0점	★★★★

01 데이터를 입력하고 서식 설정하기

데이터를 입력하고 테두리와 채우기 색을 설정한 후 표시 형식을 지정합니다.

1 Microsoft Office Excel 2016을 실행한 다음 '배지' 도형을 삽입한 후 도형 채우기를 '흰색, 배경1', 도형 윤곽선을 '황금색, 강조4, 40% 더 밝게', 도형 효과의 그림자를 바깥쪽의 '오프셋 대각선 오른쪽 아래'로 지정합니다. 그 다음 도형을 클릭하여 '우리 동네 음식점 평가'를 입력하고 텍스트 채우기를 '황금색, 강조4, 40% 더 밝게', 텍스트 윤곽선을 '주황', 글꼴 크기를 '32pt', '굵게', 가로 세로 [가운데 맞춤]을 지정합니다.

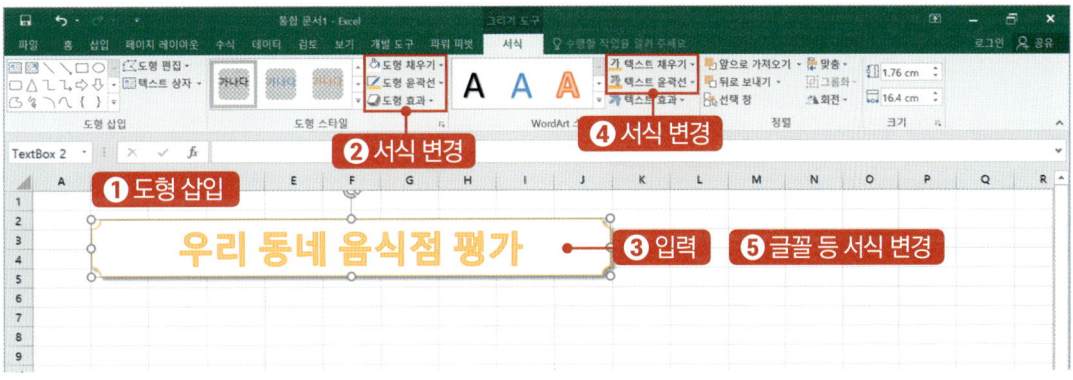

2 [B7:G13]에 데이터를 입력한 후 테두리를 지정합니다. 그 다음 [C7:G7], [B8:B13]을 드래그하여 영역을 지정한 후 채우기 색('황금색, 강조4, 60% 더 밝게')을 지정하여 표를 완성합니다. 그 다음 [C8:G13]을 드래그하여 [셀 서식] 대화상자를 실행하고 [표시 형식] 탭을 클릭한 후 범주는 '사용자 지정', 형식은 'G/표준"점"'으로 입력한 후 [확인]을 클릭합니다.

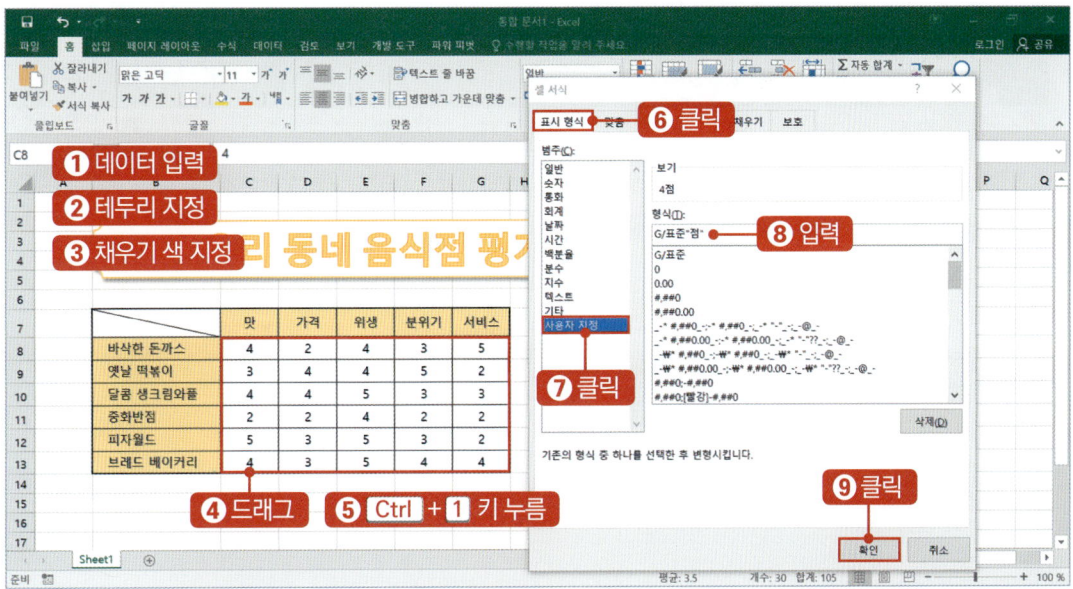

CHAPTER 23 - 별점 표시로 평가하기

02 AVERAGE 함수로 평균 계산하기

AVERAGE 함수로 평균을 계산한 후 표시 형식을 지정합니다.

1 [I8]을 클릭한 후 [홈] 탭의 [편집] 그룹에서 '자동 합계' 드롭다운 버튼을 클릭하여 [평균]을 클릭한 다음 [C8:G8]을 드래그하여 영역을 지정한 후 Enter 를 누릅니다.

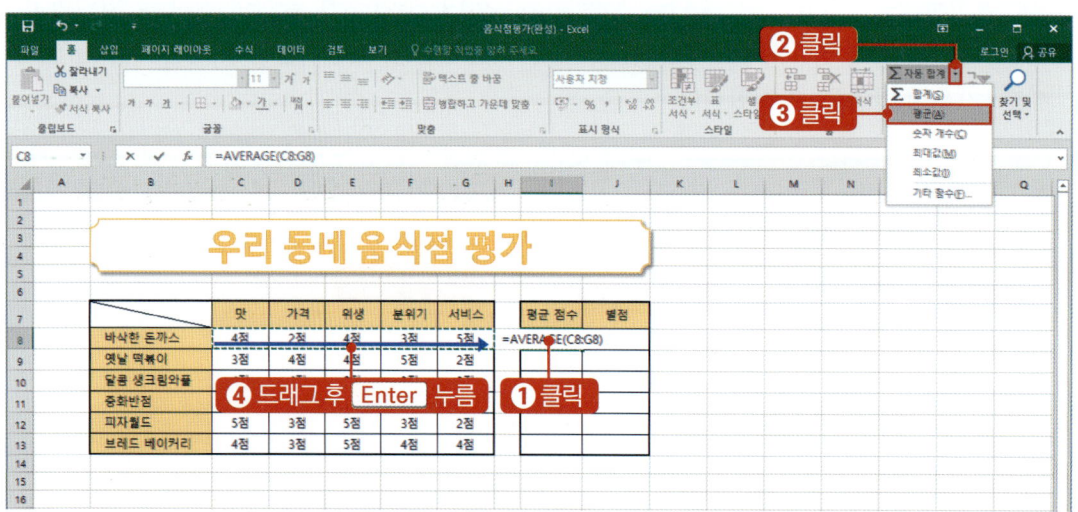

TIP [수식] 탭의 [자동 합계]를 클릭해도 평균을 구할 수 있어요.

2 [I8]을 선택하고 Ctrl + 1 키를 눌러 [셀 서식] 대화상자를 실행합니다. [표시 형식] 탭을 클릭한 후 범주는 '사용자 지정', 형식은 '0.0"점"'으로 입력한 후 [확인]을 클릭한 다음 [I8]의 채우기 핸들을 [I13]까지 드래그하여 자동 채우기합니다.

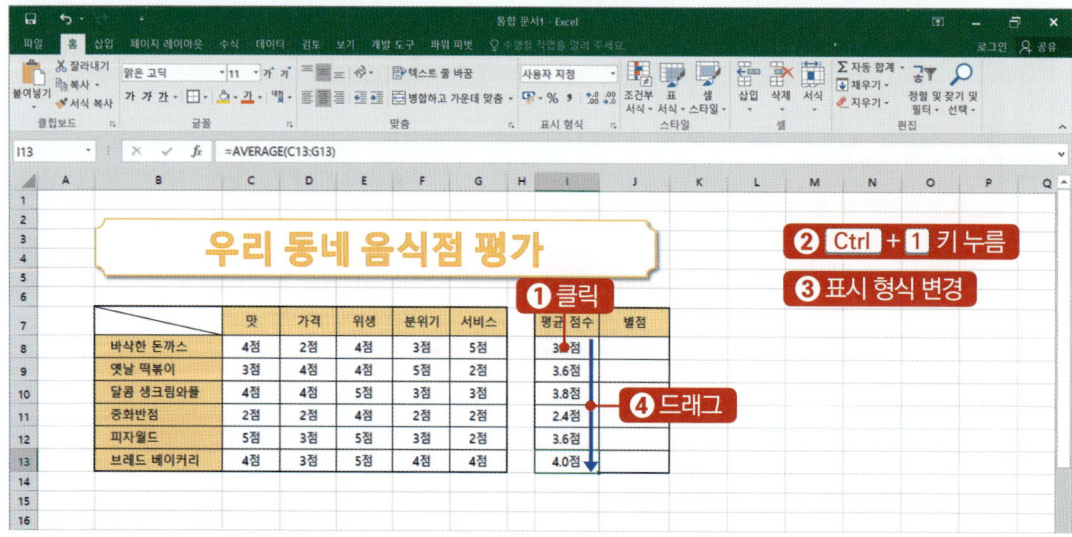

03 REPT 함수와 INT 함수로 "★"점 표시하기

REPT 함수와 INT 함수로 정수 값 만큼의 ★을 반복으로 표시합니다.

1 [J8]을 클릭한 다음 [수식] 탭의 [함수 라이브러리] 그룹에서 [텍스트]의 [REPT]를 클릭 합니다.

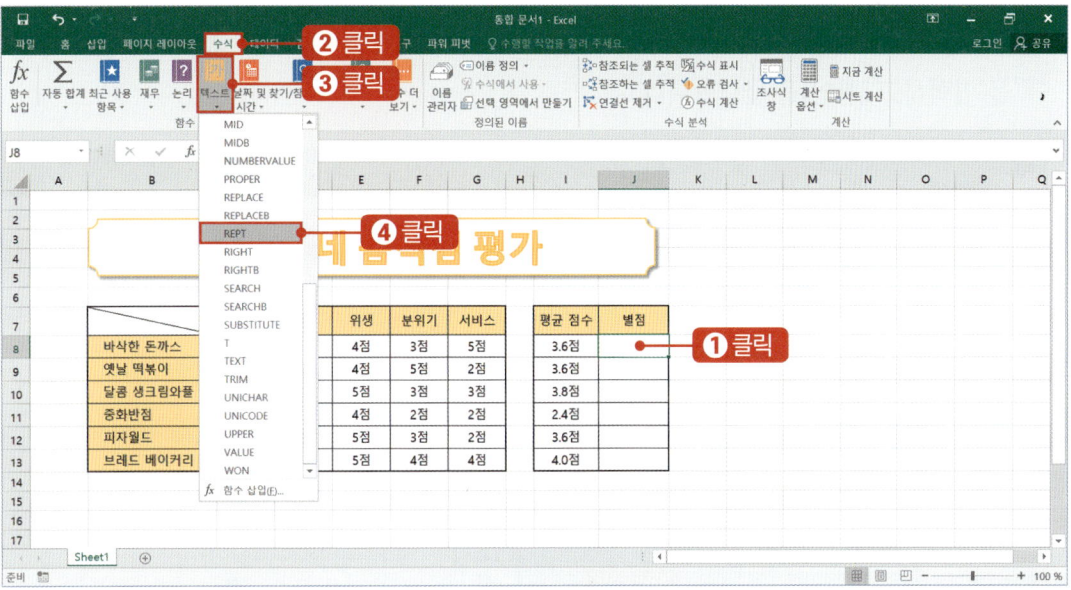

2 [함수 인수] 대화상자가 실행되면 Text의 입력칸에 '"★"'을 입력하고, Number_times의 입력칸에 'INT(I8)'을 입력하고 [확인]을 클릭합니다.

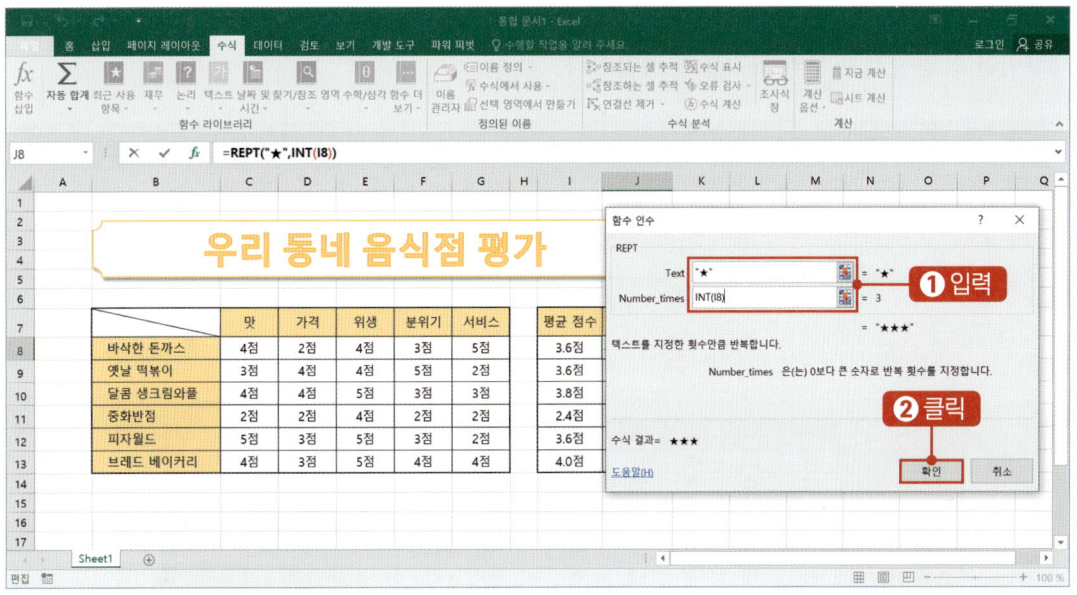

CHAPTER 23 - 별점 표시로 평가하기

04 & 연산자로 함수 연결하여 "☆"점 표시하기

함수로 구한 셀 값에 & 연산자를 연결하여 소수 값 만큼 ☆을 표시합니다.

1 [J8]의 [수식 입력줄]에 입력된 수식의 마지막을 클릭하고 '&' 연산자를 입력한 후 [수식] 탭의 [함수 라이브러리] 그룹에서 [논리]의 [IF]를 클릭한 다음 [함수 인수] 대화상자가 실행되면 Logical_test의 입력칸에 'I8-INT(I8)>=0.5'를 입력하고 Value_if_true의 입력칸에 "☆", Value_if_false의 입력칸에 """를 입력하고 [확인]을 클릭합니다.

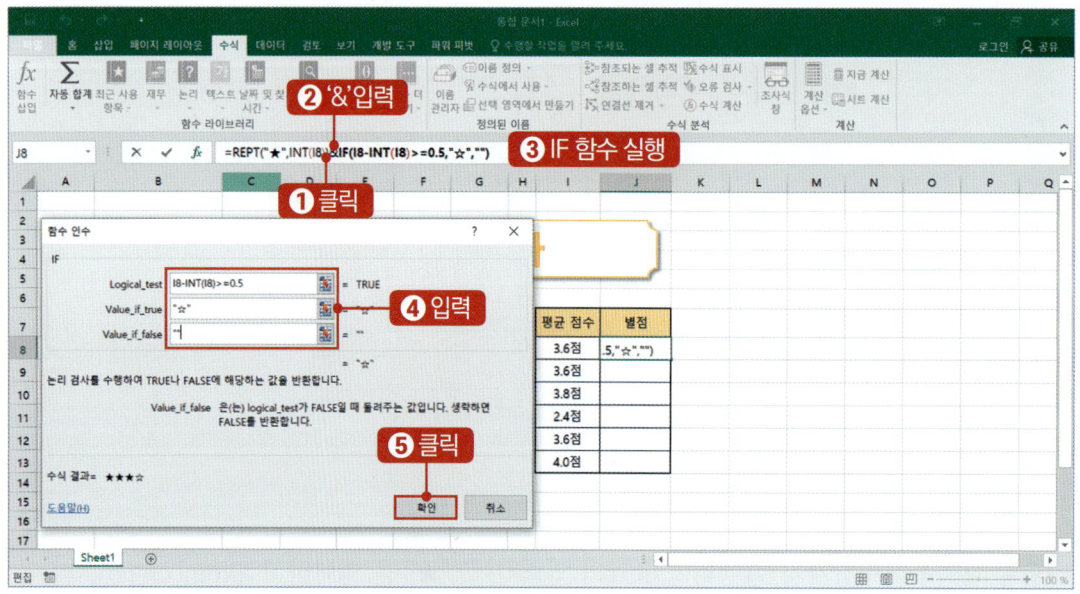

2 [J8]의 채우기 핸들을 드래그하여 [J13]까지 자동 채우기합니다. 그 다음 '음식점평가1~4.png' 그림을 삽입하고 위치와 크기를 변경합니다.

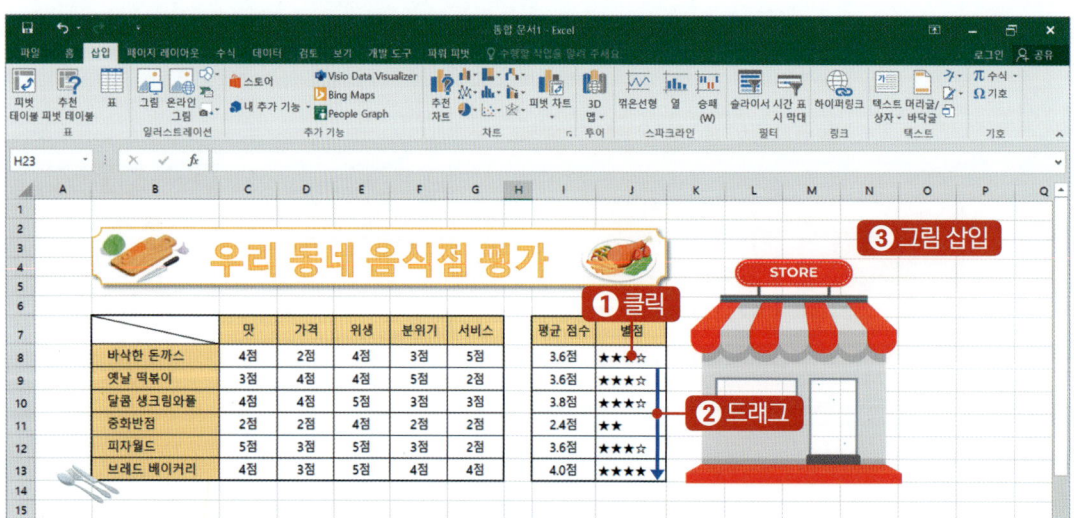

실력 쑥쑥! 창의력 쑥쑥!

1 AVERAGE 함수를 이용하여 점수의 평균을 계산하고, REPT와 INT 함수를 사용하여 별점을 표시하여 다음과 같이 완성해 보세요.

예제파일 도서평점.xlsx 완성파일 도서평점(완성).xlsx

① [I7] 수식 : '=AVERAGE(C7:G7)'

② [I7] 표시 형식 : '0.0"점"'

③ [J7] 수식 :
'=REPT("★",INT(AVERAGE(C7:G7)))
&IF(AVERAGE(C7:G7)-
INT(AVERAGE(C7:G7))>=0.5,"☆"," ")'

2 AVERAGE 함수를 이용하여 점수의 평균을 계산하고, REPT와 INT 함수를 사용하여 별점을 표시하여 다음과 같은 평가표를 완성해 보세요.

예제파일 신메뉴평점.xlsx 완성파일 신메뉴평점(완성).xlsx

① [I6] 수식 : '=AVERAGE(C6:G6)'

② [I6] 표시 형식 : '0.0"점"'

③ [J6] 수식 :
'=REPT("★",INT(AVERAGE(C6:G6)))
&IF(AVERAGE(C6:G6)-
INT(AVERAGE(C6:G6))>=0.5,"☆"," ")'

버튼으로 명령하기

오늘의 미션
- 매크로 기록하기
- 매크로 지정하기

자주 사용하는 여러 개의 명령어를 묶어서 하나의 키 입력 동작으로 만든 것을 매크로라고 합니다. 이번 시간에는 엑셀 프로그램의 매크로 기능을 이용하여 버튼을 클릭하면 낮과 밤의 풍경이 바뀌는 매크로를 만들어 봅시다.

 **작품 미리보기**

예제파일 낮과밤.xlsx   **완성파일** 낮과밤(완성).xlsx

매크로 기록하기

낮과 밤의 다른 풍경을 매크로에 기록합니다.

1 Microsoft Office Excel 2016을 실행하여 '낮과밤.xlsx'파일을 불러온 후 [보기] 탭의 [매크로] 그룹에서 [매크로]를 클릭하고 [매크로 기록]을 클릭합니다. [매크로 기록] 대화상자가 실행되면 매크로 이름의 입력칸에 '밤'을 입력하고 [확인]을 클릭합니다.

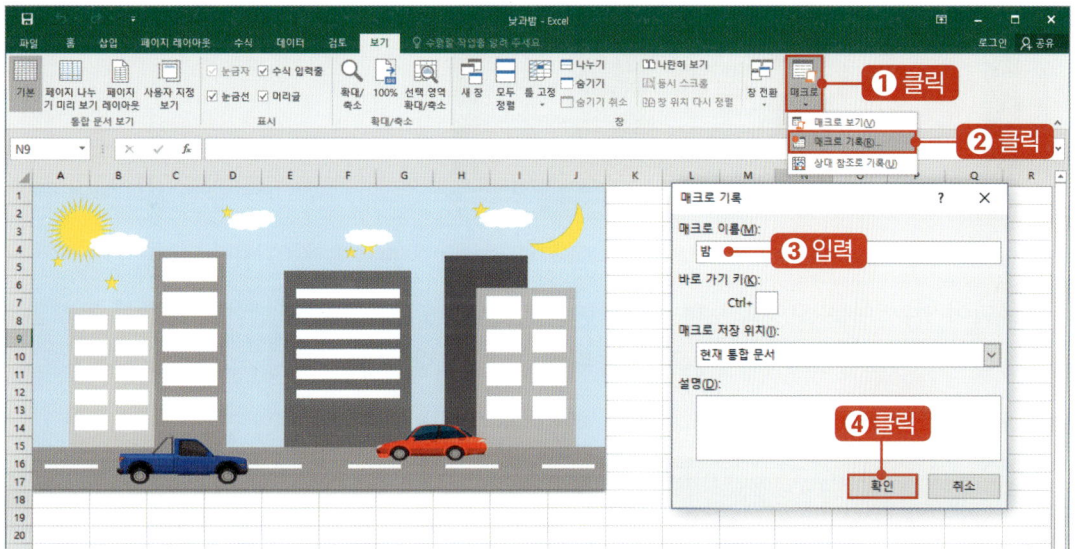

2 '배경' 도형을 클릭한 후 [그리기 도구] - [서식] 탭의 [도형 스타일] 그룹에서 도형 스타일을 '강한 효과 - 검정, 어둡게 1'로 설정한 후 [맨 뒤로 보내기]를 클릭합니다.

CHAPTER 24 - 버튼으로 명령하기

③ 그 다음 Ctrl 키를 누른 상태로 '해'와 '구름' 도형을 클릭하여 모두 선택한 후 [그리기 서식] 탭의 [정렬] 그룹에서 [뒤로 보내기]의 [맨 뒤로 보내기]를 클릭합니다.

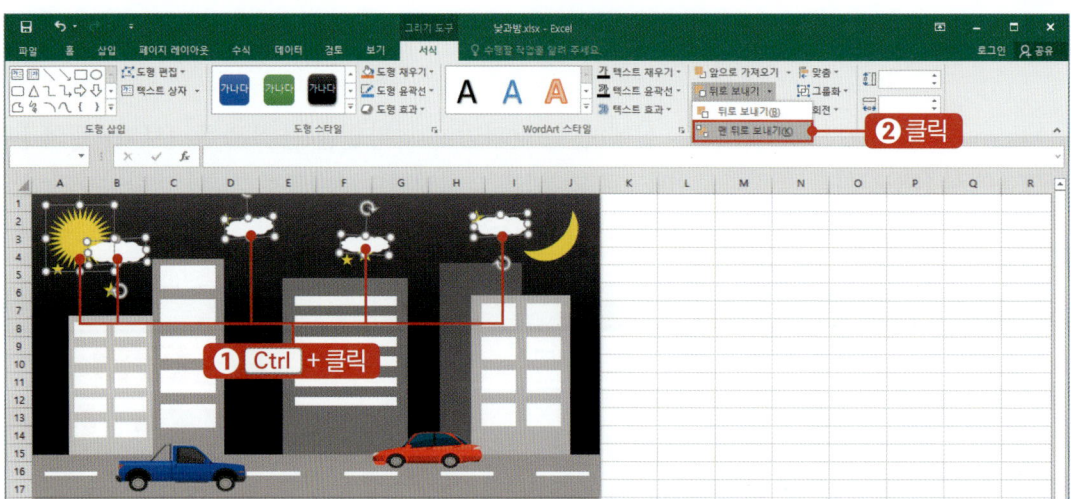

④ 그룹되어 있는 '창문' 모양의 도형을 클릭한 후 [그리기 도구] - [서식] 탭에서 채우기 색을 '노랑'으로 지정한 다음 [도형 효과]의 [네온]을 클릭해 '연한 노랑', 네온 - '황금색, 5 pt 네온, 강조색 4'을 지정합니다.

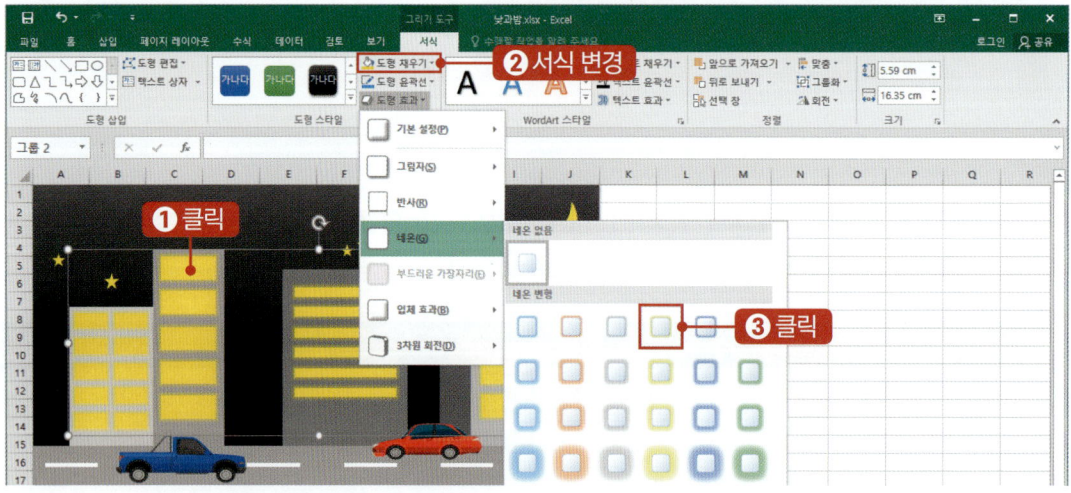

⑤ 그 다음 [보기] 탭의 [매크로] 그룹에서 [매크로]의 [기록 중지]를 클릭합니다.

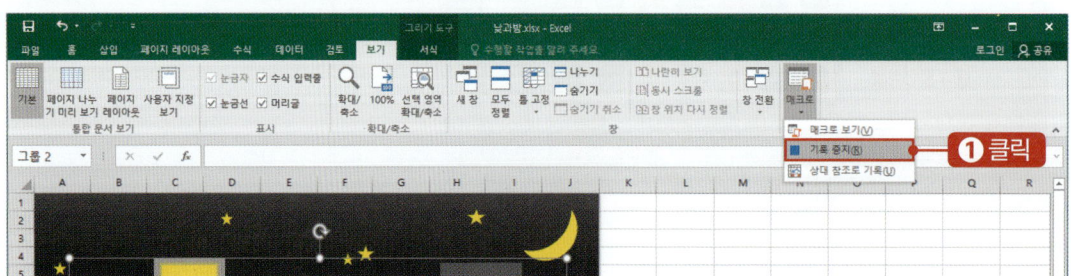

6 [보기] 탭의 [매크로] 그룹에서 [매크로]를 클릭하고 [매크로 기록]을 클릭합니다. [매크로 기록] 대화상자가 실행되면 '매크로 이름'의 입력칸에 '낮'을 입력하고 [확인]을 클릭합니다.

7 '배경' 도형을 클릭하고 도형 스타일의 '강한 효과 - 파랑, 강조 1'을 클릭한 다음 [맨 뒤로 보내기]를 클릭합니다.

8 그 다음 Ctrl 키를 누른 상태로 '별'과 '달' 도형을 클릭하여 모두 선택한 후 [그리기 서식] 탭의 [정렬] 그룹에서 [뒤로 보내기]의 [맨 뒤로 보내기]를 클릭합니다.

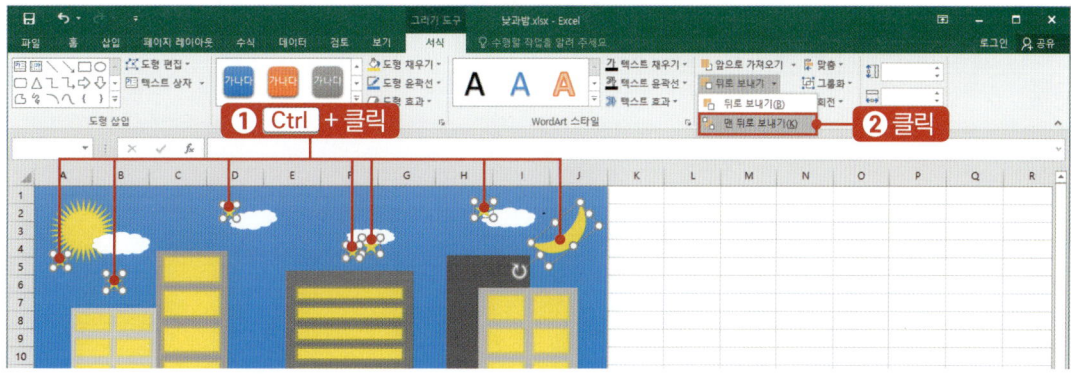

9 그룹되어 있는 '창문' 모양의 도형을 클릭한 후 **[그리기 도구] – [서식]** 탭에서 채우기 색을 '흰색, 배경 1'로 지정한 다음 **[도형 효과]**의 **[네온]**을 클릭해 '네온 없음'을 클릭합니다.

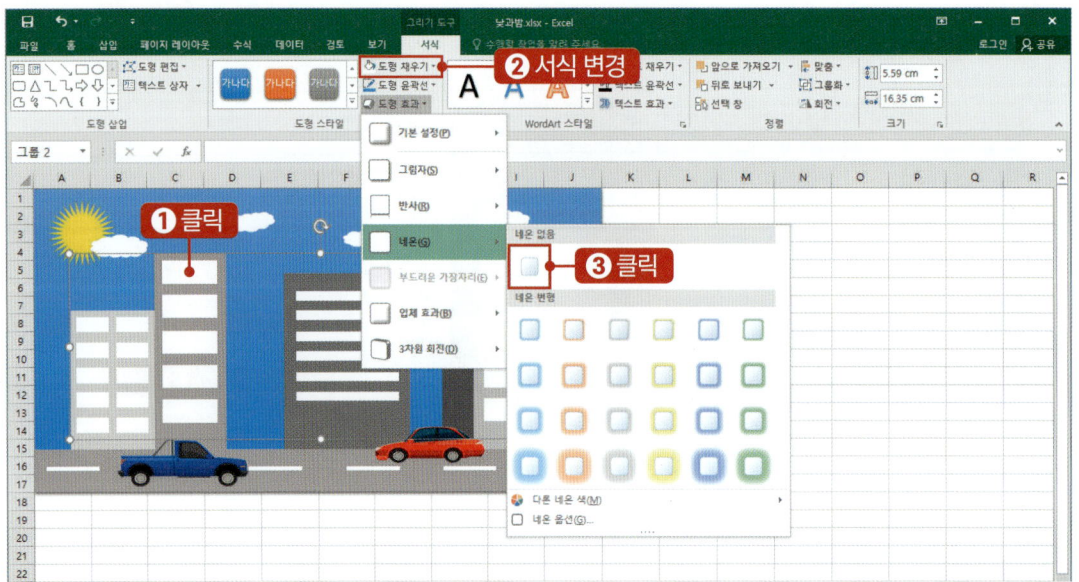

10 그 다음 **[보기]** 탭의 **[매크로]** 그룹에서 **[매크로]**의 **[기록 중지]**를 클릭합니다.

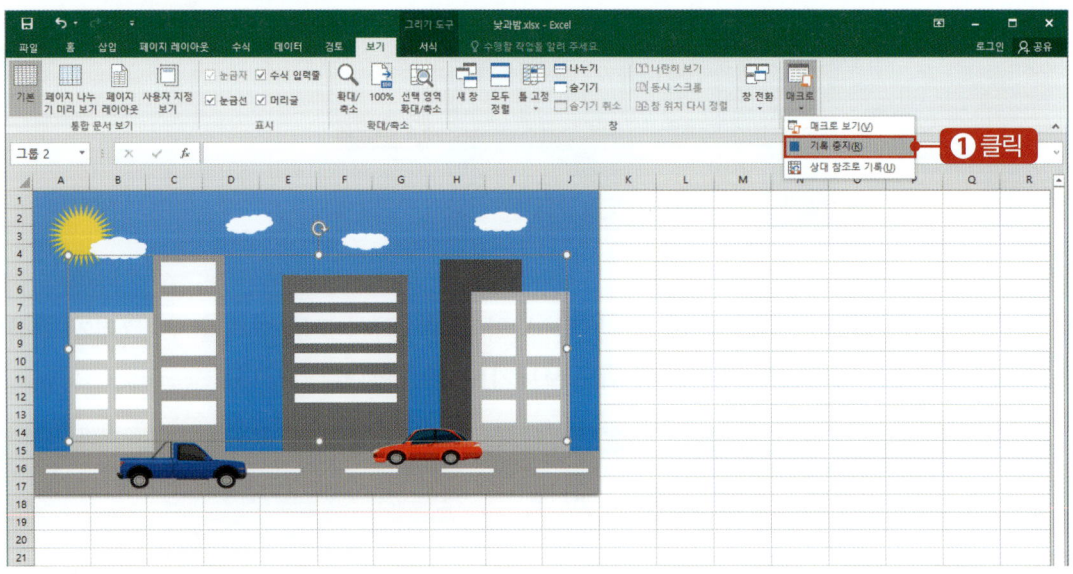

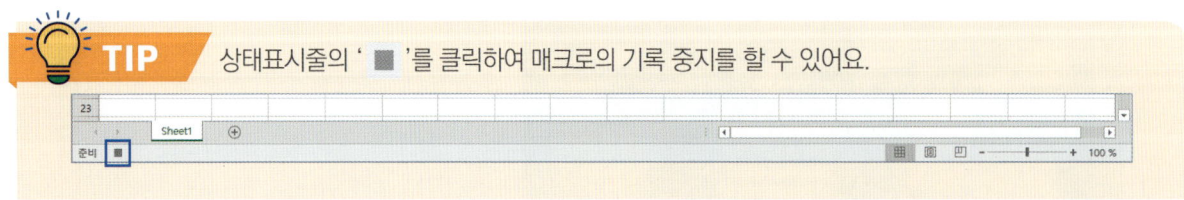

TIP 상태표시줄의 '▪'를 클릭하여 매크로의 기록 중지를 할 수 있어요.

매크로 지정하기

도형을 클릭하면 매크로가 실행되도록 도형을 추가하고 각각의 도형에 매크로를 지정합니다.

1 '사각형' 도형과 '모서리가 둥근 직사각형' 도형을 삽입하여 '낮'과 '밤'을 입력하고 글꼴을 'HY헤드라인M', '18pt', 가로 세로 '가운데 맞춤'을 설정합니다. 그 다음 삽입한 도형을 모두 선택한 후 도형 채우기를 '회색-50%, 강조 3, 80% 더 밝게', 도형 윤곽선을 '회색-25%, 배경 2' 도형 효과의 입체 효과를 '비스듬하게'로 설정합니다.

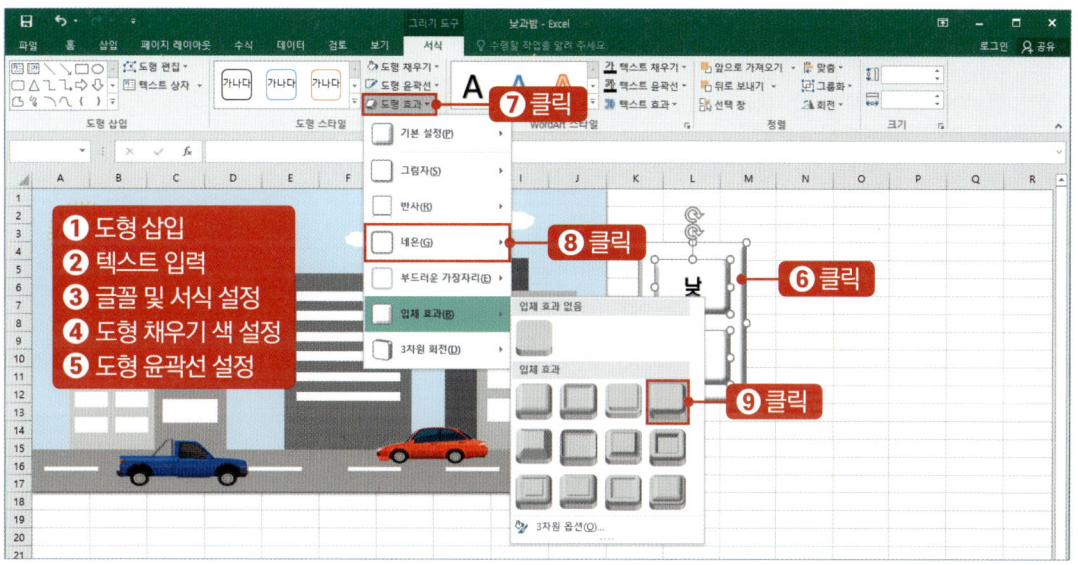

2 '낮' 도형을 클릭한 후 마우스 오른쪽 버튼을 클릭하여 [바로 가기 메뉴]의 [매크로 지정]을 클릭합니다. [매크로 지정] 대화상자가 실행되면 '낮'을 클릭하고 [확인]을 클릭합니다.

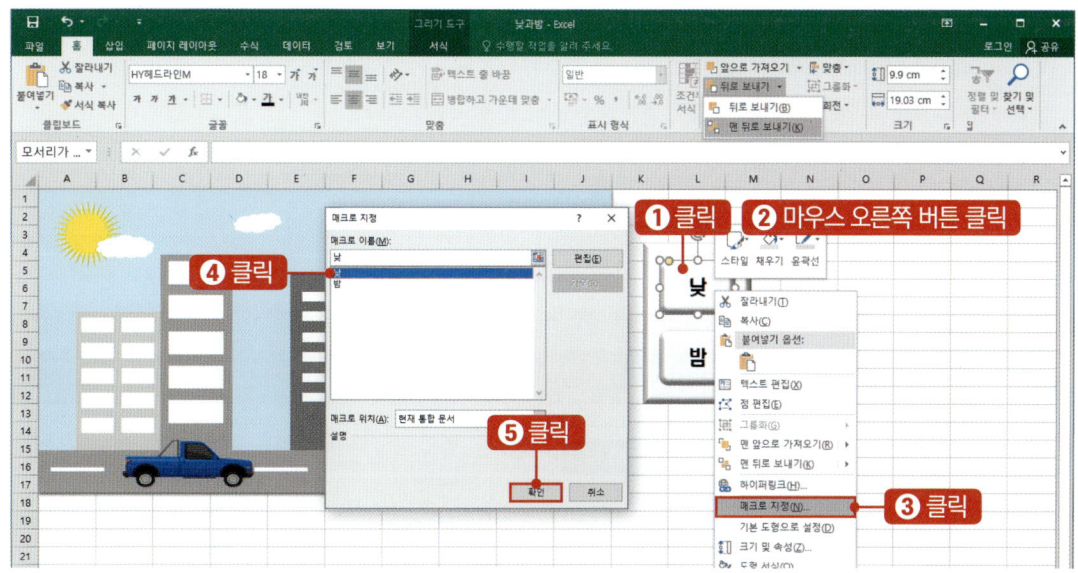

③ '밤' 도형을 클릭한 후 마우스 오른쪽 버튼을 클릭하여 [바로 가기 메뉴]의 [매크로 지정]을 클릭합니다. [매크로 지정] 대화상자가 실행되면 '밤'을 클릭하고 [확인]을 클릭합니다.

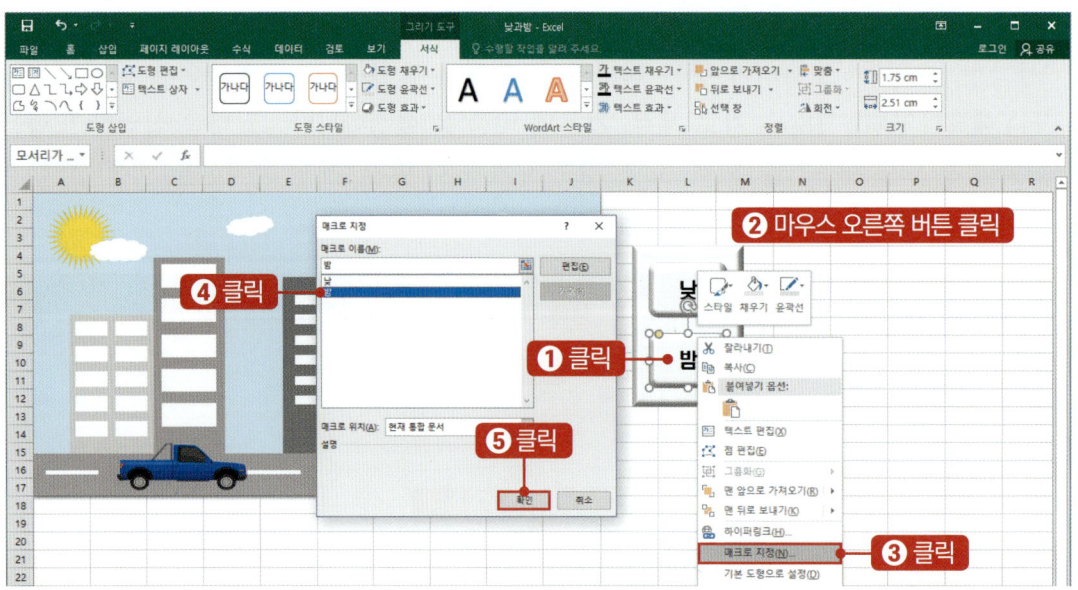

④ 매크로가 포함된 문서를 저장하기 위해 [파일] 탭의 [다른 이름으로 저장] 메뉴를 클릭해서 [파일 형식]을 [Excel 매크로 사용 통합 문서]를 선택하고 저장합니다.

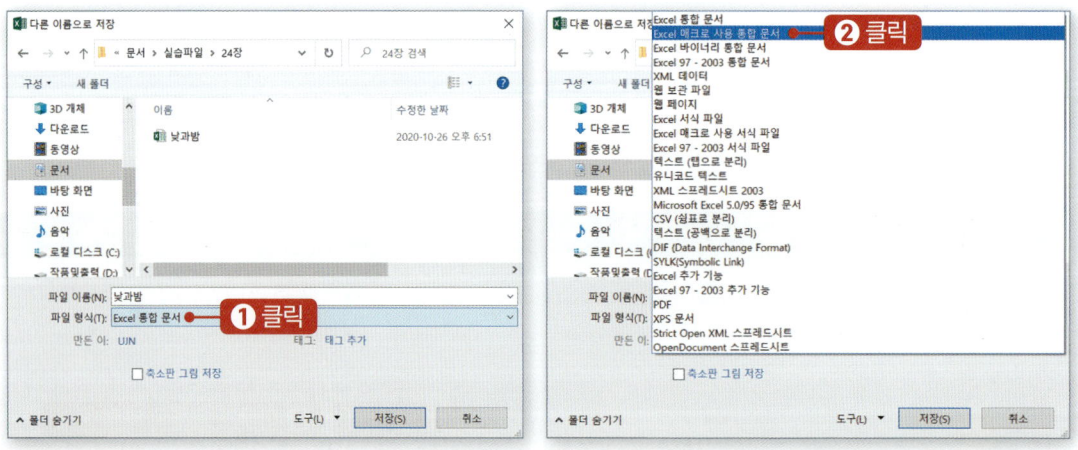

TIP 'Excel 매크로 사용 통합 문서'를 불러오기 한 후 [콘텐츠 사용]을 클릭해야 매크로가 실행됩니다.

실력 쑥쑥! 창의력 쑥쑥!

1 그림을 삽입하여 배치시킨 후 '여름'과 '가을' 매크로를 기록하여 다음과 같은 그림이 보여지도록 완성해 보세요.

예제파일 나무.png, 나뭇잎-가을.png, 나뭇잎-여름.png, 토끼.png
완성파일 계절(완성).xlsx

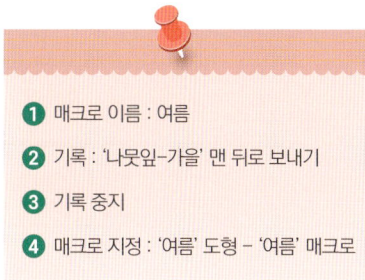
1. 매크로 이름 : 여름
2. 기록 : '나뭇잎-가을' 맨 뒤로 보내기
3. 기록 중지
4. 매크로 지정 : '여름' 도형 – '여름' 매크로

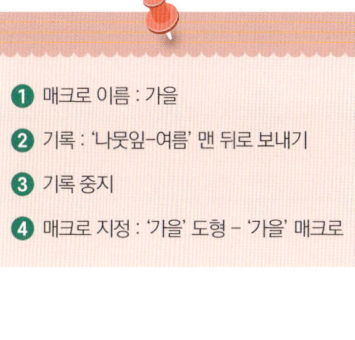
1. 매크로 이름 : 가을
2. 기록 : '나뭇잎-여름' 맨 뒤로 보내기
3. 기록 중지
4. 매크로 지정 : '가을' 도형 – '가을' 매크로

MEMO